中国能源转型

CHINA'S ENERGY TRANSITION

走向碳中和

TOWARDS CARBON NEUTRALITY

中国社会科学院数量经济与技术经济研究所
"能源转型与能源安全研究"课题组　　著

社会科学文献出版社
SOCIAL SCIENCES ACADEMIC PRESS (CHINA)

"能源转型与能源安全研究"课题组由中国社会科学院数量经济与技术经济研究所能源安全与新能源研究室部分研究人员组成。课题组利用研究室建立的中国能源模型系统，长期跟踪能源转型、能源安全、能源产业发展、能源技术进步等与能源有关的重大问题研究，2021年主题是"2030年碳达峰与2060年碳中和前景下的能源转型与能源安全"。此外，课题组成员还是中国社会科学院年度性项目"全球能源安全智库论坛"和"一带一路倡议与全球能源互联国际研修班"的组织者，与世界能源领域的重要国际组织、政府部门、智库与科研机构、行业组织和企业建立了广泛的工作联系。

　　项目组首席研究员：刘强

　　项目组成员：胡安俊、董惠梅、王恰、刘丹

序言一

李　平

中国社会科学院数量经济与技术经济研究所所长

　　中国社会科学院是中国哲学社会科学研究的最高学术机构和综合研究中心。数量经济与技术经济研究所是数量经济学和技术经济学两大学科权威研究机构，是数量经济学研究方法在中国应用的重要开拓者和技术经济论证评价理论和方法研究的主体承担者。数量经济与技术经济研究所秉承"和谐、勤勉、坚守、卓越"的所训，根据我国改革开放和现代化建设的需要，对国民经济发展中的重大理论和现实问题进行综合研究，为党中央和国务院提供决策的科学依据，并为中央和地方有关部门、行业和企业的经济决策提供广泛的咨询服务。

　　在 20 世纪 80 年代中期，数量经济与技术经济研究所研究制定了中国第一个中观、宏观经济年度模型，出版了中国第一本皮书《中国经济形势分析与预测蓝皮书》，拥有完整的模型体系，经济预测技术达到国内领先水平。建所以来，数量经济与技术经济研究所一直引领技术经济理论方法研究，是国家规范《建设项目经济评价方法与参数》编写的主要承担单位。无论是改革开放之初的山西能源重化工基地规划编制，三峡工程、南水北调工程、京沪高铁工程等三大跨世纪项目的设计，还是近年来开展的中国制造 2025、中长期科技发展规划 2035、国家重大科技决策等战略咨询方面，数量经济与技术经济研究所都发挥了主力军的作用，为决策部门提供了强有力的支持。数量经济与技术经济研究所以其跨学科、强方法的巨大科研优势，取得了丰硕的学术成果，两获国家科学技术进步奖（软科学）二等奖（这也是中国社会科学院仅有的两次获奖），荣获"五个一"工程奖，多名学者获得院优秀科研成果奖、孙冶方奖等重要奖项。

数量经济与技术经济研究所现设有 8 个研究室。能源安全与新能源研究室的前身是 1982 年成立的国土经济与农业技术经济研究室，1996 年更名为资源技术经济研究室。2019 年中国社会科学院进行学科调整，更名为能源安全与新能源研究室。自建室以来，该研究室先后承担山西能源重化工基地建设论证、三峡工程电源规划与能源平衡研究、三峡移民工程研究、南水北调工程的社会经济效益研究、能源及电源结构研究、中国能源预测模型系统研究、能源环境研究、矿产资源可持续发展战略研究、产业创新与区域经济发展研究、中部五省经济发展战略研究、深圳市宝安区高新技术产业区规划研究、中国地区国民收入差距研究、经济区划与区域政策研究、旅游资源配置研究、旅游业预警分析、铁路建设投资研究、人力资源管理定量测度和评价、人力资源开发管理理论与实践等国家、地方项目及国际合作项目。2012 年之后，能源安全与新能源研究室代表中国社会科学院数量经济与技术经济研究所联合美国全球安全分析研究所、美国能源安全理事会共同发起年度性国际会议"全球能源安全智库论坛"。论坛的宗旨是推动全球智库在能源安全方面的研究与学术交流、传播可持续发展的理念、促进全球能源安全合作与政策协调。目前，全球能源安全智库论坛已经成为全球能源安全领域最具国际影响力的论坛活动之一。

伴随着能源消费的快速增长，我国已经成为世界上最大的能源消费国、能源生产国、温室气体排放国，发电量世界第一，石油进口量世界第一，石油对外依存度超过 70%。为推动中国的能源革命，保障能源安全，促进"一带一路"倡议下的能源国际合作，实现能源清洁化和绿色发展，建设生态文明，对能源安全和新能源发展的研究成为关系国家可持续发展和参与全球能源治理的重要议题。2020年9月22日，习近平总书记在第七十五届联合国大会一般性辩论上郑重宣布：中国将提高国家自主贡献力度，采取更加有力的政策和措施，二氧化碳排放力争2030年前达到峰值，努力争取2060年前实现碳中和。2020年12月12日，习近平总书记在气候雄心峰会上发表重要讲话，进一步宣布：到2030年中国单位国内生产总值二氧化碳排放将比2005年下降65%以上，非化石能源占一次能源消费的比重将达到25%左右，森林蓄积量将比2005年增加60亿立方米，风电、太阳能发电总装机容量将达到12亿千瓦以上。习近平总书记的重要讲话为我国应对气候变化、实现绿色低碳发展提供了方向指引、擘画了宏伟蓝图。为此，2020年12月中央经济工作会议将做好碳达峰、碳中和工作作为2021年要抓好的八项重点任务之一。从碳达峰的排放轨迹看，英国于18世纪中叶最早启动工业化，在1971年达峰，用时超过200年。美国从19世纪中叶开始快速工业化，到2005年达峰，用时大约150年。日本如果以19世纪中叶开始工业化的时间作为快速工业化的起点，达峰所用时间约为100年。中国以改革开放作为快速工业化的起始点，到2030年之前抵达排放峰值，达峰时间约50年。从碳中和的目标设定看，发达国家一般将碳中和的时间定为2050年，而中国设定为2060年前实现碳中和。从碳达峰到碳中和，要求中国用30多年的时间，将净碳排放降至零左右，这一过程会给高碳产业带来巨大风险。对于中国，这将是一场异常艰苦的转型之战。

为深入学习贯彻习近平总书记关于"碳达峰、碳中和"的重要讲话，能源安全与新能源研究室课题组以"中国能源转型：走向碳中和"为主题，对"碳达峰、碳中和"的战略、战术、方法、途径进行了较为全面的探索。实现"碳达峰、碳中和"，既需要加快发展可再生能源，对能源供给侧进行转型，也需要提高能源效率、转变产业结构、优化消费方式，对能源需求侧进行转型，还需要加强能源体制改革，促进对外开放，实现绿色高效发展。本书中，课题组从能源消费侧的转型和供给侧的转型两个方面进行了全面的论述，探讨了碳达峰与碳中和的路径，并针对新能源产业补贴政策和新贸易保护对能源产业的影响进行了分析，给我国实现碳达峰和碳中和目标提供了有益的决策参考。

"能源转型与能源安全研究"课题组的这一成果，反映了我所在这一领域的最新研究成果，据我所知也是国内关于碳达峰、碳中和问题最早的研究成果之一。希望本书能够为推动我国 2030 年之前实现碳达峰、2060 年之前实现碳中和这一艰巨任务有所贡献，并期待课题组能够在这一领域继续加强研究，持续推出更多、更好的研究成果。

序言二

走"能源资源配置更加合理 利用效率大幅提高"之路
必须坚定协同合作协调发展[*]

何光远

机械工业部原部长

今天看,能源安全、碳排放控制、碳中和既是经济问题,技术问题,也是社会问题。中国社会科学院组织科技界、产业界和社会各界人士共聚一堂,谈认识、谈观点、谈建议、谈措施、谈行动,中国科学院开展基础研究,中国工程院组织应用研究,中国社会科学院研究和引导社会意识和认知,三院协同合作,非常有意义。

今天论坛的主题是"碳中和前景下的未来能源——选择与路径",下面就这个主题谈谈我的看法。大家知道,在刚刚结束的五中全会上,党中央对我国能源发展,提出了两大战略目标要求:一是能源资源配置更加合理,二是利用效率大幅提高。"中国计划2030年左右二氧化碳排放达到峰值且将努力早日达峰"这个承诺,是在2014年北京亚太经合组织工商领导人峰会期间,习近平主席和美国时任总统奥巴马联合签署的《中美气候变化联合声明》中首次向全世界承诺的。在纪念联合国成立75周年系列活动中,习近平主席代表中国政府向世界宣布中国"二氧化碳排放力争于2030年前达到峰值,

---

* 这篇序言是何光远部长在第九届全球能源安全智库论坛上的讲话。

努力争取 2060 年前实现碳中和"，并在 11 月 17 日金砖国家领导人第十二次会晤发表重要讲话时重申上述决定。

碳排放达峰提出了近期目标，碳中和提出了远期目标。这两个目标与能源资源配置更加合理、利用效率大幅提高的能源发展战略目标是相吻合的。我们知道，维系今天人类生存的能源还是以碳氢能源为主，消耗碳氢能源就必然产生碳，在这条消耗碳氢能源的链条上，对地球、对人类、对社会、对环境的健康可持续发展，利与弊，益与害的问题，已经从科学家研究的范畴发展到今天社会经济学高度关注和装备制造产业面临的问题了，所以我说召开这个会议非常有意义。

2019 年 10 月 22 日，中国工程院原副院长谢克昌院士在"第九届全球新能源企业 500 强峰会"上指出：要在能源体系框架下进行能源转型和结构优化，防范不切实际的能源转型对经济发展和能源供应造成伤害。中国能源结构是"缺油、少气、富煤"，烧油对外依存度太高，涉及能源安全；烧气对外依存度持续飙升，储备和输配送体系建设成本太高；烧煤碳排放太高，污染环境。这就引发了今天几乎遍及全国各地的大干快上氢能的局面，谢克昌院士提出的"防范不切实际的能源转型对经济发展和能源供应造成伤害"给我们提出了警示。

2020 年 12 月 1 日，中国科学院张涛副院长在张家口可再生能源峰会上呼吁"拆掉能源体系中的一堵堵'围墙'，让各能源品种有机融合，共同担当起降碳减排重任"。回头看过去的 20 年，我们经历了电动汽车"零排放"和"弯道超车"的"大跃进"，甚至发出了停止内燃机生产和销售的声音。今天，我们又在经历大多数地区踊跃开展的"氢能大跃进"。对这种能源消费状况，谢克昌院士提出防范的警示，张涛副院长以"拆掉能源体系中的一堵堵'围墙'"告诉我们，中国今天发展能源经济，急需协同与合作。我认为：发展能源经济，我们更需要的是融合与包容，"能源领域里的围墙和挡板"会贻误中国经济发展的大战略。

中国科学技术大学校长包信和院士有一个关于能源问题的讲话，

他说："氢很好，跟氧一反应就能生成水，但是问题就是在自然界当中，氢气是不存在的。"我赞同包院士的观点。的确，我们这个地球有煤矿，有油田和气田，但没有氢气矿和氢气田，氢元素存在于各种化合物中，但制备氢气需要能量，如果我们用一种碳氢能源制备另外一种碳氢能源，尽管制备出来的碳氢能源是清洁的，如我们用的电和氢气，但对这类能源就不能定义为碳中和。大连化学物理研究所李灿院士研究的太阳燃料合成，利用太阳能等可再生能源、二氧化碳和水，生产出清洁的甲醇液体燃料，是未来解决二氧化碳排放的重要途径之一。再说得明确一点，就是我们应该鼓励和发展用非碳氢能源提供氢能制备所需的能量，我认为，这就是碳中和，就是我们鼓励未来能源制取的途径。

工业和信息化部辛国斌副部长在 11 月 3 日国务院政策例行吹风会上介绍："按照我们国家进一步扩大开放的统一部署，2018 年我们取消了专用车、新能源汽车外资投资股比限制，2020 年取消了商用车外资投资股比限制，到 2022 年，将取消乘用车外资投资股比限制和合资企业不超过 2 家的限制。也就是说，到 2022 年，我们国家汽车行业就完全对外开放了。"面对"完全对外开放"后的局面，中国汽车工业、工程机械、农业机械、船舶工业、固定动力装备以及内燃机工业，如何走自主可控、创新发展的路？如何与能源产业协同合作？如何形成实现碳中和发展共同体，确保在 2030 年碳排放达峰、2060 年碳中和的框架下健康生存和可持续发展？我的观点：只有创新才能赢得先机，只有创新才能保持前沿，只有创新才能稳定和发展。科技决定能源未来，科技创造未来能源，以绿色推动能源革命为目标，协同、高效、智能促进绿色能源消费，共同用科技实现碳排放达峰和碳中和。

目前，八部门联合发文明确，我国甲醇汽车已经从试点验收完成转向正式推广应用。但甲醇燃料涉及国家能源管理、甲醇生产和储备供应、交通运输许可、车船装备制造、生态环境保护、科学技术支持、市场准入监督管理、应急管理等多部门，需要国家层面统筹协调管理和监督。否则，将甲醇作为燃料推广应用，替代石油以降低对外依存度，实现环境友好，最终实现碳中和的能源发展目标，依旧会困难重重。在此我呼吁：为实现碳排放达峰和碳中和的战略目标，发展甲醇经济是重要的能源取向。将甲醇燃料作为新兴能源纳入国家能源体系，在国务院层面统筹协调各有关职能部门，出台带有普遍指导意义的政策性推广应用文件。一是明确甲醇燃料推广应用全流程涉及的管理部门职责，以政策支持为抓手，加大力度，明确职责，引导市场机制，开启甲醇燃料市场准入和科学、安全使用。二是鼓励坚持创新科技研究，指明方向、提出要求、规范行为、监督管理。三是统筹规范指导，发挥行业积极性，调动社会资源，组建行业协会，加大力度推进我国甲醇燃料应用。以此夯实我国甲醇经济产业基础，保持甲醇燃料应用技术国际领先的地位，为世界各国提供碳中和清洁能源应用的"中国方案"！

习近平总书记在五中全会上提到：当今世界正经历百年未有之大变局，我国发展的外部环境日趋复杂。防范化解各类风险隐患，积极应对外部环境变化带来的冲击挑战，关键在于办好自己的事，提高发展质量，提高国际竞争力，增强国家综合实力和抵御风险能力，有效维护国家安全，实现经济行稳致远、社会和谐安定。

引用习主席代表中国政府向世界承诺的话："作为世界上最大发展中国家，我们也愿承担与中国发展水平相称的国际责任，为全球环境治理贡献力量。""与中国发展水平相称"这句话，既是对全世界的解释，也是对我们的提示。告诫我们，凡事一定要"实事求是""虚怀观是""和气察是""去偏归是""去伪存真"；"眼睛向下"，务实看发展，落地做事业，把我们这代人该做的事做好。

是为序。

2020 年 12 月 14 日

目　录

第一章

碳中和前景下的能源转型：选择与路径

刘　强　王　怡　洪倩倩[*]

　　应对气候变化是世界各国共同面临的重大议题。以全球变暖为主要特征的气候变化成为整个人类社会共同面临的严峻挑战，应对气候变化需要各国的共同努力。一直以来，中国在应对全球气候变化方面做出了极大的贡献，可再生能源投资位居世界第一，累计减少的二氧化碳排放也居世界首位。2020 年，我国已经取得了脱贫攻坚战的胜利，基本上完成了全面建成小康社会的艰巨任务，正在向建设社会主义现代化国家的目标迈进。在这样的时代大背景下，加快推进能源革命，发展低碳经济和清洁能源，实现 2030 年之前碳达峰和 2060 年之前碳中和的目标，推动生态文明建设，是时代赋予能源界的重要使命。

　　2020 年 9 月 22 日，在第七十五届联合国大会期间，习近平主席代表中国向世界做出承诺，中国将秉持人类命运共同体理念，继续做出艰苦卓绝努力，提高国家自主贡献力度，采取更加有力的政策和措施，二氧化碳排放力争于 2030 年前达到峰值，努力争取 2060 年前实

　　* 刘强，中国社会科学院数量经济与技术经济研究所能源安全与新能源研究室主任，研究员；王怡，中国社会科学院数量经济与技术经济研究所能源安全与新能源研究室副研究员；洪倩倩，中国社会科学院大学硕士研究生，研究方向为能源经济学。

现碳中和，为实现应对气候变化《巴黎协定》确定的目标做出更大努力和贡献。这一承诺是中国作为一个发展中国家主动提出的，也代表着中国对应对气候变化问题的新认识、新行动。这也意味着，在中国这样一个高度依赖煤炭、石油等化石能源的大型经济体，需要进行彻底的产业结构与能源结构转型，才能实现这一目标。这不仅是对能源领域的挑战，更是对整个国民经济的挑战。同时，我们也应该看到，这一挑战也是能源与产业经济的重要发展机遇。我们要认识到，能源转型不是以减缓经济发展为代价，而是要通过创新能源新技术、创造能源新业态，来推动经济更好、更快、更绿色地发展。

经济、民生、能源、环境构成了一个相互依赖、相互影响的系统。经济运行和人民生活需要能源消费，能源消费产生温室气体，对全球气候与环境形成冲击和影响，这一影响构成对人类行为的约束，继而对经济发展的方式提出新要求。具体来说，我们需要在满足经济与民生对能源需求以及保证经济安全、平稳发展的前提下，推动能源结构从高碳化石能源为主向碳中性能源、低碳能源和非碳能源为主的转型。具体来说，煤炭和石油是典型的高碳能源，天然气、醇醚燃料可以被视为低碳能源（尽管它们含有一定的碳），生物能源（如生物柴油、燃料乙醇、生物制氢、沼气）、废弃物回收能源、二氧化碳循环制成的燃料可以看作碳中性能源，风电、水电、太阳能、核电等可以看作非碳能源（尽管从全生命周期角度考虑，它们可能使用了高碳能源）。

本书将对如何实现 2030 年之前碳达峰和 2060 年之前碳中和的目标进行针对性分析，并提出具体的发展建议。

一　实现碳中和的基础与路径分析

（一）中国能源结构现状及实现碳中和的难点

中国能源体系本质是一个高碳、高煤的系统。依据 2019 年能源消费数据，图 1 展示了我国的能源消费结构。可以看到，煤炭占能源总消费的 57.7%，石油占 18.9%，天然气占 8.1%，水电、核电、风电等非化石能源占 15.3%。而化石能源合计占 84.7%，占能源总消费的绝大部分。IPCC 的综合评估报告认为，化石燃料的使用是造成人为温室气体排放、导致全球气候变暖的主要原因。我国以碳基为基础的能源体系决定了其结构调整是实现二氧化碳减排的理想途径，如果以煤炭为主的能源结构未能发生根本性的变化，中国的碳排放也将难以得到有效控制。

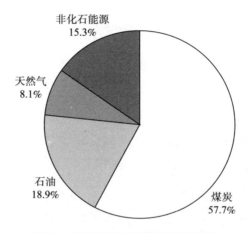

图 1　各类能源占总能源消费比例

同时，我国的电力生产仍然以燃煤火电为主。火电占比约为 59.2%，风电、光电、核电等非化石能源发电占比近 41%。各类电力的装机容量情况如图 2 所示，截至 2019 年底，水电装机容量为 3.6 亿千瓦、火电为 11.9 亿千瓦（包括煤电 10.4 亿千瓦、气电 9022 万千瓦）、核电为 0.49 亿千瓦、风电为 2.1 亿千瓦（陆上风电 2.04 亿千瓦、海上风电 593 万千瓦）、并网太阳能发电为 2.0 亿千瓦。

从发电量看，2019 年，全国全口径发电量为 7.33 万亿千瓦时，全国非化石能源发电量为 2.39 万亿千瓦时，占全国发电量的比重为 32.6%。全国全口径火电发电量为 5.05 万亿千瓦时，煤电发电量为 4.56 万亿千瓦时，其余为天然气发电、生物质发电等。可见目前的

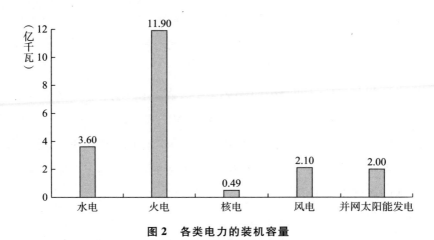

图 2　各类电力的装机容量

电力来源主要还是煤电，发电过程中煤炭的高比例使用意味着大量二氧化碳的排放。

目前实现碳中和目标的难点有以下三个。一是我国碳基能源比例过高，且其中大半为煤炭。高比例含碳能源的使用意味着高碳排放，因此加快推进对非碳能源的使用是减碳目标实现的重点。二是使用非碳能源可以实现减碳，但是没有达到碳中和即固碳效果。减少含碳燃料的使用应同时配合各类固碳方法，将二氧化碳重新纳入能源系统循环之中，这样才能更接近碳中和目标的实现。三是实现碳中和的各种技术成本居高不下，有待实现技术突破以降低成本。

（二）通过节能实现减排是最经济、最直接的路径

通过节能实现减排可以分为两种方式：第一种是直接节能，即提高能源使用效率，尤其是碳基能源的使用效率，如降低煤电的度电煤耗、提高电器等用能设备的能源效率等；第二种是间接节能，即通过减少终端产品的需求、减少建筑建设、减少出行距离等间接降低对能源的需求。

实现发展方式的转变，使经济增长从依赖资源、能源的大规模投

入转向依靠创新驱动，形成新的高附加值制造业和现代服务业，既是我国经济发展和产业升级的要求，也是建设生态文明、实现碳中和目标的必然要求。

（三）发展低碳和非碳能源，降低高碳能源比重

低碳和非碳能源的发展，可以部分取代高碳能源，进而降低高碳能源主要是煤炭在总能源消费中的比重，从而有效减少二氧化碳的排放。低碳化石能源主要是天然气，包括煤层气、页岩气、石油气等非常规化石能源。水电和核电受制于本身的特点，发展空间受到一定的限制。

可再生能源是未来降低高碳能源使用和二氧化碳排放的主力，包括目前比较成熟的风电、光伏发电、地源热泵、生物质发电等，也包括尚需降低成本的光热发电、纤维素乙醇、生物柴油等。可再生能源的发展，将通过降低总体碳排放，大大减轻实现碳中和的压力。

（四）碳基能源的循环利用是我国实现碳中和的必由之路

化学碳循环是利用化学工业过程，把工业过程排放的二氧化碳捕集后合成为液体的醇醚化合物，一般为甲醇、乙醇、二甲醚。这三种醇醚化合物可以作为能源使用，其中甲醇含有较多的氢原子，还可以作为氢能的载体。通过这样一个循环过程，可以实现碳中和或者部分碳中和。如果这一过程使用的能源来自绿色电力如风电、光伏发电，这一过程就可以是碳中性的能源路径。要实现2060年碳中和的目标，需要同时结合生态改善和化学碳循环两大路径。

（五）生态固碳

实现碳中和除了节能、能源转型、工业碳中和之外，生态固碳是

重要的途径，这也是建设生态文明的重要方式之一。

生态固碳，就是通过森林、草原、湿地的植被和水体进行碳的吸收和固定。据简单测算，单纯靠森林吸收和固定二氧化碳，每10亿吨二氧化碳需要1000万平方公里的森林面积，而我国2020年二氧化碳排放总量预计达到80亿吨，这意味着单纯依靠固碳改善所需的森林种植面积已经超过了我国的陆地国土面积，因此通过生态固碳实现碳中和并不现实。但是，大规模森林恢复和建设是非常必要的，因为森林不仅能吸收固定二氧化碳，还能大量吸收各种气体污染物并改善大气质量，涵养水源，减少气候灾害和地质灾害，改善整体的生存环境和发展环境。

二 碳达峰与碳中和的路径选择

低碳、非碳能源的技术进步与产业发展，为我们提供了碳中和的多种技术路线。同时，对技术进步规律的把握也使我们可以预期，某些新型能源的成本将在前景期内下降到可以与高碳能源相竞争的程度，从而提供新的碳中和路径。

（一）分析方法简介

为模拟各种能源选择的碳排放和碳中和效果，我们利用中国社会科学院数量经济与技术经济研究所开发的中国能源系统模型（CEMS），把各种技术路径和其发展情景纳入总体能源系统，并进行情景分析。CEMS是使用系统动力学建模方法建立的综合能源情景分析预测模拟模型系统，它根据国家统计局的行业分类，选定基年（本章以2016年为基年）后，对部分相近行业进行加总计算，根据对每一个行业需求和生产的预测和对该行业的技术进步前景预测，考虑行业的燃料替代，预测该行业对各种燃料的需求。将各行业的终端能源和燃料需求加总后，可推算对能源和燃料生产的需求以及其中的一次能源转化的能源和燃料需求，并最终得到能源和各种燃料的总需求。

在计算各种能源消费对应的二氧化碳排放和非能源工业过程二氧化碳排放之后，我们可以得到中国的总体二氧化碳排放。此外，CEMS 也搭建了宏观经济模块，可以进行宏观经济增长预测。

具体考虑的能源选择情景包括：（1）灰氢、蓝氢、绿氢的不同氢能发展组合；（2）基于碳基燃料制备甲醇的情景和燃料替代；（3）能源转换：甲醇、氢能与煤炭、燃油、电能的替代；（4）一次能源电力的发展情景和对化石能源电力的替代；（5）终端能源消费中清洁电力和天然气对煤炭的替代；（6）各产业的节能潜力。

（二）灰氢、蓝氢、绿氢的不同氢能发展组合

氢能是近年来备受关注的新型能源。作为能源，氢气有两个极具竞争力的特征：高能量密度，单位质量的热值约是煤炭的 4 倍、汽油的 3.1 倍、天然气的 2.6 倍；可存储且无碳，相比电力可以实现跨时间及地域的灵活运用。氢气可广泛从水、化石燃料等含氢物质中制取，但能够提供全程无碳的技术路线是有限的，同时它的密度低，存在储存与运输上的难度。

绿氢可以通过可再生电力或核能来生产，但受制于可再生能源发电成本；蓝氢可以由煤或天然气等化石燃料制得，同时可将二氧化碳副产品捕获、利用和封存（CCUS），从而实现碳中和；灰氢可以由以焦炉煤气、氯碱尾气为代表的工业副产气制取，但可利用规模偏小仅适合市场启蒙阶段使用。

日本的氢能研究起步较早，1973 年就开始开展氢能生产、储运和利用相关技术的研究，并得到财政支持。2013 年 5 月，《日本再复兴战略》把发展氢能提升为国策。2014 年制订了 "第四次能源基本计划"，将氢能定位为与电力和热能并列的核心二次能源，明确提出要加速建设和发展氢能社会。2017 年 12 月 26 日，日本发布 "氢能

源基本战略"，确定了在 2050 年建立氢能社会和到 2030 年的具体行动计划。日本的战略目标包括：到 2030 年实现氢能发电商业化，以削减碳排放并提高能源自给率①。

案例 1　西班牙将建欧洲最大绿氢工厂

西班牙私营电气公司伊贝尔德罗拉近日表示，将建欧洲最大绿氢工厂。该公司在这个项目中将与西班牙化学品制造商 Fertiberia 合作，项目基地将设在西班牙中部的普埃托利亚诺，由一个发电装机容量为 100 兆瓦的光伏电厂和氢生产系统组成，将利用电解法把可再生能源转变为氢燃料。

伊贝尔德罗拉公司表示，生产出来的氢气将用于普埃托利亚诺的 Fertiberia 氨气厂，帮助生产化肥。该项目投资总额将达到 1.5 亿欧元（约合 12.3 亿元人民币），绿氢工厂将在 2021 年投运，每年可减少 3.9 万吨二氧化碳排放。

氢气一直被认为是化石燃料的清洁替代品，绿氢的价格约为 6 美元/千克。近期，欧盟启动了一项推广绿氢的战略，希望在 2050 年前实现零碳排放。

（来源：北极星氢能网，http://chuneng.bjx.com.cn/news/20200817/1097419.shtml。）

美国对氢能的研究和利用居全球之首。目前全球运行中的输氢管道全长约 4500 公里，其中约 2600 公里位于美国。虽然美国输氢管道输送的更多是灰氢，但也可由此一窥美国在氢能利用方面的成熟程度。2019 年 11 月，美国燃料电池和氢能源协会发布了美国氢经济路线图，对氢能发展做了短期和中长期规划。在其短期规划中，美国

---

① 《绿氢 or 蓝氢？一文了解德、日、英、美等 7 国的氢气选择》，北极星氢能网，http://chuneng.bjx.com.cn/news/20200817/1097419.shtml。

将在 2020～2022 年实现氢能在小型乘用车、叉车、分布式电源、家用热电联产、碳捕集等领域的应用。中期规划是，到 2030 年，美国氢经济每年产生约 1400 亿美元的收入，在整个氢价值链中提供 70 万个工作岗位。长期规划是，到 2050 年，美国将使氢气在总能源需求中的占比达到 14%，其可以通过每年创造约 7500 亿美元的收入和累计 340 万个就业岗位来推动经济增长①。

对中国的氢产量前景，工业制氢（灰氢和蓝氢合计）现在每年约有 1900 万吨的产量，我们把现有的电解制氢视为绿氢（实际上目前还不能算完全的绿氢，因为电力仍然以煤电为主），目前每年约有 100 万吨的产量。参考国内外的实践和可再生电力成本的下降，我们预计，未来工业制氢的产量会随着我国化学工业的达峰有所下降，但是绿氢，即使用绿色可再生电力生产的氢的产量在步过导入期之后（2028 年左右）将快速上升。到 2060 年，工业制氢和绿氢的产量都为 1500 万吨左右，合计产量将有 3000 万吨左右（见图 3）。

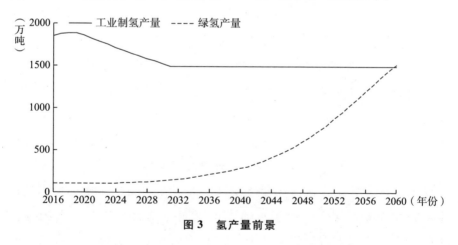

图 3　氢产量前景

（三）基于碳基燃料制备甲醇的情景和燃料替代

1990 年，诺贝尔奖得主化学家乔治·欧拉（George A. Olah）

---

① 北极星氢能网，http://chuneng.bjx.com.cn/news/20200817/1097419.shtml。

提倡发展甲醇经济，实际上甲醇作为燃料的应用要更早。甲醇是用于热机和燃料电池的燃料。由于其高辛烷值，燃料汽车（包括混合电动汽车和插电式混合动力汽车）无须更换现有的内燃机（ICE）即可直接使用。甲醇也可以被用作燃料电池中的燃料，可直接在甲醇燃料电池（DMFC）中使用或间接（重整成氢气并进行转换）使用。

同时，甲醇作为化工原料已经进行了大规模的应用，用于生产各种化学产品和材料。甲醇生产的原料来源十分广泛，包括化石燃料（天然气、煤、油页岩、油砂等）、农产品和城市废物垃圾、木材和各种生物质。更重要的是，它还可以利用被化工过程回收的二氧化碳，包括发电厂或水泥厂和其他工厂排出的废气来生产，国际碳回收公司（Carbon Recycling International，CRI）已经在其首个商业规模的工厂中证明了这点。如果能够实现低成本地从大气中捕获和回收二氧化碳生产甲醇，就可以实现化石能源真正意义上的碳中和。

与氢的生产一样，甲醇的生产路径也存在化工甲醇与绿色甲醇之分，此外，中国也在大量进口甲醇。化工甲醇并非都作为燃料甲醇，很多还是回到化工过程作为原料投入。在我们的模拟中，化工甲醇的20%作为燃料，其他80%作为化工原料回到工业生产之中；绿色甲醇是使用二氧化碳和绿色电力合成的甲醇，它所使用的电力是来自风电、光伏发电中没有实现上网的部分弃风弃光电力，而这部分弃风弃光电力并未进入电力生产统计。为方便研究，本次模拟中进口甲醇都作为燃料使用。由于目前尚没有大规模的规范意义上的绿色甲醇生产，所以模拟假定绿色甲醇现有规模约为1万吨，在技术成熟和市场导入之后，中等方案到2030年约为32万吨，到2060年达到约3900万吨。同时，进口甲醇2030年约为2700万吨，2060年约为5800万吨（见图4）。相应地，燃料甲醇2030年约为4000万吨，2060年约为11000万吨。

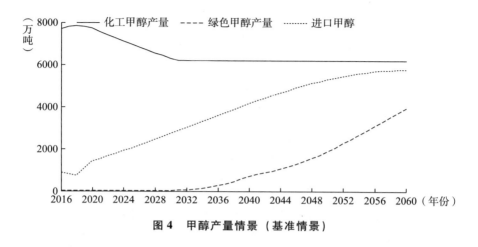

图 4　甲醇产量情景 （基准情景）

（四）能源转换：甲醇、氢能与煤炭、燃油、电能的替代

氢能和甲醇这两种非常规燃料进入能源系统之后，它们与原有燃料的替代关系是能源模型系统要解决的问题。

甲醇作为液体能源，可以用作交通工具的燃料替代汽油和柴油，也可以作为工业和民用的液体燃料用于各种锅炉和工艺过程。在模型中，我们对这三种用途各赋予1/3的权重。

对于氢能，我们设置了三种用途：第一种用途是作为交通燃料，主要是作为氢燃料电池替代汽油；第二种用途是作为交通燃料替代柴油；第三种用途是用作储能装置的动力，成为未来家庭和商用设施的部分电力来源，这部分电力将减少化石能源电力的需求。在模型中，我们对这三种用途也各赋予1/3的权重。

为简化模型，我们没有模拟未来电动汽车的发展趋势，而是给定了一个替代燃油的增长比例作为情景 （见图5）。我们预计，到2060年，交通部门燃料需求中的汽油，在原有基础上的20%被电动汽车所替代。此外，还有部分汽油和柴油被氢燃料电池的氢能、甲醇燃料所替代。

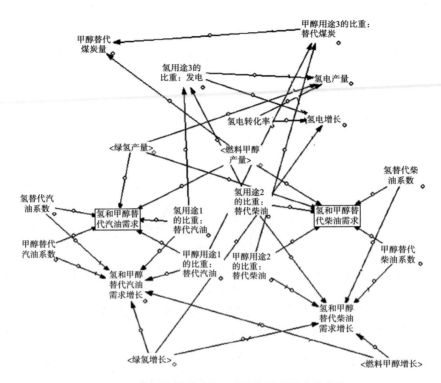

图 5 氢燃料、甲醇燃料对煤炭与成品油的替代

（五）一次能源电力的发展情景和对化石能源电力的替代

从我国经济特点看，2030 年之前实现碳达峰不难，但是在其后 30 多年内实现碳中和难度较大。以 30 年的时间实现能源结构从高碳到碳中和的转变，毫无疑问将对经济结构形成巨大的冲击，尤其是以高碳化石能源为基础的石油石化电力将有大量的产能需要废弃或者转型。因此，需要找到一条碳基能源的碳循环利用路径，才能避免能源结构转型对经济的负面影响。为实现 2060 年之前碳中和的目标，需要在 2030 年之前实现非碳能源和碳中性能源比例达到 50% 以上，才能为实现碳中和创造条件，否则 2030 年就难以实现碳达峰。因此，需要尽快实现碳达峰，最好在当下即实现碳达峰，次优是 2025 年前后实现碳达峰，这样将降低之后经济调整的难度，减轻对经济运行的冲击。

近年来，以风电、光伏发电为主的可再生能源电力成本下降迅速。部分地区已经出现了与煤电相当甚至低于煤电成本的项目和案例。对此，综合评价之后，我们给出了中国电力的生产情景（见图6），并提出如下建议：（1）大幅降低煤电，同时除水电、核电之外的一次能源电力需要快速增长以填补煤电的下降；（2）一定程度上增加天然气发电，将其作为对煤电的替代并用于维持整个电力系统的稳定；（3）为回应公众对于核电安全的担忧，建议在完成目前规划的核电项目之外不再新建核电项目；（4）受限于资源禀赋，水电可保持较低幅度的增长。未来天然气发电、核电、水电、煤电一起将作为整个电力系统的基荷，与可再生能源共同担负起电力供应。

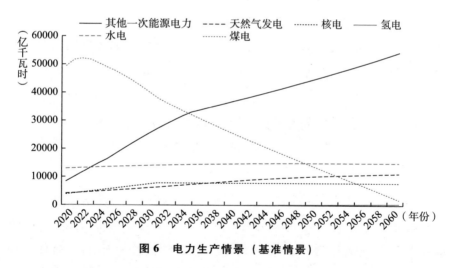

图6　电力生产情景（基准情景）

（六）终端能源消费中清洁电力和天然气对煤炭的替代

除电力生产部门降低煤电的比例之外，降低终端能源消费中的煤炭比例也是非常重要的。本章设定了一个终端部门（能源转换部门之外的其他部门）能源消费中的煤炭替代情景，时间为2026～2035年。终端部门中的煤炭消费逐步被可再生能源电力和天然气替代，其中天然气对煤炭的替代比例从 2025 年的 0 上升到 2035 年的 40%，可再生能源电力对煤炭的替代比例从 2025 年的 0 上升到 2035 年 30%，煤炭消费在原有技术路线下由 2025 年的 100% 下降到 2035 年的 30%。

（七）各产业的节能潜力

中国经济在实现高速增长的同时，能源效率也得到了大幅度的提高。根据对我国历史数据的分析，改革开放 40 年来我国的平均能源强度每年约提高 3.7%。同时，我国已经初步完成了工业化与城市化的进程，产业升级速度加快，智能制造、信息化、工业化融合技术的快速应用，都为提高能源效率提供了技术支持。但是，为实现 2060 年碳中和的目标，能效提高的速度还需要加快。

因此，我们对未来能源效率的提高速度做了新的假定，即主要制造业比历史平均水平提高 10%，采取年均 4.1% 的能效提高速度，其他采矿业、农业、商业的能效提高速度仍保持年均 3.7% 的水平。

三 推荐路线：高可再生、高能效和绿色甲醇情景

从前述的分析与模拟结果可以看出，无论是发展绿色氢能还是发展绿色甲醇，都离不开绿色电力的发展。这是因为电解制氢和二氧化碳与氢气合成甲醇都需要绿色电力，否则使用高碳电力会使总体的化石能源消费与碳排放增加更多。

高可再生能源方案不一定带来更少的能源消费需求，因为它的转换效率往往低于化石能源，但是它能够大幅度减少化石能源的消费和由此产生的碳排放（见图 7 和图 8）。在图 8 中可以看到，在高可再生、高能效、绿色甲醇终端煤炭替代情景下煤炭的需求大幅度减少。此外，表 1、表 2、表 3 给出了此种情景下的能源需求预测，电

力生产预测和绿氢、绿色甲醇产量及进口量的预测。

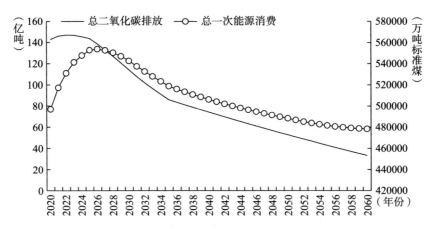

**图7 高可再生、高能效、绿色甲醇终端煤炭替代情景下的
总一次能源消费与总二氧化碳排放**

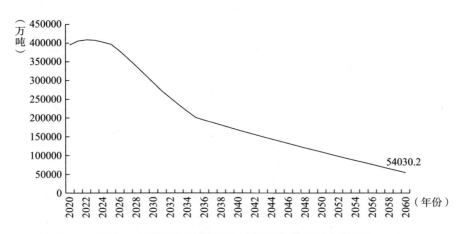

**图8 高可再生、高能效、绿色甲醇终端煤炭替代
情景下的总煤炭需求**

根据本文设定的高可再生、高能效、绿色甲醇终端煤炭替代的情景,中国的碳达峰在2022~2025年之间出现,二氧化碳排放的峰值最高约为147亿吨,比2019年增长5.6%,之后逐渐下降,到2060年约为33.3亿吨,相比2019年下降了76%。这一规模已经进入到自然生态可以中和的范围,基本上实现了碳中和的目标。

与其他机构的方案相比，这一方案无疑是最适合中国国情，同时也没有过于激进的能源方案。这一方案不仅对各种能源需求和能源路线进行了综合考虑，而且考虑了各种能源和燃料之间的相互配合与相互替代。

2060 的二氧化碳排放水平，尽管不是零排放，但是 33.6 亿吨的排放水平，已经大大超出了预期的下降速度，而且能够与环境的消纳水平相适应。可以说，按照这样的路径走下去，中国的生态文明建设进程和环境质量将得到有效推进和大幅度改善。考虑我国生态文明建设的进展和碳捕捉及碳循环利用新技术的出现，到 2060 年削减和中和这 33.6 亿吨的二氧化碳，应该是没有问题的。

表 1　高可再生、高能效、绿色甲醇终端煤炭替代情景下的能源需求预测

年份	总原油需求（万吨）	总天然气需求（万吨）	总煤炭需求（万吨）	总电力需求（亿千瓦时）
2025	56401.7	3791.1	396844.0	85643.3
2030	52506.9	5652.5	294299.0	89462.6
2040	41997.1	7441.5	167883.0	89572.6
2050	32731.4	7839.5	108725.0	87844.7
2060	25043.5	8035.2	54030.2	86795.7

表 2　高可再生、高能效、绿色甲醇终端煤炭替代情景下的电力生产预测

单位：亿千瓦时

年份	煤电	其他一次能源电力	天然气发电	核电	水电	氢电
2025	48979.1	16368.4	5060.8	5614.3	13623.8	32.5
2030	40323.9	25522.9	6156.8	7512.8	14121.3	40.3
2040	25579.5	36909.9	8539.2	7888.5	14791.8	84.505
2050	13536.2	44959.6	10346.9	7888.5	15037.6	215.2
2060	1873.2	54342.4	11290.3	7888.5	15037.6	453.6

表3　高可再生、高能效、绿色甲醇终端煤炭替代情景下的
绿氢和绿色甲醇产量及进口量预测

单位：万吨

年份	燃料甲醇产量	绿氢产量	绿色甲醇产量	甲醇进口量
2025	3913.6	108.2	3.2	2281.1
2030	5058.9	134.2	16.2	3413.7
2040	7515.9	281.7	200.1	5719.5
2050	9635.2	717.3	792.1	7246.7
2060	11023.3	1511.8	1422.0	8004.9

四　实现碳中和的建议

按照既有发展路径和常规的发展前景，到2060年二氧化碳排放有望降为现在水平的一半。独立研究机构荣鼎咨询（Rhodium Group）的研究报告提出，中国2019年温室效应气体排放总量相当于139.2亿吨二氧化碳。但由于不同计算方式下二氧化碳排放总量会有较大差别，因此本篇使用更为科学的下降速度进行衡量。就此看来，按照现有发展路径预计的碳排放水平与在2060年前实现碳中和的目标仍有差距，因此要实现2060年之前碳中和的目标，需要采纳以下建议。

（一）大力发展碳中和技术体系

1. 工业能源碳中和技术

当前能源转型工作的重点，应该包括以下几方面。（1）推动天然气和甲醇等低碳清洁化石能源对煤炭、石油等高碳且环境影响巨大的能源的替代。例如，可降低氢能、甲醇的市场进入门槛，把甲醇从危化产品目录中去除（甲醇毒性只有食用时才有，其可燃性易爆性都低于汽油柴油等成品油），鼓励下游企业实现从煤炭、成品油向醇醚燃料的转换。（2）加快发展智慧电网，实现非碳能源尤其是可

再生能源占总能源消费和总电力生产的比重快速上升。只有非碳电力比重超过了 50%，进行电能替代才会带来碳排放量的下降，否则电能替代反而会增加碳排放。（3）加快风电等可再生能源的建设，尤其是加快发展更靠近电力负荷中心的海上风电，提升其在总能源消费和电力消费中的比重。（4）加强对氢能的基础研究和工业化技术研究，尽快掌握核心科技，抓住未来氢能发展的机遇。（5）加强对储能材料和储能技术的研究与商业化应用。（6）加快产业结构调整，降低对钢铁、水泥、有色金属等高耗能产品的需求。推动石油、煤炭工业从能源产业向化工产业的转变，同时加强化工生产过程所产生能量的能源化利用，即通过采用能化共轨生产模式，既减少二氧化碳排放，又提高物质效率与能源效率。（7）加强楼宇建筑的节能工作。北方可大范围推广风光地热等可再生能源冬季供暖，从而大幅度减少建筑能耗。（8）加强生物质能源利用。

2. 交通能源碳中和技术

交通能源是能源转型的重要方面。除传统燃油外，电动汽车、混合动力汽车、氢燃料电池、生物柴油、醇醚燃料、自动驾驶、智慧交通管理等各种技术层出不穷。

在交通动力技术中，应加强甲醇利用技术的研究，包括甲醇作为氢燃料电池介质的产业技术应用研究、甲醇混合动力汽车技术的研发与产业化。这是因为，甲醇应用是碳中和应用的重要环节，它可以有效地把氢能、碳循环、电能替代、燃油替代技术结合在一起。同时，它还有运输方便、高效的优势，避免了大规模管网基础设施建设。

3. 建筑能源碳中和技术

建筑所耗能源巨大，虽然主要是电力供应，但是可以与可再生能源电力、储能设施、智能电表、微电网、智慧温控技术、地缘热泵技术、可再生电力供热、LNG 余冷供冷等相结合，实现建筑节能。我们在模型中就设计了利用氢能为建筑提供储能的情景。此外，要避免过度投资，严控新城建设、撤乡并村等重复性、浪费性建设，重新制定城市规划标准以减少大面积硬化广场，从而减少高耗能产品需求。

案例 2　德国建筑综合储能与节能方案

德国政府部署了大量电化学储能、储热、制氢与燃料电池研发和应用示范项目，使储能技术的发展和应用成为能源转型的支柱之一。例如，位于柏林市区西南的欧瑞府零碳能源科技园区，占地面积 $5.5 \times 10^4 m^2$，共 25 幢建筑，建筑面积约 $16.5 \times 10^4 m^2$。园区 $80\% \sim 95\%$ 的能源从可再生能源中获得，并采用了一系列先进的智能化能源管理手段，具体包括光伏、风电、地热、沼气热电联产、储热储冷及热泵等多能联供模式，无人驾驶公交车和清扫机器人、无线充电及智能充电等高新技术，获得 LEED 能源性能标准认证及铂金评级的低能耗绿色建筑，灵活的储能电站和智能管理负荷的微电网等。

整个园区成为集低碳城市理念展示、科技创新平台为一体的产学研一体化的新能源和低碳技术产业生态圈，实现智慧能源与零碳技术有机融合，于 2013 年获"联合国全球城市更新最佳实践"奖，成为德国能源转型的创意灵感象征。

（来源：中国科学院青岛生物能源与过程研究所，http://www.qibebt.ac.cn/xwzx/kydt/202011/t20201104_5736639.html。）

---

4. 农业、分布式和移动能源技术

农业能源是典型的面源能源资源与分布式点式利用的矛盾。从总量上来看，我国每年的农业生物质废弃物有 17 亿吨，但是分布广泛，不易收集和处理。此外，边海偏远地区、户外作业、无人机等移动点式能源利用场景有大量的能源需求。以前这种能源需求不大，经常被忽视，但是随着技术进步和生活方式的转变，这种能源需求越来越大，已经成为一个新兴的能源市场，甚至已经发展出穿戴式可再生能源系统。

农业能源利用，以前寄希望于生物乙醇尤其是纤维素乙醇的技术突破，现在看即使实现技术突破，散布原料的收集储运也存在一定的成本。比较适宜的方式是把秸秆等生物质材料加工成高热量的生物质固体燃料，直接取代农村地区的散煤燃烧。在欧洲和日本，这种技术已经比较成熟，可以考虑在国内推广。

（二）提高非碳能源和碳中和能源（二氧化碳制绿色醇醚燃料）在能源消费结构中的比重

碳达峰时，非碳能源和碳中和能源（二氧化碳制绿色醇醚燃料）应占总能源消费的 50% 以上。为此，需要加快推进以下几项工作：一是加快建设风电，在碳达峰时风电占总发电比例争取达到 30%；二是适度发展核电，使在建核电项目按期投产；三是实现氢能技术、储能技术的商业化利用，制氢选址最好在大型发电基地附近，合理使用弃风、弃光、弃水等不能并网的电力制氢；四是实现绿色醇醚燃料的商业化，即通过捕集工业排放的二氧化碳并通过绿色电力制取醇醚燃料，这是最有效的碳中和技术，可以有效减少碳基能源的最终二氧化碳排放。

（三）实现能源结构接近 80% 非碳

为此，2030~2060 年须加快非碳能源的大规模商业化进程，即非碳能源占能源结构的比重在 2031~2060 年每年需提高 1 个百分点。可通过价格手段推动能源转型。一方面，提高煤炭使用成本。目前煤炭价格保持较低水平，可以适度提高煤炭的资源税、环境税以达到控制煤炭消费的目的。同时，到达项目周期的燃煤电厂应予拆除，腾出来的产能转移给非碳能源电力生产。另一方面，加大对非碳能源的支持力度。具体措施包括企业增加研发投入、财政减税等，要慎用补贴政策以免出现企业过度依赖的情况。

（四）全面推进生态修复和改善工作

要实现碳中和目标，2060 年森林覆盖率提高到 30％ 以上（2019 年全国森林覆盖率为 22.96％，森林面积 2.2 亿公顷），草原生态功能恢复，东部地区天然湖泊面积恢复到 9 万平方公里以上（2015 年中国面积大于 1 平方公里湖泊共有 2554 个，总面积达 7.4 万平方公里），河湖水体生态功能大幅度改善。为此，要全面推进生态修复和改善工作，恢复天然河流湖泊，恢复和改善森林、草原、湿地等生态系统。如此力度的生态修复和改善工作每年可以吸收中和 5 亿吨的二氧化碳。

第二章

消费侧的能源转型

刘　强　洪倩倩　梁晓云 *

消费侧能源转型是能源革命的重要方面，是指通过技术进步与清洁燃料替代实现节能与清洁的能源转型目标。发达国家基本上已经达到了能源消费与温室气体排放的峰值，主要就是来自节能与清洁燃料替代的贡献。根据《能源生产和消费革命战略（2016－2030）》，中国推动能源消费革命的根本点主要有两个：一是以各种节能手段控制能源消费总量；二是通过能源结构调整实现清洁低碳的目标。

本章第一节，对我国实施的能源转型政策进行整理与总结，第二节至第四节对工业、交通、清洁供暖三个重要能源消费部门的能源转型进行总结，并通过实证分析对工业与交通部门的能效提升与能源转换的效果进行检验，第五节对消费侧能源转型的政策进行讨论。

一　能源转型政策

根据《能源生产和消费革命战略（2016－2030）》，中国推动能源消费革命的根本点主要有两个：一是以各种节能手段控制能源消费总量；二是通过能源结构调整实现清洁低碳的目标，即实现清洁能

　＊　刘强，中国社会科学院数量经济与技术经济研究所能源安全与新能源研究室主任，研究员；洪倩倩，中国社会科学院大学硕士研究生，研究方向为能源经济学；梁晓云，中国经济信息社经济分析师，主任编辑。

源替代。

（一）调整能源消费结构，实现清洁高效

《能源发展战略行动计划（2014－2020年）》[①] 提出，2020年之前优化能源结构的主要任务是，积极发展天然气、核电、可再生能源等清洁能源，降低煤炭消费比重，推动能源结构持续优化。主要内容包括以下几个方面。

1. 降低煤炭消费比重

压减煤炭消费，到2020年，全国煤炭消费比重降至62%以内，控制重点用煤领域煤炭消费。以经济发达地区和大中城市为重点，有序推进重点用煤领域"煤改气"工程，加强余热、余压利用，加快淘汰分散燃煤小锅炉，到2017年，基本完成重点地区燃煤锅炉、工业窑炉等天然气替代改造任务。同时，结合城中村、城乡接合部、棚户区改造，扩大城市无煤区范围，逐步由城市建成区扩展到近郊，大幅减少城市煤炭的分散使用。

2. 提高天然气消费比重

加强供气设施建设，扩大天然气进口，有序拓展天然气城镇燃气应用。到2020年，天然气在一次能源消费中的比重提高到10%以上。

实施气化城市民生工程。新增天然气应优先保障居民生活和替代分散燃煤，组织实施城镇居民用能清洁化计划，到2020年，城镇居民基本用上天然气。

稳步发展天然气交通运输。结合国家天然气发展规划布局，制定天然气交通发展中长期规划，加快天然气加气站设施建设，以城市出租车、公交车为重点，积极有序发展液化天然气汽车和压缩天然气汽车，稳妥发展天然气家庭轿车、城际客车、重型卡车和轮船。

适度发展天然气发电。在京津冀鲁、长三角、珠三角等大气污染

---

① 国务院办公厅印发《能源发展战略行动计划（2014－2020年）》，中国政府网，http://www.gov.cn/xinwen/2014－11/19/content_2780748.htm，2014年11月19日。

重点防控区，有序建设天然气调峰电站，结合热负荷需求适度发展燃气－蒸汽联合循环热电联产。

加快天然气管网和储气设施建设。按照"西气东输、北气南下、海气登陆"的供气格局，加快天然气管道及储气设施建设，形成进口通道、主要生产区和消费区相连接的全国天然气主干管网。到2020年，天然气主干管道里程达到12万公里以上。

扩大天然气进口规模。加大液化天然气（LNG）和管道天然气进口力度。

3. 安全发展核电

在采用国际最高安全标准、确保安全的前提下，适时在东部沿海地区启动新的核电项目，研究论证内陆核电建设。到2020年，核电装机容量达到5800万千瓦，在建容量达到3000万千瓦以上。

4. 大力发展可再生能源

按照输出与就地消纳利用并重、集中式与分布式发展并举的原则，加快发展可再生能源。到2020年，非化石能源占一次能源消费比重达到15%。

积极开发水电。在做好生态环境保护和移民安置的前提下，积极有序推进大型水电基地建设。因地制宜发展中小型电站，开展抽水蓄能电站规划和建设，加强水资源综合利用。到2020年，力争常规水电装机容量达到3.5亿千瓦左右。

大力发展风电。重点规划建设酒泉、内蒙古西部、内蒙古东部、冀北、吉林、黑龙江、山东、哈密、江苏等9个大型现代风电基地以及配套送出工程。以南方和中东部地区为重点，大力发展分散式风电，稳步发展海上风电。到2020年，风电装机容量达到2亿千瓦，风电与煤电上网电价相当。

加快发展太阳能发电。有序推进光伏基地建设，同步做好就地消纳利用和集中送出通道建设。加快建设分布式光伏发电应用示范区，稳步实施太阳能热发电示范工程。加强太阳能发电并网服务。鼓励大型公共建筑及公用设施、工业园区等建设屋顶分布式光伏发电。到 2020 年，光伏发电装机容量达到 1 亿千瓦左右，光伏发电与电网销售电价相当。

积极发展地热能、生物质能和海洋能。到 2020 年，地热能利用规模达到 5000 万吨标准煤。

提高可再生能源利用水平。加强电源与电网统筹规划，科学安排调峰、调频、储能配套能力，切实解决弃风、弃水、弃光问题。

通过以上政策的实施与推动，中国的能源消费结构大幅度优化，煤炭在总能源消费中的占比迅速下降，天然气和可再生能源占比迅速提高，电力在终端能源消费中的占比也有较大幅度提升（见图 1）。

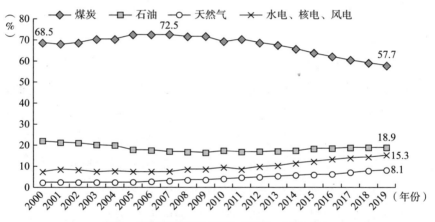

图 1　能源消费结构变化（2000～2019 年）

从图 1 可以看出，经过约 20 年的努力，煤炭占比已经下降到 60% 以下，比高峰时期（2007 年左右）的 72.5% 下降了 14.8 个百分点。同时，石油占比也出现了小幅下降，从 2000 年时的 22% 下降到 2019 年的 18.9%。水电、核电、风电和天然气等清洁能源的占比出现较大幅度的上升，表明我国在调整能源结构、发展清洁能源方面所做的努力取得了显著的成效。

（二）推进节能减排

节能减排工作是中国建设生态文明、推动能源革命的重要方面。

节能减排工作可以分为四个方面：（1）调整产业结构，减少高耗能产品生产与出口，发展低耗能的制造业与现代服务业，减少对能源的需求；（2）提高所有产业部门生产、运输、消费的全生命周期能源效率，淘汰产业落后产能，提高行业整体能源效率水平；（3）提高用能产品（如汽车、家用电器）的能源效率；（4）加强节能环保意识，发展循环经济，通过减少最终商品需求降低能源消费。

《能源生产和消费革命战略（2016－2030）》提出，中国要大力调整产业结构，推动产业结构调整与能源结构优化互驱共进，提高资源型工业部门的能源效率，加快发展低耗能的制造业、现代服务业。

1. 控制发展资源型高耗能产业

中国自 2003 年经过新一轮经济快速增长期之后，一直面临着能源电力的供给瓶颈，同时由工业快速发展带来的环境保护压力加大。在这一背景下，中国自进入"十五"之后一直对资源型工业部门进行产能控制，既包括产能总量的控制，也包括对落后技术产能的淘汰。国家发改委等部门通过提高市场准入标准，限制高能耗、高污染产业发展及煤炭等化石能源消费；推动制造业改造升级，淘汰煤炭、钢铁、建材、石化、有色金属、化工等行业中环保、能耗、安全生产不达标和生产不合格的落后产能，促进能源消费的清洁化。在贸易环节，通过灵活调节进出口关税，减少高载能产品出口。大力发展战略性新兴产业，实施智能制造工程，加快节能与新一代信息技术、新能源汽车、新材料、生物医药、先进轨道交通装备、电力装备、航空、电子及信息产业等先进制造业发展，培育能耗排放低、质量效益好的新增长点。

2. 加强工业节能

同样是从"十五"开始，中国持续实施节能减排工作，并对钢铁、建材等耗煤耗电行业实施严格的能效和排放标准，新增工业产能主要耗能设备能效需达到国际先进水平。《能源生产和消费革命战略（2016－2030）》要求，大力推进低碳产品认证，促进低碳生产。重构工业生产和组织方式，全面推进工业绿色制造，推动绿色产品、绿色工厂、绿色园区和绿色供应链全面发展。加快工艺流程升级与再造，以绿色设计和系统优化为重点，推广清洁低碳生产，促进增产不增能甚至增产降能。以新材料技术为重点推行材料替代，降低原材料使用强度，提高资源回收利用水平。推行企业循环式生产、产业循环式组合、园区循环式改造，推进生产系统和生活系统循环链接。充分利用工业余热余压余气，鼓励通过"能效电厂"工程提高需求侧节能和用户响应能力。

3. 加强建筑节能

《能源生产和消费革命战略（2016－2030）》要求，建立健全建筑节能标准体系，大力发展绿色建筑，推行绿色建筑评价、建材论证与标识制度，提高建筑节能标准，推广超低能耗建筑，提高新建建筑能效水平，增加节能建筑比例。加快既有建筑节能和供热计量改造，实施公共建筑能耗限额制度，对重点城市公共建筑及学校、医院等公益性建筑进行节能改造，推广应用绿色建筑材料，大力发展装配式建筑。严格建筑拆除管理，遏制不合理的"大拆大建"。全面优化建筑终端用能结构，大力推进可再生能源建筑应用，推动农村建筑节能及绿色建筑发展。

4. 推动交通节能

交通运输行业是能源消费的重要部门。美国提高车辆燃油经济性的做法取得了重要的成绩，对美国能源消费总量维持零增长发挥了重要作用。《能源生产和消费革命战略（2016－2030）》要求，在中国全面构建绿色低碳交通运输体系，优化交通运输结构，大力发展铁路运输、城市轨道交通运输和水运，减少煤炭等大宗货物公路长途运输，加快零距离换乘、无缝衔接交通枢纽建设。倡导绿色出行，深化发展公共交通和慢行交通。统筹油、气、电等多种交通能源供给，积极推动油品质量升级，全面提升车船燃料消耗量限值标准，推进现有码头岸电设施改造、新建码头配套岸电设施建设，鼓励靠港船舶优先使用岸电，实施多元替代。加快发展第三方物流，优化交通需求管理，提高交通运输系统整体效率和综合效益。

5. 通过排放控制推动节能工作

中国坚持节能优先总方略，把节能贯穿于经济社会发展全过程和各领域。《能源生产和消费革命战略（2016－2030）》要求实施最严格的减排制度。坚决控制污染物排放，主动控制碳排放，建立健全排污权、碳排放权初始分配制度，培育和发展全国碳排放权交易市场。强化主要污染物减排，重点加强钢铁、化工、电力、水泥、氮肥、造纸、印染等行业污染控制，实施工业污染源全面达标排放行动，控制移动源污染物排放。全面推进大气中细颗粒物防治。构建机动车船和燃料油环保达标监管体系。污染物排放控制毫无疑问将倒逼企业提高能源效率，从而有助于减缓能源消费的增长。

（三）发展清洁能源和可再生能源

能源转型的根本目标是能源的清洁化，既包括传统能源的清洁化，也包括发展清洁的可再生能源。

1. 推动传统能源清洁化

由于传统能源在能源总量中占有主导地位，所以它的清洁化和清洁利用在能源转型中是一项根本性的任务。根据国务院发布的《"十三五"节能减排综合工作方案》，中国加强煤炭安全绿色开发和清洁高效利用，推广使用优质煤、洁净型煤，推进煤改气、煤改电，鼓励利用可再生能源、天然气、电力等优质能源替代燃煤使用。因地制宜发展海岛太阳能、海上风能、潮汐能、波浪能等可再生能源。安全发展核电，有序发展水电和天然气发电，协调推进风电开发，推动太阳能大规模发展和多元化利用，增加清洁低碳电力供应。在居民采暖、工业与农业生产、港口码头等领域推进天然气、电能替代，减少散烧煤和燃油消费。到2020年，煤炭占能源消费总量比重下降到58%以下，电煤占煤炭消费量比重提高到55%以上，非化石能源占能源消费总量比重达到 15%，天然气消费比重提高到 10% 左右。

开展煤炭消费减量行动。严控煤炭消费总量，京津冀鲁、长三角和珠三角等区域实施减煤量替代，其他重点区域实施等煤量替代。提升能效环保标准，积极推进钢铁、建材、化工等高耗煤行业节能减排改造。全面实施散煤综合治理，逐步推行天然气、电力、洁净型煤及可再生能源等清洁能源替代民用散煤，实施工业燃煤锅炉和窑炉改造提升工程，散煤治理取得明显进展。

拓展天然气消费市场。积极推进天然气价格改革，推动天然气市场建设，探索建立合理的气、电价格联动机制，降低天然气综合使用成本，扩大天然气消费规模。稳步推进天然气接收和储运设施公平开放，鼓励大用户直供。合理布局天然气销售网络和服务设施，以民用、发电、交通和工业等领域为着力点，实施天然气消费提升行动。以京津冀及周边地区、长三角、珠三角、东北地区为重点，推进重点城市"煤改气"工程。加快建设天然气分布式能源项目和天然气调峰电站。2020 年气电装机规模达到 1.1 亿千瓦。

2. 发展绿色可再生能源

为实现绿色、低碳、可持续发展，近年来国家大力推进能源生产和消费革命，取得举世瞩目的成就。截至 2017 年底，我国水电、风电、太阳能发电装机容量分别达到 3.4 亿、1.6 亿和 1.3 亿千瓦，均居世界首位。大量清洁能源通过特高压电网，从西部地区源源不断地输送到东部地区。通过实施清洁供暖、建设港口岸电等措施，国家电网公司累计推广以电代煤、以电代油项目 10 万余个，完成替代电量 3600 亿千瓦时。与 2000 年相比我国电能占终端能源消费的比重提高 12 个百分点，比全球平均增幅高 8 个百分点[1]。

---

[1] 《舒印彪委员：加快再电气化进程促进能源生产和消费革命》，中国人民政治协商会议全国委员会网站，http://www.cppcc.gov.cn/zxww/2018/03/07/ARTI1520389147484492.shtml，2018 年 3 月 7 日。

清洁能源消纳是再电气化的关键之一。在坚持以电力为中心、以电网为平台、以提高电气化水平为目标的前提下，必须做好三个"统筹"：统筹推进能源结构调整和布局优化，统筹做好清洁能源开发、输送和需求之间的衔接，统筹推进市场机制建设、网络平台建设、调峰能力建设和关键技术攻关。同时，要着眼于发挥电网的能源转换枢纽和基础平台作用，为清洁能源大规模并网消纳和电能替代其他终端能源提供有力支撑。

（四）推动城乡电气化发展，实现终端能源结构优化

能源消费革命，很大程度上体现为再电气化和清洁电气化的过程。在能源消费环节，再电气化是指电能对煤炭、石油等终端化石能源的广泛替代，从而显著提高电能在终端能源消费中的比重。通过再电气化满足各种用能需求，将成为生产生活方式变革的常态。图 2 显示了 2005～2017 年家庭能源消费中电力消费占煤炭直接消费比重的趋势。

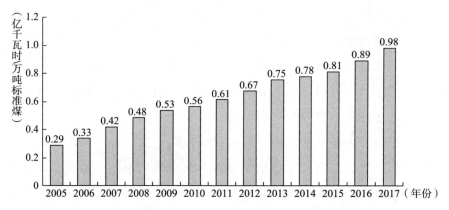

图 2　家庭能源消费中电力消费占煤炭直接消费的比重（2005～2017 年）

中国能源转型的一项重要政策是电能替代，即提高电能占终端能源消费比重、提高可再生能源占电力消费比重，实现清洁电力和清洁排放目标。

2016 年 5 月，国家发改委等八部门联合发布《关于推进电能替

代的指导意见》①，提出提高电能占终端能源消费比重、提高电煤占煤炭消费比重、提高可再生能源占电力消费比重、降低大气污染物排放等目标。

根据国务院发布的《"十三五"节能减排综合工作方案》，实施电能替代工程。积极推进居民生活、工业与农业生产、交通运输等领域电能替代。推广电锅炉、电窑炉、电采暖等新型用能方式，以京津冀及周边地区为重点，加快推进农村采暖电能替代，在新能源富集地区利用低谷富余电实施储能供暖。提高铁路电气化率，适度超前建设电动汽车充电设施，大力发展港口岸电、机场桥电系统，促进交通运输"以电代油"。到 2020 年电能在终端能源消费中的比重提高到 27% 以上。

《能源生产和消费革命战略（2016 - 2030）》要求，结合新型城镇化、农业现代化建设，拓宽电力使用领域，优先使用可再生能源电力，同步推进电气化和信息化建设，开创面向未来的能源消费新时代。大幅提高城镇终端电气化水平。切实提升农村电力普遍服务水平，完善配电网建设及电力接入设施、农业生产配套供电设施，缩小城乡生活用电差距。加快转变农业发展方式，推进农业生产电气化。实施光伏（热）扶贫工程，结合农村资源条件和用能习惯，大力发展太阳能、浅层地热能、生物质能等，推进用能形态转型。加速推动电气化与信息化深度融合。通过信息化手段，全面提升终端能源消费智能化、高效化水平，发展智慧能源城市，推广智能楼宇、智能家居、智能家电，发展智能交通、智能物流。

根据 2016 年国家发改委等八部门《关于推进电能替代的指导意见》，我国推动电能替代的重点任务如下。电能替代方式多样，涉及居民采暖、生产制造、交通运输、电力供应与消费等众多领域，以分

---

① 《关于推进电能替代的指导意见》（发改能源〔2016〕1054 号），国家发展改革委员会网站，https://www.ndrc.gov.cn/xxgk/zcfb/tz/201605/t20160524_963071.html，2016 年 5 月 25 日。

布式应用为主。应综合考虑地区潜力空间、节能环保效益、财政支持能力、电力体制改革和电力市场交易等因素，根据替代方式的技术经济特点，因地制宜，分类推进。

1. 居民采暖领域

在存在采暖刚性需求的北方地区和有采暖需求的长江沿线地区，重点对燃气（热力）管网覆盖范围以外的学校、商场、办公楼等热负荷不连续的公共建筑，大力推广碳晶、石墨烯发热器件，发热电缆，电热膜等分散电采暖替代燃煤采暖。

在燃气（热力）管网无法达到的老旧城区、城乡接合部或生态要求较高区域的居民住宅，推广蓄热式电锅炉、热泵、分散电采暖。

在农村地区，以京津冀及周边地区为重点，逐步推进散煤清洁化替代工作，大力推广以电代煤。

在新能源富集地区，利用低谷富余电力，实施蓄能供暖。

2. 生产制造领域

在生产工艺需要热水（蒸汽）的各类行业，逐步推进蓄热式与直热式工业电锅炉应用。重点在上海、江苏、浙江、福建等地区的服装纺织、木材加工、水产养殖与加工等行业，试点推行蓄热式工业电锅炉替代集中供热管网覆盖范围以外的燃煤锅炉。

在金属加工、铸造、陶瓷、岩棉、微晶玻璃等行业及有条件地区推广电窑炉。

在采矿、食品加工等企业生产过程中的物料运输环节，推广电驱动皮带传输。

在浙江、福建、安徽、湖南、海南等地区，推广电制茶、电烤烟、电烤槟榔等。

在黑龙江、吉林、山东、河南等农业大省，结合高标准农田建设和农业节水灌溉等工作，加快推进机井通电。

3. 交通运输领域

支持电动汽车充换电基础设施建设，推动电动汽车普及应用。

在沿海、沿江、沿河港口码头，推广靠港船舶使用岸电和电驱动货物装卸。

支持空港陆电等新兴项目推广，应用桥载设备，推动机场运行车辆和装备"油改电"工程。

4. 电力供应与消费领域

在可再生能源装机比重较大的电网，推广应用储能装置，提高系统调峰调频能力，更多消纳可再生能源。在城市大型商场、办公楼、酒店、机场航站楼等建筑推广应用热泵、电蓄冷空调、蓄热电锅炉等，促进电力负荷移峰填谷，提高社会用能效率。

专栏　"窑火"之变
——电能替代助力景德镇陶瓷产业绿色转型

今天，陶瓷产业依然是景德镇最具特色的支柱产业。电能作为清洁能源，正逐步替代"千年窑火"的位置，推动陶瓷产业绿色发展。

陶瓷制作工艺极其烦琐。从采取瓷石，炼成软泥黏土，制坯、打磨成型，再经干燥、施釉、彩绘、焙烧等工艺流程，一件件有生命力的精美器物才呈现在我们眼前。

景德镇红叶陶瓷股份有限公司一厂早在2000年就引进了第一台电窑炉，后来扩大生产规模，又陆续增加了6台，电窑炉主要用来烧制高端定制的小型陶瓷产品，年产量约占全厂生产总量的一半。

"从成品率来看，电窑炉更高，可以达到98%；从成本来比较，用电也比用液化气更节能。"刘志华介绍。而之所以没有全部替换成电窑炉，他解释说："主要是为了满足市场多样化产品的定制需求，一些特殊要求的陶瓷制品，必须用其他能源烧制才能达到效果。"

与红叶陶瓷不同，景德镇神飞特种陶瓷有限公司（以下简称"神飞特陶"）是一家生产电真空陶瓷（金属化陶瓷管壳）的民营高科技企业，产品主要应用于真空灭弧室、工业高频加热管、超高频电子管等军民用领域，对产品质量精度要求非常严格。

该公司技术总监刘赞说，改用电隧道窑生产后，烧窑过程全部实现自动化，一天只需两个人值班。刘赞说，三年前，为了证实到底是用液化气烧制还是用电烧制陶瓷好，神飞特陶专门搞过一场气窑炉和电窑炉的生产竞赛，一个月后的数据结果表明：用电的产品合格率达到89%，用液化气的产品合格率仅为38%。很快，神飞特陶将全部窑炉改为电窑炉，在成本保持不变的前提下，当年产值从650万元增加到2500万元。不仅企业效益大幅上升，而且环境污染、安全隐患等问题也迎刃而解。

刘赞告诉记者，实施电能替代还带动了景德镇陶瓷产业链的整体提升。"如现在电窑炉使用的硅钼棒发热元器件，具有独特的高温抗氧化性，最高温度可达1800℃，不仅发热快耐高温，而且使用寿命大大增加，这都是推动产业进步的结果。"

从柴火窑，到煤窑、气窑，再到电窑，从松柴燃料到化石能源，再到清洁能源，传承千年的景德镇陶瓷产业正在开启一段绿色发展的新征程。

（来源：景德镇在线，http://www.jdzol.com/2018/China_0124/3157.html。）

（五）发展醇醚燃料[①]

我国醇醚燃料及醇醚清洁汽车行业在各级政府和部门的支持下，

[①] 本小节参考了胡迁林：《中国甲醇燃料应用规模、技术水平世界领先》，搜狐网，http://www.sohu.com/a/255626553_825427，2018年9月23日。

通过全行业的共同努力，经过近 40 年发展，形成了"困中求进、创新驱进、协同推进"的发展态势，醇醚产能、产量和产业化规模均位居世界第一，醇醚燃料在车用、工业、生活领域等的推广应用取得初步成效。

1. 中国甲醇领航世界

一是甲醇产能和产量居世界第一位。2017 年我国甲醇产能达到 8351 万吨，同比增长 8%；产量 6147 万吨，同比增长 16.5%，为醇醚燃料提供充足的原料保障；采用先进煤气化技术路线成为甲醇生产的主流方向，占总产能的一半以上；煤制甲醇比重持续增加，占总产能的 75% 以上。随着煤气化、合成气变换、净化、甲醇合成等生产工艺和重大装备技术的不断创新和提高，煤制甲醇平均耗标准煤 1.5 吨，二氧化碳排放持续降低。

二是甲醇燃料应用技术和规模居世界首位。目前甲醇燃料被广泛应用于车用燃料、工业燃料、供热燃料和生活燃料，据分析其总规模超过 700 万吨/年。甲醇燃料的应用技术不断提高，专用设备和配套基础设施日趋完善。目前船舶应用甲醇替代柴油的实践工作也已经启动。

三是二甲醚产能和燃料应用规模居世界首位。目前二甲醚产能超过 1200 万吨。二甲醚作为城镇燃气、工业燃料，其应用规模超过 200 万吨。此外，我国自主开发的二甲醚客车已投入了运营试验。

2. 标准体系建设逐渐完善

经过多年的工作，我国醇醚燃料标准体系建设不断完善。在甲醇作为锅（窑）炉燃料方面，环保部明确醇基燃料锅炉排放参照燃油锅炉排放控制要求执行。立项制定的《锅炉安全技术监察规程》国家特种设备安全规范即将报批，该规程已将醇基燃料列为锅炉用液体燃料。立项制定的《锅炉用液体和气体燃料燃烧器技术条件》国家标准即将发布，该标准已将轻油、重油、醇基燃料、生物质油等同列为锅炉用液体燃料。由中国石油和化学工业联合会组织编制的

《锅炉用醇基燃料》和《锅炉用醇基燃料储存和供液设施技术要求》两项团体标准已获发布。这些标准的发布实施，基本构成了锅炉用醇基燃料从储罐卸料口到锅炉烟气排放的主要标准构架。

在甲醇作为灶用燃料方面，已有《中华人民共和国国家标准：醇基液体燃料》国家标准和《醇基民用燃料灶具》行业标准。

在二甲醚作为城镇燃气方面，2018 年发布修订的《城镇燃气分类和基本特性》国家标准已将二甲醚与天然气、人工煤气、液化石油气一起，列为四大类城镇燃气。与此前实施的《城镇燃气用二甲醚》《液化二甲醚钢瓶》《液化二甲醚瓶阀》《瓶装液化二甲醚调压器》四项国家标准，以及 2017 年发布的《液化二甲醚汽车槽车运输》和《液化二甲醚储配站设计规范》两项中国石化联合会团体标准一起，基本构成二甲醚作为城镇燃气应用的主要标准体系。

二　工业部门的能源转型

本节将利用基于部门的相关统计数据，对能源转型的能源效率提升、能效提升的来源进行实证检验，并对不同类型部门的能效提升特点进行分析。

（一）基本情况

1. 消费部门的划分

能源消费侧，可以分为工业、农业、交通、居民生活、服务业等部门。由于工业部门是能源消费的主体，在分析中我们对工业进行进一步细分。本文在国家统计局 40 个部门分类的基础之上，根据中国社会科学院数量经济与技术经济研究所开发的中国能源模型系统的分类方法，对相近行业加以合并，共分为 23 个部门（见表 1）。

表 1　中国能源模型系统（CEMS）部门分类

编号	行业名称	占总能源消费比重（%）（2017）
I1	农、林、牧、渔、水利业	1.99
I2	煤炭开采和洗选业	2.06
I3	石油和天然气开采业	0.88
I4	黑色金属矿采选业	0.34
IZ5	有色金属矿采选业，非金属矿采选业，其他采矿业（以下简称"有色和其他采矿业"）	0.59
IZ6	农副食品加工业、食品制造业、饮料制造业、烟草制品业	1.72
IZ7	纺织业，纺织服装、鞋、帽制造业，皮革、毛皮、羽毛（绒）及其制品业，木材加工及木、竹、藤、棕、草制品业，家具制造业，造纸及纸制品业，印刷业和记录媒介的复制，文教体育用品制造业（以下简称"纺织服装木材家具造纸印刷文体设备业"）	3.47
I8	石油加工、炼焦及核燃料加工业	5.44
IZ9	化学原料及化学制品制造业，医药制造业，化学纤维制造业，橡胶制品业，塑料制品业，金属制品业（以下简称"化工医药化纤塑料橡胶金属制品业"）	14.14
I10	非金属矿物制品业	7.33
I11	黑色金属冶炼及压延加工业	13.60
I12	有色金属冶炼及压延加工业	4.94
IZ13	通用设备制造业，专用设备制造业，电气机械及器材制造业，通信设备、计算机及其他电子设备制造业，仪器仪表及文化、办公用机械制造业，工艺品及其他制造业（以下简称"机器设备制造及工艺品业"）	3.02
I14	交通运输设备制造业	0.98
I15	废弃资源和废旧材料回收加工业	0.05
I16	电力、热力的生产和供应业	6.53
I17	燃气生产和供应业	0.21
I18	水的生产和供应业	0.33
I19	建筑业	1.91
I20	批发、零售业和住宿、餐饮业	2.78
I21	其他行业	5.42

编号	行业名称	占总能源消费比重 （%）（2017）
I22	交通运输、仓储和邮政业	9.41
I23	生活消费	12.86

注：IZ5、IZ6、IZ7、IZ9、IZ13 为集成后的部门。

其中，第 1 个部门农、林、牧、渔、水利业是第一产业；第 2 个至第 5 个部门是采矿业；第 6 个至第 15 个部门是制造业；第 16 个至第 18 个部门分别是电力、热力的生产和供应业，燃气生产和供应业、水的生产和供应业；第 19 个部门是建筑业；第 20 个部门是批发、零售业和住宿、餐饮业，即商业和一般服务业；第 21 个部门是其他行业；第 22 个部门是交通运输、仓储和邮政业；第 23 个部门是生活消费。其中，石油加工、炼焦及核燃料加工业（I8），电力、热力的生产和供应业（I16）的能源消费实际上是能源生产过程的消费。

2. 重点部门

尽管能源消费分散在多个部门，但实际上少数部门占了能源消费很高的比重。因此要实现能源转型的目标，可以高度关注这些能源消费"大户"，具体分布情况见表 2。根据 2017 年的数据，能源消费的八个重点部门依次是 IZ9（化工医药化纤塑料橡胶金属制品业），14.14%；I11（黑色金属冶炼及压延加工业），13.6%；I23（生活消费），12.86%；I22（交通运输、仓储和邮政业），9.41%；I10（非金属矿物制品业），7.33%；I16（电力、热力的生产和供应业），6.53%；I8（石油加工、炼焦及核燃料加工业），5.44%；I12（有色金属冶炼及压延加工业），4.94%。这八个部门加起来占到总消费的 74.25%，其中工业部门中的六个占总能源消费的 51.98%。因此，我们也可以说，这八个部门，是实现能源转型的关键领域，也是实现节能和降低温室气体排放、实现绿色发展的重点部门。除交通运输、生活消费之外，工业之中的化工、钢铁、非金属矿物制品（水泥、玻璃、陶瓷等）、发电供热、石化炼焦、有色金属是工业节能与能源

表 2 重点部门能源消费情况

排序	总能源消费	煤炭消费	原油消费	天然气消费	电力消费	焦炭消费	汽油消费	柴油消费	煤油消费	燃料油消费
1	IZ9（化工医药化纤橡胶塑料金属制品业）（14.1%）	I16（电力、热力的生产和供应业）（46.5%）	I8（石油、炼焦燃料及核燃料加工业）（93.3%）	I16（电力、热力生产和供应业）（18.6%）	I23（生活消费）（14.0%）	I11（黑色金属冶炼及压延加工业）（85.8%）	I22（交通运输、仓储和邮政业）（45.9%）	I22（交通运输、仓储和邮政业）（66.2%）	I22（交通运输、仓储和邮政业）（95.4%）	I22（交通运输、仓储和邮政业）（36.2%）
2	I11（黑色金属冶炼及压延加工业）（13.6%）	I8（石油、炼焦燃料及核燃料加工业）（11.6%）	IZ9（化工医药化纤橡胶塑料金属制品业）（5.5%）	I23（生活消费）（17.6%）	IZ9（化工医药化纤橡胶塑料金属制品业）（13.4%）	IZ9（化工医药化纤橡胶塑料金属制品业）（8.6%）	I23（生活消费）（26.5%）	I1（农、林、牧、渔、水利业）（9.1%）	I21（其他行业）（2.7%）	I8（石油、炼焦燃料及核燃料加工业）（35.3%）
3	I23（生活消费）（12.9%）	I11（黑色金属冶炼及压延加工业）（7.6%）	I3（石油和天然气开采业）（1.2%）	IZ9（化工医药化纤橡胶塑料金属制品业）（13.6%）	I16（电力、热力的生产和供应业）（12.8%）	I10（非金属矿物制品业）（1.8%）	I21（其他行业）（16.7%）	I21（其他行业）（7.3%）	I23（生活消费）（0.8%）	IZ9（化工医药化纤橡胶塑料制品业）（21.5%）
4	I22（交通运输、仓储和邮政业）（9.4%）	IZ9（化工医药化纤橡胶塑料金属制品业）（7.3%）		I22（交通运输、仓储和邮政业）（11.9%）	I12（有色金属冶炼及压延加工业）（9.3%）	IZ13（机器设备制造及工艺品业）（1.2%）	I19（建筑业）（3.8%）	I23（生活消费）（4.0%）	I20（批发、零售业和住宿、餐饮业）（0.3%）	I10（非金属矿物制品业）（3.2%）

续表

排序	总能源消费	煤炭消费	原油消费	天然气消费	电力消费	焦炭消费	汽油消费	柴油消费	煤油消费	燃料油消费
5	I10（非金属矿物制品业）(7.3%)	I10（非金属矿物制品业）(7.1%)		I8（石油加工、炼焦及核燃料加工业）(8.0%)	I11（黑色金属冶炼及压延加工业）(8.1%)	I12（有色金属冶炼及压延加工业）(1.2%)	I20（批发、零售业和住宿、餐饮业）(2.1%)	I19（建筑业）(3.5%)	I19（建筑业）(0.3%)	I19（建筑业）(0.9%)
CR_5	57.3%	80.1%	100%	69.7%	57.6%	98.6%	95.0%	90.1%	99.5%	97.1%

注：1. 各行业括号中数据为该行业总能源消费或者燃料消费占总消费的比重。
2. CR_5指该行业内前5部门所占市场份额的总和。

转型的重点领域。

（二）发展情况

工业部门是能源消费的主体，涉及的燃料种类也最为复杂。我国建立了完整的工业体系，工业产品种类丰富。不同的产品对应不同的生产工艺，其终端能源消费并不能随意转换，因此工业消费侧能源转型的优先领域是节能，提高能源效率。同时，电能或者天然气替代煤炭直接燃烧，可以有效提高总体的能源效率。但是，任何一种燃料转换，都需要一定的设备更新和投资。

从图3可以看出，2000年至2017年，工业与制造业的电能对煤炭直燃替代进展较快。制造业的电力煤炭消费比（以下简称"电煤比"）从2000年的0.12亿千瓦时/万吨标准煤，上升到了2017年的0.21亿千瓦时/万吨标准煤，升幅达75%。

制造业的重点行业中，化工医药化纤塑料橡胶金属制品业、纺织服装木材家具造纸印刷文体设备业、非金属矿物制品业与黑色金属冶炼及压延加工业的电煤比实现了较快的提升，四个行业的电煤比几乎翻了一倍，显示出电能替代的巨大优势。但是有色金属冶炼及压延加工业的电煤比先升后降，2017年相比2000年反而出现了下降，

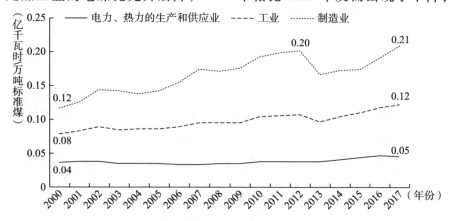

图3　工业、制造业与电力、热力的生产和供应业的电力
煤炭消费比（2000~2017年）

反映出这一行业对燃料价格的高度敏感性：2009 年之前，煤炭价格迅速提高，行业的电煤比也迅速提高；2010 年之后，煤炭价格回落，行业的电煤比也迅速下降（见图4）。

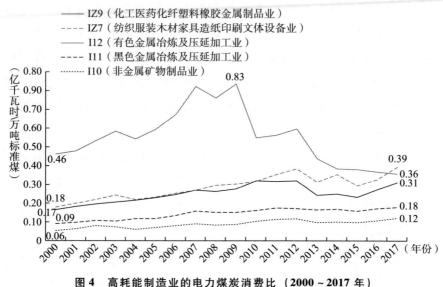

图4 高耗能制造业的电力煤炭消费比（2000～2017 年）

（三）能源转型的实证检验

1. 对能效提升的检验

（1）模型的设定

工业部门是能源消费的主体。我们对每个工业部门选择一种代表性产品，以它的产量增长率代表全部门的产品产量增长情况（见表3），并将其与该部门的总能源消费增长率和主要燃料消费增长率做回归分析，来检验是否存在能效的提高。

在此采用一元线性回归模型对主要能源消费增长率与代表产品的产量增长率进行计量分析，具体计量模型设定如下：

$$y_i = \alpha_i + \beta_i x_i$$

其中，y_i 表示各行业总能源和主要燃料消费的增长率，x_i 代表各行业代表性产品产量增长率，α_i 为常数项，β_i 为系数。利用国家统计局的各行业能源消费数据进行回归，所得结果如表4、表5所示。燃气生产和供应业（I17）、水的生产和供应业（I18）、废弃资源和废旧材料回收加工业（I15）三个部门，因为缺乏数据，并且所占比例小（三个部门合计占2017年的0.59%），没有进行回归分析。

表3 主要耗能部门的代表性产品与燃料转换

行业类别	代表产品/指标	燃料转换
I1（农、林、牧、渔、水利业）	粮食	
I2（煤炭开采和洗选业）	原煤	
I3（石油和天然气开采业）	原油、天然气	
I4（黑色金属矿采选业）	铁矿石	
IZ5（有色和其他采矿业）	水泥产量	
IZ6（农副食品加工业、食品制造业、饮料制造业、烟草制品业）	精制食品植物油	
IZ7（纺织服装木材家具造纸印刷文体设备业）	纱	电力/煤炭
I8（石油加工、炼焦及核燃料加工业）	石油消费量	
IZ9（化工医药化纤塑料橡胶金属制品业）	合成氨	电力/煤炭
I10（非金属矿物制品业）	水泥	电力/煤炭
I11（黑色金属冶炼及压延加工业）	粗钢	电力/煤炭
I12（有色金属冶炼及压延加工业）	十种有色金属	电力/煤炭
IZ13（机器设备制造及工艺品业）	发动机	电力/天然气
I14（交通运输设备制造业）	汽车	
I16（电力、热力的生产和供应业）	火电发电量	电力/煤炭

注：1. IZ5（有色和其他采矿业）产出选择水泥产量作为代理变量，是因为它能够代表非金属矿的产量趋势，而有色金属矿的统计数据暂缺，且有色金属冶炼产品数据中包含了进口矿石的产出，并不适合作为采矿业的代理变量。

2. I8（石油加工、炼焦及核燃料加工业）选择石油消费量作为该行业产出的代理变量。

（2）对实证结果的分析

从表4、表5的实证结果可以看出，能效提升实证检验不显著（P值大于0.1）的三个行业是：农副食品加工业、食品制造业、饮料制造业、烟草制品业；农、林、牧、渔、水利业；石油和天然气开采业。这三个行业的能源消费在总能源消费的占比之和为 4.59%，可以认为影响不大。其他工业部门，无论是能源消费，还是燃料的消耗，都存在显著的能效提高。交通运输设备制造业的能源消费虽然显著性偏低（P = 0.16），但是它的主要能源形式电力消费是显著的（P = 0.06，小于 0.1）。

农副食品加工业、食品制造业、饮料制造业、烟草制品业包括了制糖、制植物油、制烟和饮料、罐头等产品的生产，可以认为这些生产工艺十分成熟，且产业结构没有剧烈变化，因此导致能效的提升不明显。

农、林、牧、渔、水利业的能效提升不显著，可能是因为农业生产方式没有发生重大的变化。而且在统计上，农业的能源消费不容易与农村生活用电区分开，可能导致一定的统计偏差。

石油和天然气开采业的能效提升不显著，与该行业特点有关。由于中国油气田普遍过了产量峰值，新增产出的边际成本上升，也必然引起边际能源投入增加，因此能源消费增长率并没有低于产出增长率。

除以上三个未做模拟的、三个结果不显著的行业之外，其他 12 个工业部门都存在显著的能效提升（P 值小于 0.1，见表 4、表 5）。如果我们按照能源消费产出弹性大小的顺序来排列的话（见表 6），可以发现，资源型工业部门的能源消费产出弹性明显高于制造业，这也说明资源型工业部门的高能耗特点。但是实证分析显示，只有煤炭开采和洗选业的能源消费产出弹性略高于 1，这应该是随着产量的增长，开采难度加大造成的。其他资源型工业部门的能源消费产出弹性依次为，黑色金属冶炼及压延加工业 0.93，黑色金属矿采选业 0.857，有色金属冶炼及压延加工业 0.844，非金属矿物制品业 0.79，石油加工、炼焦及核燃料加工业 0.79，有色和其他采矿业 0.744。这些资源型部门虽然弹性较高，但是也都存在一定的能效提升（弹性小于 1）。另外，也表明如果这些部门的产出减少或者增速下降，总能源消费的下降速度将更快。这为能源总量政策提供了一个选择。

电力、热力的生产和供应业本身的能源消费产出弹性为 0.58，表现出了较好的能效提升。关于这一部门的能效提升，实际上是供给侧的问题，即通过降低煤电比例和降低煤电的煤耗水平两方面政策，提高电力和热力部门的能源效率。

IZ7（纺织服装木材家具造纸印刷文体设备业）、IZ9（化工医药化纤塑料橡胶金属制品业）、I14（交通运输设备制造业）、IZ13（机器设备制造及工艺品业）四个部门的能源消费产出弹性均低于 0.5，尤其是 I14（交通运输设备制造业）和 IZ13（机器设备制造及工艺品业）分别为 0.199 和 0.093，显示出非常低的能源需求和能效提升能力，也是技术进步非常明显的部门。

上述部门除各自的能源消费总量存在能效提升效应之外，其主要燃料也都存在明显的消费产出弹性。唯一的例外是有色金属冶炼及压延加工业，其煤炭消费的产出弹性检验不够显著，但是煤炭并不是有色金属冶炼及压延加工业的主要能源，该行业的主要能源电力消费的产出弹性非常显著。然而，在有色金属冶炼及压延加工业，主要能源电力消费的产出弹性是大于 1 的。另外，黑金属冶炼及压延加工业电力消费的产出弹性为 0.98，非常接近 1，显示出这两个行业的资源型产业属性。

表 4　各行业能源消费计量结果

行业	代表性产品	能源	R^2	调整后 R^2	截距项		代表性产品增长率		DW
					系数	P 值	系数	P 值	
IZ9（化工医药化纤塑料橡胶金属制品业）	合成氨	总能源	0.25	0.2	6.14	<0.001	0.44	0.04	2.04
		煤炭	0.14	0.08	4.29	0.19	0.76	0.15	1.98
		电力	0.32	0.28	8.5	<0.001	0.46	0.02	1.77

续表

行业	代表性产品	能源	R^2	调整后 R^2	截距项		代表性产品增长率		DW
					系数	P值	系数	P值	
I11（黑色金属冶炼及压延加工业）	粗钢	总能源	0.71	0.69	−3.88	0.12	0.93	<0.001	1.73
		煤炭	0.46	0.42	−2.28	0.41	0.64	0.01	2
		焦炭	0.57	0.54	−2.41	0.5	1.02	<0.001	2.42
		天然气	0.27	0.22	4.89	0.66	1.7	0.03	2.08
		电力	0.80	0.79	−2.12	0.28	0.98	<0.001	1.57
I10（非金属矿物制品业）	水泥	总能源	0.24	0.19	−1	0.8	0.79	0.05	1.94
		煤炭	0.15	0.09	−1.82	0.73	0.79	0.13	1.75
		电力	0.68	0.66	1.9	0.26	0.86	<0.001	1.98
I16（电力、热力的生产和供应业）	火电发电	总能源	0.53	0.5	0.9	0.57	0.58	<0.001	2.57
		煤炭	0.78	0.76	−1.96	0.22	1	<0.001	1.85
		电力	0.65	0.63	3.1	0.02	0.6	<0.001	2.29
I8（石油加工、炼焦及核燃料加工业）	原油消费量	总能源	0.73	0.71	1.29	0.4	0.79	<0.001	2.75
I12（有色金属冶炼及压延加工业）	十种有色金属	总能源	0.603	0.576	0.276	0.911	0.844	<0.001	2.041
		电力	0.611	0.586	−0.079	0.981	1.130	<0.001	1.978
		煤炭	0.051	−0.012	7.261	0.546	0.767	0.384	2.288
IZ7（纺织服装木材家具造纸印刷文体设备业）	纱	总能源	0.420	0.382	0.972	0.618	0.465	0.005	1.717
		煤炭	0.368	0.326	−3.748	0.353	0.855	0.010	2.874
		天然气	0.379	0.338	50.658	<0.001	−2.113	0.009	2.342
		电力	0.575	0.547	3.847	0.036	0.556	<0.001	1.081
IZ13（机器设备制造及工艺品业）	发电机	总能源	0.188	0.134	4.405	0.008	0.093	0.082	0.950
		电力	0.165	0.109	8.374	<0.001	0.109	0.106	0.785
		天然气	0.457	0.421	5.449	0.153	0.450	0.003	2.437
I1（农、林、牧、渔、水利业）	粮食	总能源	0.009	−0.057	5.493	0.007	−0.170	0.716	1.729
		煤炭	0.056	−0.007	5.473	0.126	0.821	0.362	1.828
		柴油	0.004	−0.063	5.380	0.036	−0.141	0.819	0.730
		电力	0.181	0.126	5.997	<0.001	−0.532	0.089	1.606

行业	代表性产品	能源	R^2	调整后R^2	截距项		代表性产品增长率		DW
					系数	P值	系数	P值	
I2（煤炭开采和洗选业）	原煤	总能源	0.541	0.510	-2.918	0.250	1.162	<0.001	1.831
		煤炭	0.324	0.279	-1.626	0.719	1.351	0.017	2.064
IZ6（农副食品加工业、食品制造业、饮料制造业、烟草制品业）	精制食品植物油	总能源	0.001	-0.066	4.625	0.113	-0.017	0.903	2.199
		煤炭	0.000	-0.066	3.381	0.610	0.019	0.953	2.301
		电力	0.030	-0.035	6.634	0.012	0.077	0.508	2.116
I14（交通运输设备制造业）	汽车	总能源	0.127	0.069	3.262	0.297	0.199	0.160	2.688
		电力	0.216	0.164	3.762	0.413	0.404	0.060	2.495
IZ5（有色和其他采矿业）	水泥	总能源	0.399	0.359	-2.021	0.436	0.744	0.007	2.416
		煤炭	0.130	0.072	-8.247	0.404	1.343	0.155	2.401
		电力	0.394	0.354	0.363	0.907	0.897	0.007	2.275
I4（黑色金属矿采选业）	铁矿石	总能源	0.596	0.569	0.034	0.992	0.857	<0.001	1.701
		煤炭	0.072	0.010	3.229	0.783	0.675	0.297	2.148
		电力	0.536	0.505	2.075	0.613	0.907	<0.001	1.524

注：P值小于0.1即可认为该项是显著的。

表5 石油和天然气开采业能源消费计量结果

I3（石油和天然气开采业）	R^2	调整后R^2	截距项		代表性产品1（原油）		代表性产品2（天然气）		DW
			系数	P值	系数	P值	系数	P值	
总能源	0.026	-0.113	1.580	0.754	0.515	0.550	-0.166	0.719	2.031
原油	0.064	-0.070	2.839	0.794	1.244	0.506	-0.930	0.360	2.663
天然气	0.084	-0.047	0.531	0.911	0.247	0.761	0.337	0.447	1.553

注：P值小于0.1即可认为该项是显著的。

表6 工业部门的能源消费产出弹性

行业	代表性产品	截距项	代表性产品产量增长率的弹性系数
I2（煤炭开采和洗选业）	原煤	-2.918	1.162

续表

行业	代表性产品	截距项	代表性产品产量增长率的弹性系数
I11（黑色金属冶炼及压延加工业）	粗钢	-3.88	0.93
I4（黑色金属矿采选业）	铁矿石	0.034	0.857
I12（有色金属冶炼及压延加工业）	十种有色金属	0.276	0.844
I10（非金属矿物制品业）	水泥	-1	0.79
I8（石油加工、炼焦及核燃料加工业）	原油消费量	1.29	0.79
IZ5（有色和其他采矿业）	水泥	-2.021	0.744
I16（电力、热力的生产和供应业）	火电发电	0.9	0.58
IZ7（纺织服装木材家具造纸印刷文体设备业）	纱	0.972	0.465
IZ9（化工医药化纤塑料橡胶金属制品业）	合成氨	6.14	0.44
I14（交通运输设备制造业）	汽车	3.262	0.199
IZ13（机器设备制造及工艺品业）	发电机	4.405	0.093

2. 能效提升的来源

工业部门能效提升的来源，可以分为以下几方面：一是由技术进步带来的能效提升；二是由规模经济、长期生产形成的经验即学习曲线的效果；三是燃料转换带来的效率提高，如电能对煤炭直燃的替代、天然气对煤炭的替代等。

为检验工业部门能效提升的来源，我们对 IZ7（纺织服装木材家具造纸印刷文体设备业）、IZ9（化工医药化纤塑料橡胶金属制品业）、I10（非金属矿物制品业）、I11（黑色金属冶炼及压延加工业）、I12（有色金属冶炼及压延加工业）、IZ13（机器设备制造及工艺品业）、I16（电力、热力的生产和供应业）的部门能源消费增长率数据进行贡献因素分析（见表7），这些部门占工业能源消费的 80.8%，占总能源消费的 53.03%（见表1）。

我们采用该部门使用最多的两种燃料消费增长率之差来代表燃料转换。如表7所示，除了 I12（有色金属冶炼及压延加工业）和 I16（电力、热力的生产和供应业）之外，其他部门的燃料转换对能效提升的效应都是显著的（P 值小于 0.1）。有色金属冶炼及压延加工业不显著，应该是因为该部门主要使用电力作为燃料，煤炭的应用较少；电力部门我们另做分析。在显著的五个部门中，IZ7（纺织服装木材家具造纸印刷文体设备业）、IZ9（化工医药化纤塑料橡胶金属制品业）、I10（非金属矿物制品业）、I11（黑色金属冶炼及压延加工业）显示出来的都是电能对煤炭替代的优越性，即体现了电能的节能效果。而 IZ13（机器设备制造及工艺品业）表现的是略微显著（P = 0.15）的天然气对电能替代的优越性，即在这一部门，电能不如天然气的能源效率高。

表 7　工业部门的能效提升贡献因素

IZ7（纺织服装木材家具造纸印刷文体设备业）	R^2	调整后 R^2	截距项		时间变量（等于年份数字）		（部门）电力消费增长率－煤炭消费增长率		DW
			系数	P 值	系数	P 值	系数	P 值	
部门总能源消费增长率	0.60	0.54	18.39	0.001	-0.01	0.001	-0.25	0.02	1.51

IZ9（化工医药化纤塑料橡胶金属制品业）	R^2	调整后 R^2	截距项		合成氨产量增长率		（部门）电力消费增长率－煤炭消费增长率		DW
			系数	P 值	系数	P 值	系数	P 值	
部门总能源消费增长率	0.42	0.34	0.07	<0.001	0.38	0.05	-0.18	0.06	2.01

I10（非金属矿物制品业）	R^2	调整后 R^2	截距项		水泥产量增长率		（部门）电力消费增长率－煤炭消费增长率		DW
			系数	P 值	系数	P 值	系数	P 值	
部门总能源消费增长率	0.86	0.84	0.01	0.43	0.83	<0.001	-0.65	<0.001	2.19

I11（黑色金属冶炼及压延加工业）	R^2	调整后 R^2	截距项		粗钢产量增长率		（部门）电力消费增长率－煤炭消费增长率		DW
			系数	P 值	系数	P 值	系数	P 值	
部门总能源消费增长率	0.78	0.75	-0.04	0.09	1.08	<0.001	-0.42	0.04	1.56

续表

I12（有色金属冶炼及压延加工业）	R²	调整后 R²	截距项		十种有色金属产量增长率		（部门）电力消费增长率－煤炭消费增长率		DW
			系数	P 值	系数	P 值	系数	P 值	
部门总能源消费增长率	0.61	0.56	0.01	0.85	0.83	<0.001	0.03	0.60	2.12

IZ13（机器设备制造及工艺品业）	R²	调整后 R²	截距项		发动机产量增长率		（部门）电力消费增长率－天然气消费增长率		DW
			系数	P 值	系数	P 值	系数	P 值	
部门总能源消费增长率	0.30	0.20	0.04	0.01	0.14	0.03	0.13	0.15	1.77

I16（电力、热力的生产和供应业）	R²	调整后 R²	截距项		火电产量增长率		（部门）电力消费增长率－煤炭消费增长率		DW
			系数	P 值	系数	P 值	系数	P 值	
部门总能源消费增长率	0.54	0.48	0.01	0.02	0.60	0.001	0.12	0.49	2.76

注：P 值小于 0.16 即可认为该项显著。

在另外五个部门中，IZ7（纺织服装木材家具造纸印刷文体设备业）由于部门涉及的产品过多，我们采用时间变量作为工具变量，其系数为负且显著（P 值小于 0.1），表明该部门的能效提升很明显，其能源增长率主要体现在模型得出的常数项中。

从表 7 中还可以看出，电能对煤炭替代的效应，在非金属矿物制品业中表现最高，达到了 -0.65，也就是电力消费增长率快于煤炭消费增长率 1 个百分点，会带来部门总能源消费增长率 0.65 个百分点的降低；其次是 I11（黑色金属冶炼及压延加工业），为 -0.42；再次是 IZ7（纺织服装木材家具造纸印刷文体设备业）和 IZ9（化工医药化纤塑料橡胶金属制品业），分别为 -0.25 和 -0.18。

三　交通部门的能源转型

交通部门是重要的能源消费领域，它包括公路、铁路、航空、管道等多种运输方式，涉及固体的煤炭、液体的燃油和醇醚燃料、气体的天然气和电力等燃料种类。不同运输方式和燃料的组合，形成了复杂的交通能源消费体系。

（一）交通部门能源消费的特点

2000 年之后，交通运输部门在总能源消费中的占比有明显的上升（见图 5）。这表明，随着经济发展水平的提高，客货运量都出现了更快的增长。从运输燃料看，交通运输行业中不同的运输方式使用不同的燃料，小型汽车以汽油为主要燃料，近年来又出现了越来越多的电动小汽车；载货汽车以柴油作为主要燃料；飞机基本使用煤油；而我国的铁路部门中直接使用电力的比例越来越高（早期使用煤炭，后来基本都改成了柴油，再以后是电力）。此外，天然气、甲醇等替代燃料也开始应用。

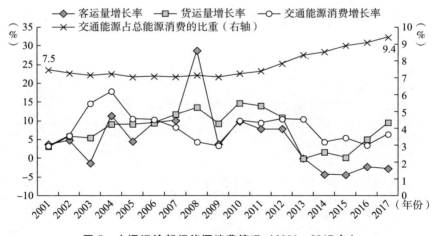

图 5　交通运输部门能源消费情况（2001～2017 年）

交通运输部门的能效提升，一方面来自交通工具本身的技术进步，如汽车发动机燃油经济性的提升；另一方面，来自交通方式的变化，如公路运输与铁路运输之间的替代（会引起终端燃料在柴油与电力之间的替代），小型汽车与公共交通系统之间的替代（会引起终端燃料在汽油与柴油之间的替代），以及电力、天然气等燃料对传统的汽油、柴油的替代。因此，分析中国交通运输部门的能效提升与能源消费变化，需要考虑终端燃料的替代关系。

图 6 是交通燃料消费的增长率情况，其中汽油和柴油消费增长率是交通运输部门与家庭消费增长率之和，其他燃料的消费增长率是交通运输部门消费的增长率。从图 6 可以看出，煤炭消费在 2004 年之后是逐年下降的，而煤油、天然气、电力消费在 2010 年后都保持了较高的增长率，柴油消费的增长率在 2013 年之后波动下降。汽油消费的增长率为正但是增速在下降。煤油、电力、天然气消费的增长率为正而且增速在加快，这表明飞机、高铁和电动汽车、天然气汽车正在被更广泛应用。燃料油主要应用于船舶，其消费量在 2016 ~ 2017 年出现了较快增长。

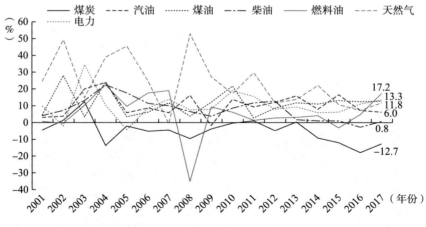

图 6　交通能源消费中各种燃料消费增长率（2001 ~ 2017 年）

（二）发展情况

近年来，中国交通能源转型主要发生在两个领域：电动汽车（含混合动力）和醇醚燃料汽车。此外，天然气汽车的发展也具有了一定的规模。中国铁路运输的电气化已经基本完成。

1. 电动汽车

2017 年 9 月，工业和信息化部表示已启动燃油汽车退出时间表研究。同月，工业和信息化部、财政部、商务部、海关总署、质检总局联合公布了《乘用车企业平均燃料消耗量与新能源汽车积分并行管理办法》，要求 2019～2020 年，汽车企业新售新能源汽车积分占比分别达到 10% 和 12%。"双积分"政策也是当前全球唯一一个国家层面的新能源汽车配额政策，其政策信号不言而喻。

截至 2017 年，全球电动汽车累计销量突破 340 万辆，中国占比超过 50%。2017 年，中国市场的新能源汽车销量高达 77 万台，同比增长 55%。充电基础设施方面，目前中国已建充电桩突破 45 万个，超过欧洲、美国和日本数量的总和。据中国汽车工业协会统计，中国现已形成完备的电动汽车产业链，在部分动力电池技术路线和充电基础设施方面甚至处于全球领先地位。[1]

2018 年，国内新能源乘用车销量为 99.30 万辆，比上年同期增长 90.4%。而乘用车市场信息联席会统计的是零售数据，如果按批售量来算，2018 年国内新能源乘用车的销量已经突破了百万辆，如果算上新能源商用车的销量，国内新能源汽车的体量已经达到了年销 120 万辆的水平，并保持了相当高的增速[2]。

---

① 刘坚：《推广新能源汽车　助力绿色交通发展》，中华环境网，http://www.zhhjw.org/a/qkzz/zzml/201809/fmbd/2018/0919/6905.html，2018 年 9 月 19 日。

② 《2018 年中国新能源汽车市场简析》，腾讯网，https://xw.qq.com/cmsid/20190117A09PS600，2019 年 1 月 17 日。

2. 醇醚燃料汽车①

中国甲醇汽车技术世界领先，产业化规模居世界第一位。我国自2005 年起开始研制甲醇汽车，先后有吉利汽车、宇通汽车、中国重汽、陕汽集团、成功汽车、一汽轿车、华晨汽车、华菱汽车、长安汽车、奇瑞汽车等企业研制或生产了甲醇汽车，车型包括甲醇轿车、甲醇多用途乘用车、甲醇客车、甲醇/柴油二元燃料载重车及工程车、甲醇燃料电池汽车等，中国还将积极推进甲醇混合动力汽车、甲醇增程式电动汽车的研制。目前，吉利汽车已建成了晋中和贵阳两个甲醇汽车生产基地，合计产能 20 万辆。除研制甲醇专用汽车外，全国现有汽车改装燃用甲醇燃料车辆超过 16 万辆。

2012 年，工信部印发了《关于开展甲醇汽车试点工作的通知》，正式启动了甲醇汽车试点工作，六年来先后在贵阳、晋中、宝鸡等 5省（市）10 个城市开展试点。参加试点的工作单位包括甲醇汽车生产企业、甲醇燃料生产及加注企业、甲醇汽车运营企业、环境监测和健康检查等单位。工信部、国家发改委、科技部会同环保部、交通部、国家能源局等多个部门组成的联合工作组共同开展了试点工作的验收，2018 年 2 月，验收工作全面完成。

试点期间，共考核运行甲醇汽车 1024 辆，考核车辆运行时间均超过两年，总运行里程超过 1.84 亿公里，累计消耗甲醇燃料 2.4 万吨。10 个试点城市共投入使用甲醇燃料加注站 20 座。截至目前，包括试点考核的 1024 辆甲醇汽车在内，10 个试点城市实际投入运行的甲醇汽车超过 4000 辆。

试点主要取得了如下成效。一是系统验证了甲醇汽车可靠性、适应性、经济性、环保性、安全性等，同时累积了甲醇汽车运行的管理经验，发现了推广应用需要解决的关键问题。二是促进了甲醇汽车研

---

① 本小节参考了胡迁林：《中国甲醇燃料应用规模、技术水平世界领先》，搜狐网，ht-tp：//www.sohu.com/a/255626553_825427，2018 年 9 月 23 日。

发和制造。试点期间，工信部分17批公告发布了9家甲醇汽车生产企业和32款汽车产品。中国汽车技术研究中心、上海机动车检测中心、国家汽车质量监督检验中心（襄阳）等机构具备了甲醇汽车检验、测试和评定能力。三是创新甲醇汽车及配套体系运营模式。试点坚持政府主导，车辆市场化运营，运营单位通过协作创新，形成了甲醇燃料调配、甲醇燃料加注、甲醇汽车运营、甲醇汽车销售及售后服务等多方位的运行模式。贵阳市批准新建了甲醇燃料与成品油合建综合站，上海焦化有限公司利用自有土地，在中石化加注站旁新建了甲醇燃料加注站，并计划委托中石化经营，创新了甲醇燃料加注设施建设和经营模式。目前，贵阳市已印发了甲醇汽车推广应用实施方案。西安市2019年底前投放运营2万辆甲醇出租车，新建和改建40座甲醇燃料加注站。

在车用甲醇燃料方面，我国已颁布实施了《车用燃料甲醇》《车用甲醇汽油（M85）》《车用甲醇汽油中甲醇含量检测方法》《车用甲醇汽油添加剂》四项国家标准。2015年工信部印发了委托中国石油和化学工业联合会组织编制的《车用甲醇燃料加注站建设规范》和《车用甲醇燃料作业安全规范》，在甲醇汽车试点和下阶段推广应用中得到执行。

在二甲醚作为车用燃料方面，我国已发布实施了《车用燃料用二甲醚》国家标准，以及《二甲醚汽车专用装置技术要求》《二甲醚汽车专用装置的安装要求》《快插式二甲醚汽车加注口》三项汽车行业标准，但目前二甲醚极少作为车用燃料。

3. 天然气汽车

从1989年3月我国第一座CNG汽车加气站——四川省荣县加气站开始营业算起，我国推广天然气汽车至今已30多年。

目前，我国天然气汽车已遍布全国31个省、自治区、直辖市的300个以上的地级及其以上行政区域。截至2018年底，天然气汽车保有量已达670多万辆（其中LNG汽车40多万辆），加气站保有量约为 9000 座（其中 LNG 加气站约为 3400 座），连续四年居世界第一位。

国家 13 个部门联合发布的《加快推进天然气利用的意见》，明确将车船用气列入天然气利用的四大工程之一（其他三个工程为工业燃料升级工程、城镇燃气工程、天然气发电工程）。保守估算 2018 年我国汽车用天然气消费量为 360 亿立方米。占当年全国 2802.5 亿立方米天然气消费总量的 12.8%①。

4. 智慧交通与仓储物流

近年来，中国智慧交通取得了长足发展，依托大数据资源进行开发与管理成为提高交通智能化水平，提高交通能源效率的新领域、新办法。为此国务院和相关部门出台了一系列政策（见表 8）。

2019 年 7 月，交通部颁布《数字交通发展规划纲要》，提出要"推进数据资源赋能交通发展"，"构建综合交通大数据中心体系"，明确了新时期综合交通运输大数据发展要求。大数据成为实现综合交通运输体系互联互通的重要载体，也成为提升我国交通运输行业治理能力和服务水平的重要抓手。计划到 2035 年，将我国基本建成交通强国。现代化综合交通体系基本形成，人民满意度明显提高，支撑国家现代化建设能力显著增强；拥有发达的快速网、完善的干线网、广泛的基础网，城乡区域交通协调发展达到新高度；基本形成"全国 123 出行交通圈"（都市区 1 小时通勤、城市群 2 小时通达、全国主要城市 3 小时覆盖）和"全球 123 快货物流圈"（国内 1 天送达、周边国家 2 天送达、全球主要城市 3 天送达），旅客联程运输便捷顺畅，货物多式联运高效经济；智能、平安、绿色、共享交通发展水平明显提高，城市交通拥堵基本缓解，无障碍出行服务体系基本完善；交通科技创新体系基本建成，交通关键装备先进安全，人才队伍精良，市场环境优良；基本实现交通治理体系和治理能力现代化；交

---

① 《保有量蝉联世界榜首，中国天然气汽车为啥走红》，企发天然气车船展网站，http://www.ngvchina.com/exhibition-overview/industry-news/1509.html，2019 年 3 月 20 日。

通国际竞争力和影响力显著提升。

2019 年 12 月，交通部颁布《推进综合交通运输大数据发展行动纲要（2020 – 2025 年）》，将交通运输大数据的发展细分到五大行动、21 项具体任务上。

2020 年 3 月，中共中央提出发展"新基建"。新基建的内涵主要是两个：一是连接，连接网络、平台；二是计算，包括算力、算法。新基建的核心是运用数字化、智能化技术改造交通、能源、水利、市政等传统基础设施。

表8 2017 年以来中国智慧交通相关扶持政策

时间	部门	政策
2019 年 12 月	交通部	《推进综合交通运输大数据发展行动纲要（2020 – 2025 年）》
2019 年 9 月	中共中央、国务院	《交通强国建设纲要》
2019 年 7 月	交通部	《数字交通发展规划纲要》
2019 年 1 月	交通部	《交通运输部关于加强交通运输科学技术普及工作的指导意见》
2018 年 8 月	交通部	《交通运输行业研发中心管理办法》
2017 年 9 月	交通部	《智慧交通让出行更便捷行动方案（2017 – 2020 年）》
2017 年 5 月	科技部、交通部	《"十三五"交通领域科技创新专项规划》
2017 年 2 月	国务院	《"十三五"现代综合交通运输体系发展规划》
2017 年 1 月	交通部	《推进智慧交通发展行动计划（2017 – 2020 年）》

专栏 智慧交通、智慧能源为代表的"新基建"正推动科技势能向产业动能转化

新能源汽车充电桩建设作为新型基础设施建设的重要内容之一，既为越来越多的新能源车主提供便利，也为打造智慧交通网提供绿色动能。在浙江嘉兴，以智慧交通、智慧能源为代表的"新基建"正推动科技势能向产业动能转化，有力支撑了区域创新发展和转型升级，描绘出一幅智能生产、智慧生活的新图景。

充电桩全覆盖解除"里程焦虑"

2019 年，我国新能源汽车产销量超过 120 万辆，保持全球领先地位，新能源汽车产业的规模效应正在显现，发展环境日趋向好。2020 年 4 月 16 日，国网浙江省电力有限公司发布 2020 充电桩建设新规划，计划投资超过 2.5 亿元，新建 82 个充电站项目，涵盖公交、出租、网约车等专用车领域，以及居民小区私家车充电服务试点领域，加速推动充电桩与电网协同运行，服务电动汽车行业快速健康发展。

在嘉兴乌镇，新能源汽车充电桩建设融入了"互联互通"的互联网发展理念。第六届世界互联网大会前夕，乌镇率先建成 5G 无人驾驶电动公交车"无感支付"充电站，创新"5G+电力"在充电基础设施建设场景中的应用，率先建成两个 60 千瓦的 5G 公交专用充电桩，可满足 4 辆公交车同时充电。通过电动公交车 ID 自动识别，实现"即插即充、即拔即走"。从跨界互联走向行业互通、从电能单向流动走向能量及信息双向互动，互联网技术在充电基础设施建设中的应用，为"全国一张网"的充电基础设施建设提供了技术便利，也为 5G、信息化、大数据等新基建概念提供了全新的聚合场景。

目前，嘉兴市已实现新能源汽车充电桩全覆盖，国网嘉兴供电公司牵头建成充电站 180 座，充电桩 1326 个，新能源汽车便捷充电体验全面提升，清洁高效绿色的城市交通网初步建成。

省时省料提速的"智慧小库"

今年以来，国网嘉兴供电公司运用大数据、物联网、云计算等技术，对立体式货架、转运设备、物料定位方式等进行数字化改造和更新，推动建设现代智慧供应链下的智慧仓储体系，全面革新了物资作业模式，提升了库存物资的有效利用率。

5 月 11 日，乌镇甘泉路一处民宿的用电设备抢修工作用时比以往缩短了40%，这主要得益于精准自动分拣"智慧小库"的应用。"智慧小库"能够根据电力抢修工作所需的线缆、电缆附件等物料的实际数量，通过线缆自动分割装置等精准分拣至出库区，提高备料与实际用量的匹配度，压缩抢修备料时长。在大数据与自动化装备的助力下，智能供应链实体场景与数据信息高度融合，人、机、系统交互过程更加透明高效。电力抢修人员完成现场勘查后，通过手机客户端远程申请抢修物料，指令智慧仓储自动备料出库，最后扫码验证完成领料，可节省约70%的物料获取时间，抢修速度提升40%。

智能仓储和高效物流不仅提升了分拣速度，更带来了人力资源的提质增效。在嘉兴桐乡电力园区里，AGV机器人正在有序地进行货物搬运工作，智慧仓储负责人项劲尧介绍："通过移动终端远程控制，就可以轻松地将一台变压器从仓库内分拣至出库暂存区，完成提前备货工作。原先需要4至5人一起作业，现在只需要1名工作人员在后台操控。"

故障处理依托"智慧平台"

在疫情防控过程中，为了带给小微企业最精准的政策扶持，国网浙江电力深度利用电力大数据，在"网上国网"开发上线了全国首个"转供电费码"应用，通过比对用户输入的电价信息，确定电费减免是否落实到位、转供电加价幅度是否合理，同时为政府主管部门及时掌握转供电终端用户电价执行情况提供数据支撑。

基层电力工作人员的日常工作中，"现场"是一个广泛而不确定的工作场所，单纯依靠传统的点对点联系，往往难以用最快的速度确认"现场"，更难以迅速制订出最优的抢修方案。在嘉兴桐乡，电力大数据应用"有电么"全景智慧用电服务平台为这一问题的解决提供了新方案。通过"有电么"中实时的异常查询、进度跟踪、设备导航等信息的打包输出，既能让用户随时随地获知区域供电情况，更能让电力工作人员快速确认现场和完成故障处置。用"点对面"的信息发布方式替代原来的"点对点"方式，大大缩短了抢修时间，提高了抢修精度。

（来源：中华网科技，https：//tech. china. com/article/20200611/202006115370 74. html。）

（三）能效提升的检验

从本文对交通运输部门的总能源消费和分项燃料消费的数据分析（见表9）可以看出，交通运输部门的能源消费和不同的燃料消费，都与其运输量、燃料选择有很强的相关性。

部门总能源消费的分析中，我们采用总能源消费增长率作为被解释变量，客运量增长率、货运量增长率减去客运量增长率的差、柴油电力消费比、汽油柴油消费比、汽油电力消费比作为自变量。因为客运量和货运量的增长率相关性较强，所以我们做了上面处理。从表9可以看出，计量分析结果性质良好，每个指标都有很高的置信度。从结果看，客运量增长率的能源消费弹性为0.82，而货运量增长率的弹性则大于1，表明货运的能源消费要大大高于客运。此外，三个燃料比的实证结果表明，代表公路与水路货运的柴油消费与代表铁路货运的电力消费的比值的系数为 −0.15，这意味着柴油电力消费比的提高会降低总能源消费增长率，即提高能源效率，也就是说公路与水路货运的能源效率要高于铁路货运；同理，代表交通运输部门小型汽车（以出租车为主）能源消费的汽油消费与代表公路货运（和公交客运）的柴油消费的比值的系数为 −3.41，表明小型汽车客运的能源消费远低于货运消费（与货运消费的柴油相比，公交客运消费的柴油量小得多），这一比例的提高实际上是因为经济趋冷时货运量下降导致的柴油消费量的减少远大于小型汽车出行减少带来的汽油消费量的减少，所以导致了本部门汽油柴油消费比提高但是总能源消费下降；而代表小型汽车能源消费的汽油消费与代表轨道客运的电力消费的比值的系数为 0.37，则表明轨道客运的能源效率高于小型汽车客运。

柴油是交通运输部门消费最多的能源，我们使用粗钢产量作为工具变量代表货运量，因为粗钢产量对国内大规模建设所引致的大宗商品运输具有很强的代表性。此外，我们引入使用汽油作为燃料的私人汽车和汽油柴油消费比作为解释变量。结果表明，以粗钢产量作为工具变量的柴油消费弹性为 0.72，私人汽车数量的增长率和汽油柴油消费比的提高都具有降低柴油消费增长率的作用。

表 9　交通运输部门的节能效应分析

				总能源								
R^2	调整后 R^2	截距项		客运量		货运量 - 客运量		柴油/电		汽油/柴油		汽油/电	
		系数	P 值	系数	P 值	系数	P 值	系数	P 值	系数	P 值	系数	P 值
0.43	0.14	1.35	0.11	0.82	0.04	1.2	0.03	-0.15	0.07	-3.41	0.09	0.37	0.06

				柴油					
R^2	调整后 R^2	截距项		粗钢		私人汽车		汽油/柴油	
		系数	P 值	系数	P 值	系数	P 值	系数	P 值
0.71	0.64	0.49	0.01	0.72	0	-0.76	0.05	-0.78	0.02

				汽油							
R^2	调整后 R^2	截距项		客运量		柴油/电		汽油/柴油		汽油/电	
		系数	P 值	系数	P 值	系数	P 值	系数	P 值	系数	P 值
0.51	0.34	2.32	0.07	0.65	0.03	-0.22	0.054	-4.72	0.096	0.47	0.068

				煤油			
R^2	调整后 R^2	截距项		航空客运量		航空货运量 - 航空客运量	
		系数	P 值	系数	P 值	系数	P 值
0.54	0.47	0.044	0.12	0.66	0.002	0.39	0.037

注：1. 所有非比值数据，即能源消费和各种燃料消费、客运量与货运量的实证数据，都是其增长率。

2. 2013 年国家统计局调整了客运量统计口径，所以当年客运量、货运量、粗钢的数据没有被采用。

汽油消费对客运量的弹性为 0.65，表明小型汽车的能源效率也有明显的提升。在三个燃料比自变量中，柴油电力消费比、汽油柴油消费比的系数之所以为负，是因为这两个系数的提高都代表了经济趋冷（理由如前述），由此导致小型汽车的客运出行减少，从而汽油消费也出现下降。汽油电力消费比的系数为正，是因为这一比例的上升意味着经济转热，个人出行更为活跃，也就会带来更多的汽油消费。

煤油主要是用于航空，包括航空客运和航空货运。同样，我们针对二者的共线性采用了航空客运量增长率、航空货运量与航空客运量增长率之差两个自变量来解释煤油的增长率。两个为正且小于 1 的系数表明，航空客运量和货运量对航空燃料消费都是存在规模经济的。

从上面实证分析的结果可以看出，交通运输部门的能源效率提升，主要有三个来源：（1）交通运输方式本身的技术进步，这在汽油消费的模型中可以看得出来，因为小型汽车这种交通方式基本不存在规模经济，因此，它的弹性系数小于 1 表明能源效率提升来源于交通工具自身的技术进步；（2）运输总量增长带来的规模经济效应，这在煤油消费中表现明显，因为 17 年的时间对现役飞机发动机能效的提升来说是一个短到效果不会很明显的时长，因此它的弹性小于 1，只能是来自规模经济；（3）不同运输方式及其相对应的燃料品种的转换。

四　清洁供暖

随着我国经济不断发展，人们生活水平不断提升，人们对冬季取暖的需求也日趋增长。在我国，有冬季供热刚性需求的北方地区覆盖了约 70% 的国土面积。长期以来，冬季供暖是我国季节性能源需求波动的重要因素，对能源供给和冬季大气质量与环境保护构成了较大的压力。历史上，城市冬季供暖主要来自热电联产、工厂余热和供热锅炉，而部分城市建成区和农村广大地区大量使用散烧煤及热效率低下的小型燃煤锅炉，加剧了大气污染的严重程度。使用清洁燃料供暖的地区屈指可数。

党的十八大以来，我国北方地区供暖也逐步开启了绿色发展之路。2016 年 12 月 21 日，习近平总书记在中央财经领导小组第十四次会议上强调，要推进北方地区冬季清洁取暖等 6 个问题，推进北方地区冬季清洁取暖，关系北方地区广大群众温暖过冬，关系雾霾天能不能减少，是能源生产和消费革命、农村生活方式革命的重要内容。

（一）相关政策

自 2013 年《国务院关于印发大气污染防治行动计划的通知》①下发以来，国务院及有关部门下发的多项政策都涉及对清洁供暖工作的支持与推进。特别是 2016 年以来，随着"打赢蓝天保卫战"、推进治理散煤污染的不断深入，我国支持清洁供暖改造的政策进入密集发布期（见表 10）。

表 10　近年来国家出台的清洁供暖相关政策

发布时间	主要内容
2013 年 9 月 10 日	国务院《关于印发大气污染防治行动计划的通知》，提出加快推进集中供热、"煤改气""煤改电"工程建设，到 2017 年，除必要保留的以外，地级及以上城市建成区基本淘汰每小时 10 蒸吨及以下的燃煤锅炉，禁止新建每小时 20 蒸吨以下的燃煤锅炉；其他地区原则上不再新建每小时 10 蒸吨以下的燃煤锅炉。在供热供气管网不能覆盖的地区，改用电、新能源或洁净煤，推广应用高效节能环保型锅炉。
2014 年 6 月 7 日	国务院办公厅《关于印发能源发展战略行动计划（2014－2020 年）的通知》，提出推动城乡用能方式变革。制定城镇综合能源规划，大力发展分布式能源，科学发展热电联产，鼓励有条件的地区发展热电冷联供，发展风能、太阳能、生物质能、地热能供暖。加快农村用能方式变革。

---

① 《国务院关于印发大气污染防治行动计划的通知》（国发〔2013〕37 号），中国政府网，http://www.gov.cn/zhengce/content/2013－09/13/content_4561.htm，2013 年 9 月 13 日。

续表

发布时间	主要内容
2016 年 5 月	国家发改委、国家能源局、住房和城乡建设部等《关于推进电能替代的指导意见》，指出在居民采暖领域，在存在采暖刚性需求的北方地区和有采暖需求的长江沿线地区，重点对燃气（热力）管网覆盖范围以外的学校、商场、办公楼等热负荷不连续的公共建筑，大力推广碳晶、石墨烯发热器件、发热电缆、电热膜等分散电采暖替代燃煤采暖。在燃气（热力）管网无法达到的老旧城区、城乡接合部或生态要求较高区域的居民住宅，推广蓄热式电锅炉、热泵、分散电采暖。在农村地区，以京津冀及周边地区为重点，逐步推进散煤清洁化替代工作，大力推广以电代煤。在新能源富集地区，利用低谷富余电力，实施蓄能供暖。
2016 年 12 月 21 日	中央财经领导小组第十四次会议决策推进北方地区冬季清洁取暖，要求按照企业为主、政府推动、居民可承受的方针，宜气则气、宜电则电，加快提高清洁供暖比重。
2017 年 1 月 5 日	国务院《关于印发"十三五"节能减排综合工作方案的通知》，提出推动能源结构优化，推广使用优质煤、洁净型煤，推进煤改气、煤改电，鼓励利用可再生能源、天然气、电力等优质能源替代燃煤使用。在居民采暖等领域推进天然气、电能替代，减少散烧煤和燃油消费。
2017 年 3 月 5 日	《2017 年国务院政府工作报告》提出：坚决打好蓝天保卫战，全面实施散煤综合治理，推进北方地区冬季清洁取暖，完成以电代煤、以气代煤300 万户以上，全部淘汰地级以上城市建成区燃煤小锅炉。
2017 年 3 月	住房和城乡建设部《关于印发建筑节能与绿色建筑发展"十三五"规划的通知》提出，通过提高建筑节能标准，实施既有居住建筑节能改造，加大公共建筑节能监管力度，积极推广可再生能源，使建筑能源利用效率进一步提升，能源消费结构进一步优化，有效遏制建筑能耗的增长趋势，实现北方地区城镇民用建筑采暖能耗强度、公共建筑能耗强度稳步下降。
2017 年 5 月 19 日	财政部、住房和城乡建设部、国家环保部、国家能源局四部门决定开展中央财政支持北方地区冬季清洁取暖试点工作，解决散煤污染问题。
2017 年 6 月 5 日	国家能源局公布 12 个 2017 年北方地区冬季清洁取暖试点城市名单（天津、石家庄、唐山、保定、廊坊、衡水、太原、济南、郑州、开封、鹤壁、新乡等 12 个城市），要求试点城市三年内完成城区散煤取暖"清零销号"、农村地区完成绝大多数改造。
2017 年 6 月	国家发改委、科技部、住房和城乡建设部等关于印发《加快推进天然气利用的意见》的通知，提出实施城镇燃气工程，推进北方地区冬季清洁取暖。按照企业为主、政府推动、居民可承受的方针，宜气则气、宜电则电，尽可能利用清洁能源，加快提高清洁供暖比重。在落实气源的情况下，积极鼓励燃气空调、分户式采暖和天然气分布式能源发展。

发布时间	主要内容
2017 年 8 月 18 日	《京津冀及周边地区 2017－2018 年秋冬季大气污染综合治理攻坚行动方案》出台，要求当年 10 月底前，"2＋26"城市完成以电代煤、以气代煤 300 万户以上。
2017 年 9 月 26 日	《关于北方地区清洁供暖价格政策的意见》要求完善"煤改电""煤改气"价格政策，因地制宜健全供热价格机制。
2017 年 9 月	住房和城乡建设部、国家发改委、财政部、国家能源局《关于推进北方采暖地区城镇清洁供暖的指导意见》，提出以满足群众取暖需求为导向，推进供暖供给侧改革，大力推进清洁能源利用，加快推进北方采暖地区城镇清洁供暖工作。
2017 年 12 月 5 日	国家发改委、财政部、环境环保部、住房和城乡建设部等十部门联合发布《北方地区冬季清洁取暖规划（2017－2021 年）》，首次提出用 3～5 年时间对北方地区建构完整的清洁取暖产业体系。
2018 年 7 月 23 日	财政部、生态环境部、住房和城乡建设部、国家能源局联合发布《关于扩大中央财政支持北方地区冬季清洁取暖城市试点的通知》，试点申报范围扩展至京津冀及周边地区大气污染防治传输通道"2＋26"城市、张家口市和汾渭平原城市。试点示范期为三年。
2018 年 8 月 27 日	财政部、生态环境部、住房和城乡建设部、国家能源局四部门公布第二批中央财政支持北方地区冬季清洁取暖试点城市名单，共计 23 个城市。
2018 年 9 月	《京津冀及周边地区 2018－2019 年秋冬季大气污染综合治理攻坚行动方案》发布，要求 2018 年 10 月底前，"2＋26"城市要完成散煤替代 362 万户；坚持以气定改、以电定改，各地在优先保障 2017 年已经开工的居民"煤改气""煤改电"项目用气用电基础上，根据年度和采暖期新增气量以及实际供电能力合理确定居民"煤改气""煤改电"户数。
2019 年 10 月	生态环境部、国家发改委、工业和信息化部等十部门发布《京津冀及周边地区 2019－2020 年秋冬季大气污染综合治理攻坚行动方案》，明确要求清洁取暖力度将继续加大。

资料来源：根据公开资料整理。

（二）供热热源推行清洁化，供热能效不断提升

在推进清洁取暖过程中，扩大集中供热规模，推进煤改电、煤改气、洁净煤使用、地热等可再生能源利用等多种供暖方式是北方地区清洁供暖的主要选择。其中，集中供暖作为我国北方地区采暖的主要手段，近年来发展迅速。生态环境部数据显示，2017 年，全国共完成煤改电、煤改气 578 万户，其中仅京津冀及周边地区 28 个城市就

完成 394 万户。根据各地上报情况，2019 年 10 月底前，"2 + 26" 城市完成散煤替代 524 万户。其中，天津市 36.3 万户、河北省 203.2 万户、山西省 39.7 万户、山东省 114.3 万户、河南省 130.7 万户。国家统计局数据显示，截至 2017 年底，我国城市集中供热面积达 83.01 亿平方米，同比增长 12.48%，增速较前一年提高 2.59 个百分点。城市集中供暖面积的快速增长一方面得益于国家对北方居民温暖过冬所给予的政策支持；另一方面，城镇化水平的不断提高，尤其是北方供暖地区的城镇化发展，也是加速城市供暖发展的重要因素。

目前，我国集中供热以热电联产和锅炉房供热为主，占整体供热能力的九成以上。2017 年末，全国城市蒸汽供热能力为 9.83 万吨/小时，同比增长 25.6%。其中，热电联产供热能力为 8.2 万吨/小时，同比增长 25.5%；锅炉房供热能力为 1.47 万吨/小时，同比增长 17.1%。2017 年热电联产和锅炉房供热能力整体占全国城市蒸汽供热能力的 98%，比重较 2016 年下降 1 个百分点（见图 7）。

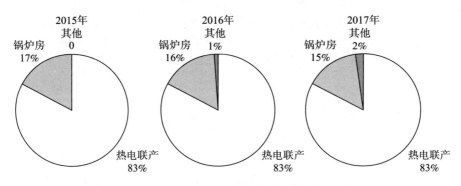

图 7   2015 年至 2017 年全国城市蒸汽供热能力结构图

资料来源：住房和城乡建设部。

2017 年末，全国城市热水供热能力为 64.8 万兆瓦，同比增长 31.4%。其中，热电联产供热能力为 30.3 万兆瓦，同比增长 31.6%；锅炉房供热能力为 32.1 万兆瓦，同比增长 24%；两者供热能力占全国城市热水供热能力的 96%，较 2016 年下降 3 个百分点（见图 8）。

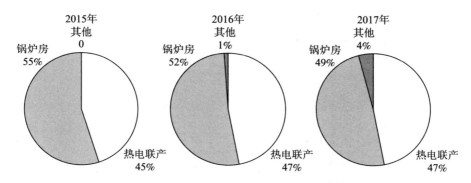

图 8 2015 年至 2017 年全国城市热水供热能力结构图

资料来源：住房和城乡建设部。

从采暖热源来看，我国北方地区取暖仍以燃煤为主。截至 2016 年底，我国北方地区城乡建筑取暖总面积的 83% 是通过燃煤供暖，年需要消耗约 4 亿吨标准煤，其中散烧煤（含低效小锅炉用煤）约 2 亿吨标准煤，主要分布在农村等地区。

根据清华大学建筑节能研究中心的研究，截至 2016 年底，热电联产供暖面积占北方城镇供暖面积的 51%，其中燃煤热电联产占 48%，燃气热电联产占 3%；燃煤和燃气锅炉供暖面积占比为 45%，其中燃煤锅炉占 33%，燃气锅炉占 12%；其他类型热源占 4%。天然气、电、地热能、生物质能、太阳能、工业余热等合计约占 17%（见图 9）。

住房和城乡建设部的数据显示，近年来，锅炉房供热的比重在逐年降低，其他供热形式的比重则在逐年增加。早在 2014 年，国家发改委等七部门就联合发布了《燃煤锅炉节能环保综合提升工程实施方案》，其中提到，要加快淘汰小型分散燃煤锅炉，推行城市集中供热。到 2018 年，推广高效锅炉 50 万蒸吨，淘汰落后燃煤锅炉 40 万蒸吨，完成 40 万蒸吨燃煤锅炉的节能改造。

此外，在我国集中供热面积逐年增加的同时，供暖能耗也明显改进。根据清华大学建筑节能研究中心建立的中国建筑能耗模型（CBEM）的研究成果，2017 年，我国北方城镇供暖能耗为 2.01 亿吨

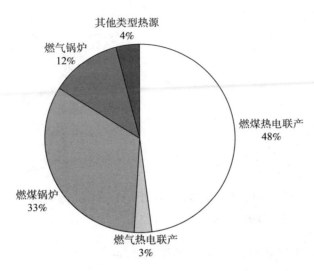

图9　2016 年底我国北方城镇各类热源供暖面积占比

资料来源：清华大学建筑节能研究中心。

标准煤，占建筑能耗的 21%。2001 年至 2017 年，北方城镇建筑供暖面积增加了近 2 倍，能耗总量增加不到 1 倍，单位面积供暖能耗从 2001 年的 23 吨标准煤/平方米降至 2017 年的 14 吨标准煤/平方米，降幅明显。

（三）供暖能源形式更趋清洁、多元

大气污染治理推动供热更加清洁、多元。民用散煤直接燃烧效率低，并且缺乏烟气处理装置，尤其在北方采暖季，被认为是引起灰霾的重要原因。推进清洁取暖是京津冀及周边地区改善空气质量的关键举措，对降低 PM2.5 浓度的贡献率达 1/3 以上。2017 年以来，随着清洁供暖推进，我国已经形成以集中供暖为主，煤改电、煤改气、地热等可再生能源利用等多种方式并存的取暖方式。国家能源局数据显示，截至目前，我国北方地区冬季清洁取暖率为 50.7%，比 2016 年提高了 12.5 个百分点，替代散烧煤约 1 亿吨，超出预期规划的 7400 万吨，其中，"2 + 26"城市的清洁取暖率更高，部分城市、县城和城乡接合部分别达到 96%、75%，农村地区为 43%。实施北

68

方地区清洁取暖工作取得了明显的经济和社会效益。

目前各地散煤治理任务中，煤改电、集中供热、地热能等方式替代比例超过 50%。根据《北方地区冬季清洁取暖规划（2017－2021年）》目标，到 2021 年，北方地区清洁取暖率达到 70%，替代散烧煤（含低效小锅炉用煤）1.5 亿吨。

此外，随着供暖技术不断创新，供暖方式也日益多元。自清洁供暖规划实施两年以来，包括地热能、生物质能、太阳能在内的可再生能源供热面积不断扩大。中国控煤研究项目的数据显示，2018 年可再生能源累计供热面积达到 12.47 亿平方米，实现了规划目标的 40% 左右，目标进度与规划目标的年均进度相匹配。

根据各地公布的"十三五"期间供热规划以及相关规划，北方十五省区市"十三五"期间供暖面积发展潜力约为 32.3 亿平方米。其中，京津冀地区 6.1 亿平方米，东北地区 5.4 亿平方米，西北地区 7.3 亿平方米，华北地区（山东、山西、河南）13.5 亿平方米。随着各地供暖规划、政策得到有效落实，物联网等技术不断创新和突破，预计未来在供暖规模扩大的同时，供暖方式更加因地制宜，供暖模式也将继续创新，供暖管理和供暖技术更加智慧。

（四）供暖能效仍有提升空间

目前我国供热体系从热源端到热力输送再到终端利用的能耗管控水平整体仍旧较低。

从热源类型看，在集中供热中，热电联产是利用燃料的高品位热能发电，并将其低品位热能供热的一种能源利用技术，在所有供热热源中能源转换效率最高。燃煤锅炉供热效率与锅炉容量有关，一般在 35%～85%。虽然热电联产效率高，但在北方城镇供热面积中的比重不高，我国还有大量没有供热的纯凝机组。可以说，燃煤机组在供热领域的潜能尚未得到充分挖掘，在提高能效、降低煤耗等方面仍有较大提升空间。

　　有效利用钢铁、化工、水泥等高耗能行业生产过程中产生的大量低品位余热进行供暖，不仅减少了大气污染，还利用了余热资源。我国北方供热地区黑色金属冶炼、有色金属冶炼、非金属制造、化工等高耗能工业企业，在冬季4个月内排放的低品位余热资源约有30亿吉焦，其中稳定余热资源约20亿吉焦。低品位工业余热往往难以用于生产工艺本身或是动力回收，目前利用率普遍较低，大多数工业企业仅回收了占排放总量很小比例的余热，将其主要应用于生活热水、厂区供热或生产伴热等。目前工业余热供暖进展缓慢，一方面源于体制问题。工业余热供暖涉及地方政府、工业企业等多个主体，不同的主体有不同的分管部门。另一方面来自技术层面，工业生产非常复杂，其产生的余热品位也不同，通过大联合方式，将很多工厂温度不等的余热充分整合，并不容易。而且工业余热依附于工业生产，工业生产的间断性使余热热量出现不稳定性，工厂与生活区距离较远也增加了输配成本与热损失。

　　从热力输送看，供热管网负责把热量输送至建筑物，输送期间损失的热量越少，管网效率越高，能源浪费则越少。但水力工况失调、管网热力损耗、水泵选型不合理和管网输热能效低是供热管网普遍存在的现象。据清华大学建筑节能研究中心研究，过度取暖和管网损失大占热力生产总量的20%，其中管网损失约占热力生产总量的3%～5%。

　　从终端利用看，无论采用何种供暖形式，提高终端能效才是关键。目前我国部分老旧建筑能耗高，尤其是2000年以前的老旧建筑，围护结构传热系数偏大，不仅影响室内温度达标，而且进一步加大了供暖运营成本。在散煤治理重点的农村地区，农民的住房大部分是单体结构，外墙屋顶比较薄，以单层玻璃为主，保温性和气密性较差。据有关研究报告，农村房屋要达到同样的室内采暖温度，采暖负荷通常是同地区城镇建筑的2～3倍。

　　电采暖方面，现行的建筑节能设计标准不支持电采暖。《严寒和寒冷地区居住建筑节能设计标准》规定："除当地电力充足和供电政策支持，或者建筑所在地无法利用其他形式的能源外，严寒和寒冷地区的居住建筑内，不应设置直接电采暖"。在《公共建筑节能设计标准》《居住建筑节能设计标准》《居住建筑节能设计标准（节能75%）》等国家标准和地方标准中都有类似表述，导致在建筑设计环节，电采暖并不是首选，设计师更没有考虑为今后电采暖设施改造预留空间。

衡量清洁供暖实效的一个重要标准在于能效提升，我国供暖能效不高的深层原因仍在于能耗管控体系落后。一方面，随着供热行业整体水平的不断增强，管理力度和节能意识不断增强，大量节能新技术、新材料被广泛运用，使供热系统继续深入节能空间缩小，必须通过智能管控、精细化管理来促进供热单位节能。另一方面，目前大部分供热管理方式仍较为粗放。一些地方政府只关心居民对供热企业的投诉率，不引导居民合理消费，没有建立完善的供热能耗评价体系、安全生产标准化体系和能耗管理平台，居民室内采暖温度经常高于达标要求，造成极大的浪费，节能减排工作有待深入推进。

五　政策讨论

消费侧能源转型的重点是清洁能源对高碳能源和高排放、低效率能源的替代。我国的基本政策是降低煤炭消费比例，提升天然气和可再生能源的比例和实施在清洁电力基础之上的电能替代。本节将讨论能源消费侧的以下几个问题：第一，各种终端能源的适当比例和主要应用领域，即固体燃料（煤炭直燃）、液体燃料（成品油、醇醚燃料、生物液体燃料等）、气体能源（天然气）、电能的适当比例和应用范围；第二，由电能替代引起的初级能源消费比例变化；第三，液体燃料的选择；第四，如何通过消费侧能源转型加强中国的能源安全。

（一）燃料替代的原则

由于燃料终端利用尤其是气体燃料与电能受制于基础设施网络，所以燃料选择有很大的黏性与路径依赖，一旦做出决策，就意味着投资的固化，以及再选择的困难。因此，需要在政策上谨慎设计，消除未来变更路线与增加投资的风险。

在所有能源消费部门中，把能源生产的两个部门即电力生产和石油冶炼与炼焦去掉，其他部门直接消费的能源称为终端能源消费。按大的分类，终端能源消费可以分为工业、家庭和商业服务业（主要是家用与办公电器、餐厨能源消费）、交通运输仓储、建筑供暖与制冷四个消费类型。能源转型的根本目的在于清洁化，因此从原则上来讲，任何燃料形式，只要能够实现清洁化，在经济合理的前提下都是合适的选择，其关键还是在于能源利用是否符合清洁排放、是否具有较低的经济成本，而不必强调是固体燃料、液体燃料、其他燃料还是电能。

从燃料的特性来说，固体燃料，无论是煤炭还是生物质燃料，其在燃烧过程中都会有污染物的排放，要减少其排放，需要在工艺上有特殊的设计或者在后端安装减少排放的设备，因此在终端能源消费环节，应尽量减少固体燃料的使用。

液体燃料在燃烧充分性上优于固体燃料，然而每一种液体燃料的燃烧充分程度取决于燃料本身的化学成分和燃烧设备（内燃机、锅炉等）的性能。石油类（烃类液体有机物）液体燃料的化学成分复杂，很难做到充分燃烧，并且燃烧后会排放二氧化碳和水之外的污染物。在这一点上，醇醚燃料有更好的清洁性，燃烧后只产生二氧化碳和水。此外，液体燃料的运输效率高，成本低、运输方式灵活且运输安全性较高。

气体燃料（天然气和生物沼气等）具有良好的环境属性，燃烧充分且燃烧后没有二氧化碳和水之外的污染物排放。但是气体燃料需要依托管道等基础设施，或者液化天然气（LNG）设施，增加了前期投资和长期依赖性。

如果不考虑电力生产的环境影响，电能无疑是优质的终端能源。虽然电能依托电网基础设施，但是电网是生产生活的必要基础设施，因此，使用电能替代其他燃料，唯一需要考虑的就是电力生产的环境影响，也就是绿色电力的发展。

从以上的技术经济分析中，我们可以得出以下的政策建议。

（1）在绿色电力成为电力供给增量来源甚至绿色电力逐步替代传统热电的条件下，电能替代可以成为能源转型的燃料选择，如电动汽车对燃油汽车的替代、工业领域电能对煤炭的替代。

（2）在天然气管道或者液化天然气（LNG）基础设施可及的基础上，可以在经济合理的条件下选择天然气作为能源转型的替代燃料，取代原有的煤炭直燃等形式的传统燃料。

（3）在液体燃料领域，使用醇醚燃料替代燃油具有环境友好特性，在当前价格条件下，也具备经济合理性，当然，需要确保醇醚燃料的清洁生产。此外，在符合前两项原则和经济合理性的基础上，也可以进行电能和气体燃料对燃油的替代，如电动汽车和天然气汽车替代燃油汽车。

（4）在必须使用煤炭、焦炭等固体燃料进行生产的工业领域，可以利用共轨生产技术实现化工与能源生产的有效结合，形成能化共轨的循环经济生产体系，减少污染物排放并有效提高能源效率。

（二）现阶段的政策建议

1. 坚持煤炭替代战略

在改革开放四十多年的经济发展中，我国煤炭资源的消耗速度十分惊人。低成本优质煤炭资源日益减少，煤炭开采深度、开采成本迅速增加。同时，煤炭开采与利用过程的负面环境影响也十分巨大。技术进步虽然可以减少煤炭燃烧带来的污染物排放，但是提高了生产成本。如果考虑煤炭利用全生命周期的环境成本，煤炭作为燃料的经济性并不高。因此，无论从资源可持续发展还是建设生态文明的角度，降低煤炭在能源消费中的比例、减少煤炭消费的绝对数量都是必须要做的。

实施煤炭替代战略，有两个方向可供选择：一是以天然气、液化石油气、甲醇等清洁的含碳能源替代煤炭；二是以风电、太阳能等可再生能源替代煤炭。在目前情况下，可再生能源尚不可能从根本上替代煤炭，因此本报告建议充分利用国际市场的能源资源，从分散化的渠道进口多种能源产品，既包括石油、天然气、煤炭资源等传统化石能源，也包括非常规的 LPG、甲醇等能源和化工型能源产品。一方面，通过分散化的进口渠道，可以分散地缘政治的风险；另一方面，通过分散化的能源产品，可以避免中国需求的增长带来国际市场和进口价格的较大波动。但是，在分散进口渠道的同时要规避高风险地区。

2. 有序发展以天然气为主的气体能源

加快天然气能源发展，实现天然气对煤炭的替代，推进以天然气电厂为调峰支撑的智能电网的建设。

天然气是最清洁的化石能源，除传统天然气之外，还包括致密气、煤层气、油层气、页岩气等。中国传统天然气储量虽然一般，但是如算上各种非常规天然气资源，总量也相当可观。因此，对于建设较早、技术水平一般或落后，同时具备运输条件的燃煤电厂，可逐步替换为燃气电厂，使用进口天然气或 LNG。另外，中国还可以通过管道进口中亚、俄罗斯、缅甸的天然气，以及通过 LNG 形式进口澳大利亚、中东地区的天然气，今后还可以进口俄罗斯、蒙古国的煤层气（管道气）以及北美的页岩气（LNG 形式）。

在未来能源结构调整中，可以优先在我国东部沿海地区和四川、重庆、新疆、甘肃、陕西等具备资源条件的地区发展天然气能源，通过在雾霾治理重点地区进行燃气电厂对燃煤电厂的替代，实现工业大客户、LNG 专用码头与终端的同步建设与发展，并加快天然气主干管网和城市网络的建设。可以预见，随着天然气能源的发展，我国雾霾现象会快速好转。同时，加快天然气管网体制改革的步伐，探索铁路集装箱运输等多种 LNG 运输形式，为天然气的发展提供条件。

3. 发展清洁液体燃料

液体燃料主要用于交通工具，包括私人汽车、客运汽车、货运汽车、铁路、客运与货运飞机、客运与货运船舶等。此外，液体燃料也用于农用机械、部分电力发电、工厂燃料等。

（1）以清洁液体燃料替代散烧煤炭

对于工业锅炉、船用锅炉、家庭取暖和灶具，发展清洁液体燃料是既经济又安全的选择。它比气体燃料安全，也比固体燃料环保，同时基础设施投入较少，经济性较高，可以在常压情况下通过公路、铁路、船舶运输。

（2）推动交通燃料的清洁化与燃料替代

尽管存在各种对燃油汽车替代的乐观预测，但是电动汽车、氢能汽车、天然气汽车在充电、加氢、加气的基础设施便利性上相比加油站仍有一定的不足，而且要建设覆盖城乡和边远地区的基础设施网络也需要较长的时间。可以预计在未来 20～30 年，使用燃油动力的汽车仍将是私人汽车的主体。因此，对液体燃料清洁化的工作不能放松。

发展清洁液体交通燃料有两条道路。一是推动当前成品油燃料的清洁化，如提高燃油的环保标准；二是发展清洁的燃油替代燃料，如醇醚燃料。目前符合清洁液体燃料的是醇醚燃料，从化学性质看，它燃烧后只产生二氧化碳和水蒸气，比成品油和液化石油气燃烧后的排放更清洁。在醇醚燃料使用过程中，出现了部分生产商向甲醇中添加劣质调和油导致汽车使用甲醇燃料出现问题的情况，这不是甲醇燃料本身的问题，而是质量监管的问题。因此，对醇醚燃料的生产、流通和使用也要加强监管和标准建设。

4. 加强建筑节能

建筑耗能包括冬季取暖和夏季空调制冷的能源消耗。前者既包括北方供暖地区的暖气供暖，也包括南方非供暖地区的空调制热，由于后者没有相关统计数据，统计中只计算北方供热地区的供热能源消费。目前建筑耗能在总能源消费中的比例不算高，但是随着未来我国居民消费水平和生活质量的提升，建筑供热与制冷的能源需求必然随之上升。

建筑节能是发展电能替代的基础。近两年来，中国在大力推动电能替代。电能替代是减少散烧煤炭的有效办法，但是从热效率来讲，它并不经济。其原因就在于中国的大部分建筑节能效率很低，建筑保温差、散热快。因此，简单地进行电能替代并不能减少煤炭的消费量，甚至会增加煤炭消费量。同时，它会严重增加居民尤其是收入并不高的农村居民的负担。

建议在相关建筑标准中实施更严格、更高效的建筑节能标准。在建筑设计标准中，增加电采暖相关内容，鼓励在各类建筑中采用电能供热和电力驱动供热；同时，建议出台利用可再生能源和新型保温技术、新型保温材料的鼓励政策，如鼓励利用太阳能保温技术、隔热效果更好的内外保温材料、地源热泵技术等。各地可结合实际采用集中式电采暖或者成熟的分散式电采暖，如即插即热的电采暖设备（材料）、储热式电暖气、储热式电锅炉、各种热源的热泵技术（包括空气源、水源、土壤源、余废热源）、中深层地热水等新技术；在暂时不具备电采暖技术的地区，应预留电采暖改造空间。

案例 1　吉林白城和山西大同风电供暖项目

针对东北地区弃风现象严重的情况，2013 年 3 月，国家能源局和吉林省能源局确定在白城市推广 120 万平方米面积的清洁供暖，解决风电弃风问题。目前，大唐洮南热力站弃风供暖示范项目和中广核安广风电清洁供暖推广项目已经投入运行。

　　大唐洮南热力站设计供热面积 16.3 万平方米，捆绑大唐吉林向阳风电场一期 20 万千瓦机组对应的"低谷风电"，站内配置 9 台液体蓄热式锅炉，采用 380 伏电加热，用电容量 2 万千瓦，设计年耗电量 2700 万千瓦时。截至 2016 年 12 月，洮南热力站累计用电 7892 万千瓦时，其中，低谷用电量占总用电量的 85.04%，平段用电量占总用电量的 14.14%，尖峰用电量占总用电量的 0.82%；累计提供清洁热能 284112 吉焦，电量电费 4252 万元，节约标准煤 9699 吨，减排二氧化碳 25411 吨。[①]

　　经过几年的实施，弃风电量供暖在减少弃风、雾霾治理、保护环境等方面起到了较大的作用。

　　2018 年，山西省大同市灵丘县投资 35 亿元建投了 40 万千瓦风电供暖示范项目，一期 10 万千瓦风电顺利实现了供暖运行，带动供暖面积达 20 万平方米，可解决当地 6000 户移民搬迁户的供暖问题。该项目主要技术路径是采用固体蓄热电锅炉供暖，具体方法是用新型固体储热材料氧化镁砖和氧化铝砖修建电蓄热供热站，将晚上低谷风电转成热能，使之成为供暖的热源。项目全部完成后，将满足灵丘县 80 万平方米的供热需求，是国内最大的风电供暖示范项目。

　　40 万千瓦的风电供热每年可为国家节约标准煤 256580 吨，减少排放二氧化硫 280.6 吨、氮氧化物 280.6 吨、二氧化碳 801840 吨。该供热站选用固体蓄热电锅炉供暖，节约了土地资源，并可灵活选择蓄热时间。[②]

---

① 《促进能源转型　守护碧水蓝天》，国网江苏省电力有限公司，http://www.js.sgcc.com.cn/html/main/col9/2018 – 01/17/20180117173115779570811_1.html，2018 年 1 月 17 日。

② 路丽华、白涛、裴泉鸽：《国内最大山西首家风电供热项目运行　为灵丘百姓寒冬送去温暖》，中国新闻网，http://www.chinanews.com/ny/2018/11 – 02/8666804.shtml，2018 年 11 月 2 日。

案例2　雄县地热水集中供暖

河北雄县地热资源面积广、储量大、埋藏浅，温度高，地热水储量达821.78亿立方米，相当于66.3亿吨标准煤，热储埋深500~1200米，出水温度55℃~86℃。雄县坚持市场化运作模式，将地热能源授予中国石化新星公司整体开发，采用"投资—建设—运营"的模式保障投资，配套建设地热供暖设施。

雄县引进了国际先进技术，在国内率先做到地热尾水100%同层回灌，实现了"只取热不取水"的可持续利用目标。开采井将地热水抽出后，通过换热器取热，由回灌井将冷水重新注回地下水层。与此同时，另一套自来水循环系统将经过加热的水通过供暖管道送入千家万户，这样实现"采灌平衡"。

雄县已成为华北地区首个地热供暖代替燃煤的无烟城。目前共有地热井66眼，其中回灌井22眼，地热集中供暖面积240万平方米，占集中供暖面积的90%。截至2018年底，雄县和容城供暖面积达700万平方米，基本实现了雄县、容城城区地热集中供热全覆盖，雄县大营村等10个自然村全部实施地热代煤改造[①]。

---

5. 发展能化共轨生产体系，实现工业节能

我国工业能效水平已经有了很大的提高，然而工业节能仍有巨大的潜力。

以能源与化工共轨方式实现产业融合，从工业化的源头创造能源，提高能源效率，这是工业节能的最佳路径。有机化工过程大多是放热过程，单一地生产能源就会造成物质效率的降低，单一地生产化工产品就会造成能量的浪费。因此，二者共轨生产将大大提高煤炭、石油、天然气的物质利用效率和能量利用效率。

[①] 《关于赴保定、沧州考察地热资源开发利用情况的报告》，邢台市政府网，http://www.xtzx.gov.cn/article-view-id-1133.html，2016年8月30日。

中国环境保护的压力仍然巨大，减少总体物质消费，实现物质能量的高效循环才是根本出路。化石能源作为能源供给的主体，其物质利用效率、能量利用效率仍有很大的提升空间。

从物质角度，把石油、天然气、煤炭这种经过亿万年地球进程积累下来的资源，以燃烧的方式永久性地消耗掉，毫无疑问是一种浪费。如今开采石油的88%被用作燃料，其他的12%作为化工业的原料。中国开采的70%左右的煤炭被用于发电或者散烧。如果能够节约部分被烧掉的石油和煤炭，就会有更多的物质进入循环体系，或者这些资源的使用时间就会大大延长。

通过现代化工、精细化工技术实现煤炭、石油、天然气最高的物质转换效率，把地球亿万年化学过程留给我们的财富转化成工业文明的产品，把在这一化学过程中产生的能量转化为高效率的、清洁的液体燃料、气体燃料和清洁电力，与可再生能源共同集成一个清洁、高效、智能的能源供给系统，并通过基础设施网络和分布式能源相结合的方式，供给产业部门和千家万户。

从能量角度，多数有机化学工艺过程会产生热量，因此，如果把石油、天然气、煤炭作为化工生产的原料，进入物质循环，而把化学工艺过程产生的热量作为能量进入能源供给体系，将大大提高国内的能源供给能力。化工余热用于发电或供热，将节约大量的煤炭资源。此外，钢铁、非金属、有色金属行业的余压余热发电也是循环经济的重点领域。

中国在有机化工领域积累了70年的技术经验，对于煤化工、石油化工、天然气化工都掌握成套的工业技术体系，在能源领域也建立了完整的工业体系。中国拥有世界上最大的煤化工产能，通过物质与能量循环技术的集成，完全可以走出一条能源化工共轨融合发展的清洁高效工业化道路，创造引领世界的能化产业体系与产业技术体系。这既能解决煤化工产业和相关地区的产业升级和环境保护难题，也能够为全球能源安全提供中国的新方案。为此，我们提出以下建议。

（1）化工行业可推行电热联产模式。煤化工与发电、供热相结合，实现化工余热发电、电热厂废气再进入化工的循环经济模式。其他使用煤炭作为燃料的工业也可以进行相似的工艺优化与升级，实现物质与能量的更高效利用。

（2）甲醇既是没有除水蒸气与二氧化碳之外其他废渣、废气排放的清洁燃料，也是煤化工、天然气化工甚至石油化工的重要产品，它可以成为新型的液体燃料作为交通和工业能源，从而减少废气的排放和雾霾的产生。

（3）化电（化工过程所发电力）可与正常火电、水电、核电、可再生能源电力一起，共同构成新的电力供给体系，实现物质最高效率利用和污染物最低排放。

（4）利用部分国家甲醇成本低的有利条件，实现进口便利化，进口甲醇作为中国能源结构的有效补充，总体上也有利于保障能源安全。

（5）设立能化融合产业发展机制，从金融、财政、贸易、行业标准、环保、土地政策等方面综合推进能化融合模式的产业化。

第三章

能源供给革命：经济、技术与环境分析

王　红[*]

实施能源转型行动，必须要充分了解、评价和对比不同能源的经济成本、能源技术效率与环境排放，从而找到经济性、效率性与环境性最佳的能源转型组合方案。可再生能源已成为全球范围内新的主要能源来源，与化石燃料的竞争日益激烈。因此本章在对不同能源开展分析时，还重点对可再生能源与化石能源进行了对比分析。

一　经济成本比较

成本竞争力是能源转型评估中最关键的指标，其关键要素为各种能源系统和能源技术的成本对比。20 世纪 70 年代国际发供电联盟（UNIPEDE）专家组提出的"平准化能源成本"（Levelized Costs of Energy，LCOE）是比较不同能源供应成本竞争力的一个重要指标，在国际上得到了广泛应用。以发电成本为例，平准化度电成本是对项目生命周期内的成本和发电量先进行平准化，再计算得到的发电成本，即生命周期内的成本现值/生命周期内发电量现值。平准化能源

＊　王红，中国社会科学院数量经济与技术经济研究所绿色创新经济研究室副研究员。

成本剔除了各种财务、税收方面差异的影响，真实反映了不同能源和产品下各种技术方案的经济性，具有很强的实用价值。本节主要以 LCOE 概念为基础，分析不同能源的经济成本。在缺乏 LCOE 指标信息的情况下，则使用能源价格开展成本竞争力的比较。

21 世纪以来，全球各类相关机构和学者对不同能源系统和能源供应技术开展了成本分析。本节成本分析主要基于国际可再生能源署（International Renewable Energy Agency，IRENA） 最新发布的《2019 年可再生能源发电成本报告》[①]。该报告对可再生能源发电的成本进行了详细的分析，并与传统能源的经济性进行了对比。本章对传统能源经济成本的分析数据则来自国家统计局数据、相关专业报告和文章。

（一）成品油

石油是我国一次能源消费中占比第二的能源。2010 年我国进口石油 3696 万吨，进口额为 2234302 万美元，按当年美元兑人民币的平均汇率 6.7695 计算，折合为 4092 元/吨（当年价）。当年汽油产量为 7676 万吨，平均价格为 7640 元/吨；柴油产量 15888 万吨，平均价格为 6390 元/吨。当年汽油税负比为 36.51%，柴油为 33.3%。按汽油和柴油产量比例为权重，计算得出税后成品油生产成本为 4454 元/吨，高于进口成品油的价格。

2019 年我国进口成品油 3056 万吨，进口额为 11752684 万元，每吨成品油的进口成本折合 3846 元/吨（当年价）。同年汽油产量为 14121 万吨，汽油价格最高报价为 7245 元/吨，最低报价为 5910 元/吨；柴油产量为 16638 万吨，价格最高为 6806 元/吨，最低为 5378 元/吨。取汽油和柴油最高价格与最低价格的均值，按汽油和柴油产量比例为权重，计算得出当年税前成品油加权平均价格为 6315 元/

---

① International Renewable Energy Agency （IRENA）：Renewable Power Generation Costs in 2019，2020.

吨。按 2019 年税负比 36.22% 计算，当年税后成品油加权平均价格为 4034 元/吨，略高于进口成品油的成本。

2010 ~ 2019 年，我国进口成品油成本从 4092 元/吨下降到了 3846 元/吨，不考虑 CPI 影响的实际降幅达到了 6.01%；成品油生产成本从 4454 元/吨下降到了 4034 元/吨，不考虑 CPI 影响的实际降幅达到了 9.4%。考虑消费者物价指数（CPI）的情况下，我国进口成品油成本和成品油生产成本的下降幅度更高。另外，我国成品油生产成本一直高于进口成品油成本，不过二者之间的差距在减小。

（二）燃煤发电

燃煤发电（以下简称"煤电"）成本低，因此煤电一直是我国最主要的电力能源。我国煤电 LCOE 数据比较缺乏，因此利用煤电上网标杆电价来分析煤电成本。

煤电成本主要包括燃料费用、水费、折旧费、职工薪酬、材料费、修理费、外购电力费、委托运行费及其他费用。我国煤电电价多年来基本处于上涨趋势。2004 ~ 2019 年，脱硫煤标杆电价（为不脱硫电价加 1.5 分）平均提高了 0.0692 元/千瓦时（除新疆外），从 2004 年的 0.3078 元/千瓦时上涨到了 2019 年的 0.3730 元/千瓦时，提高了 21%[①]。

燃料费用是煤电成本的最重要部分，对比 2004 ~ 2015 年煤电标杆电价的调整与发电用煤价格的变化发现，两者呈现高度的关联性：在发电用煤价格大幅上涨且高位运行一段时间后，上网电价就会上调。不过，2013 年以后电价趋势与发电用煤价格的关联性不再明显。

2013 ~ 2019 年，发电用煤价格明显波动，但我国燃煤上网电价逐年下降（见表 1）。这主要是受国家煤电联动机制政策的影响。

---

① 严家源：《15 年来，脱硫煤标杆电价平均每度增加 6.9 分!》，能见网站，https://www.nengapp.com/news/detail/2893069，2019 年 5 月 6 日。

2013 年 9 月至 2015 年 12 月因为发电用煤价格持续下降，电价连续 4 次下调。2018 年我国开始实施煤电按照"基准价 + 上下浮动"方式参与市场交易的改革，2018 年全国约有一半煤电参与市场化交易，这部分电量的电价较煤电标杆电价平均下调了 11.24%。2019 年上半年，全国完成电力市场化交易电量达 1.1 万亿千瓦时，电力直接交易电量平均降价幅度为 3.4 分/千瓦时[①]。在市场化交易的带动下，煤电价格更真实反映了市场需求和发电成本。

煤电利用小时数对煤电成本也有影响。我国火电利用小时数在 2011 年达到了近十年的高峰值——5294 小时，之后一直呈现逐年下降的趋势，2019 年仅为 4293 小时。煤电利用小时数下降的原因有四个：一是社会需电量下降；二是水电增发减少了火电的利用小时；三是火电装机容量持续增加；四是火电开展大规模环保升级改造。

单位供电煤耗也显著影响煤电成本。2010 年全国供电煤耗平均为 333 克/千瓦时，2014 年已减少至 319 克/千瓦时，2019 年进一步减少到 306.4 克/千瓦时。

表 1　2010~2019 年我国燃煤上网电价

年份	上网电价（元/千瓦时）	年份	上网电价（元/千瓦时）
2010	0.3846	2015	0.3936
2011	0.4106	2016	0.3644
2012	0.4106	2017	0.3716
2013	0.4270	2018	0.3705
2014	0.4188	2019	0.3450 *

注：* 表示 2019 年在缺乏数据的情况下，按 75% 电量经过市场直接交易且电价平均降价幅度为 0.034 元/千瓦时的估算数据。

资料来源：据国家能源局发布的各年度全国电力价格情况监管通报整理所得。

长期来看，煤电价格放开最终将真实反映市场需求和发电成本。

[①] 《煤电标杆电价制度谢幕离场　业内人士：对新能源影响不大》，北极星火力发电网，http://news.bjx.com.cn/html/20190929/1010475.shtml，2019 年 9 月 29 日。

根据估算，我国 2019 年燃煤机组平均上网电价为 0.345 元/千瓦时，按照当年人民币兑美元平均汇率（6.8985 : 1）计算，为 0.050011 美元/千瓦时。根据 IRENA 数据，2019 年新建火电的全球加权平均 LCOE 为 0.05 美元/千瓦时。可见，我国的煤电成本应低于 2019 年新建火电的全球加权平均 LCOE。根据有关机构的数据，中国的煤电 LCOE 约为 0.046 美元/千瓦时，远远低于另一个亚洲国家菲律宾的 0.088 美元/千瓦时。[1]

根据专家预测，长期来看煤电仍具有成本优势。大火电机组燃煤效率高，具备成本低、效率高、稳定性强等多重优势。假设燃料成本占火电发电成本的 64%，不同煤价及供电煤耗情景下的煤电发电成本将进一步下降到 0.26 ~ 0.33 元/千瓦时。[2]

（三）天然气直燃和天然气发电

近十年我国天然气消费总量呈稳步增长态势，2019 年全国全年天然气表观消费量已达到 3067 亿立方米。天然气应用领域主要分为城市燃气、工业燃料、发电用气和化工用气。[3] 本节主要分析天然气直燃和天然气发电的经济成本。

1. 天然气直燃

天然气直燃主要运用于工业领域以及公共建筑制冷和供热，通过气体直接燃烧提供制冷、采暖和卫生热水。此处主要对比天然气直燃和电制冷的经济成本。

张轶泽和张帅[4]于 2013 年对北京市公共建筑的燃气直燃机和电

---

① 《亚洲国家光伏度电成本比煤电贵多少？》，国际能源网，https://www.in-en.com/article/html/energy-2269272.shtml，2018 年 5 月 31 日。

② 刘晓宁、叶旭晨、王璐：《火电成本仍具优势——2017-2025 电力行业发展结构展望》，搜狐网，https://www.sohu.com/a/216225516_99952321，2018 年 1 月 12 日。

③ 《中国天然气市场 2018 年回顾及 2019 年展望》，北极星电力新闻网，http://news.bjx.com.cn/html/20190124/958966.shtml，2019 年 1 月 24 日。

④ 张轶泽、张帅：《燃气直燃机在应用中的经济性分析》，《科技创新与应用》2013 年第 27 期，第 11~12 页。

制冷方式的经济成本进行比较后发现，燃气直燃机系统的单位面积年设备费用比离心式冷水机组系统高约64%；燃气直燃机系统的单位面积年运行费用比离心式冷水机组系统低约25%，多出的总设备费用系统运行四年即可节省出来。由于燃气直燃机能同时或单独实现供暖、制冷、供应生活热水3种功能，且可将制冷机房、锅炉房合二为一，土建费用、设备费用、维护费用等都可减少，并具有良好的环保性、缓解电力峰谷矛盾等优点，故天然气直燃具有很强的成本竞争力。

2. 天然气发电

燃料成本是天然气发电的最大支出项目，往往超过总费用的50%，因此天然气的价格高低对项目经济性至关重要。天然气的价格根据产地的不同变化较大，天然气价格走高会大大增加发电成本，因此天然气价格过高将使天然气发电成本竞争力下降。

天然气发电的容量因数较低，也增加了天然气发电的成本。燃气发电厂应变能力佳，因此往往将天然气发电作为"调控器"，用电尖峰时才开启、用电离峰时停机，其容量因数基本不到50%。

较高的燃料成本与较低的容量因数，是导致天然气发电在竞争中一直处于劣势的主要原因。天然气发电的LCOE比基荷煤电机组高63%；在一些地区，天然气发电的LCOE比陆上风电高63%，比大型光伏地面电站高37%。根据有关敏感性分析报告，天然气价格每变动1%，就会导致其LCOE变动0.59%；天然气发电的容量因数每变动1%，则会导致其LCOE变动0.32%。要使天然气发电在基荷发电上与煤电相比具备经济竞争性，天然气价格需下降超过60%，且容量因数翻一番。[①]

（四）光伏发电

近年来光伏发电成本下降很快。根据IRENA发布的报告，2019

---

① 《中国的气电成本仍然较高》，中国储能网，http://www.escn.com.cn/news/show - 552082.html，2018年8月14日。

年光伏发电全球加权平均 LCOE 为 0.068 美元/千瓦时，比 2010 年下降了 82%，中国的下降率也为 82%。光伏发电全球加权平均 LCOE 下降的主要原因是全球加权平均安装成本下降，2010 年至 2019 年光伏发电全球加权平均安装成本从 4702 美元/千瓦下降到了 995 美元/千瓦，下降近 79%，近年来的下降幅度更高，仅 2019 年就比 2018 年下降了 13%。安装部件中成本降幅最大的是双面发电组件，2019 年比 2010 年成本下降了 87%～92%。发电效率提高也有一定的影响，全球加权平均发电容量系数从 2010 年的 14% 增加到了 2019 年的 18%，双面发电组件运用和光伏发电向光资源更好地区的拓展都提高了总体的发电效率。

在不计算任何财务补贴的情况下，发电成本的下降，已经使 2019 年新增光伏发电装机容量中有 40% 的发电成本低于最低成本新建火电的发电成本。

从国内来看，在技术进步、政策扶持和规模化发展的推动下，光伏发电成本在过去三年内下降了近 40%，降本速度略快于全球平均水平。2019 年我国青海、甘肃、宁夏和陕西等 19 个省区市，光伏发电成本首次低于风电成本。光伏发电相对煤电的平均溢价下降到了 26%，较 2010 年的 100% 已实现大幅下降。不过，与煤电相比，2019 年全国 28 个省区市仍存在较煤电溢价的情况，最高溢价达到 70%，仅上海和青海的光伏发电成本略低于煤电。据有关报告，中国光伏发电成本将在 2026 年实现与煤电成本的竞争优势。[①]

（五）光热发电

光热发电技术日趋成熟，成本也在持续下降。就安装成本而言，2010 年至 2019 年全球光热发电加权平均安装成本从 8987 美元/千瓦下降到 5774 美元/千瓦（不含以色列新建项目），降幅达 36%；含以

---

① 《Wood Mackenzie：中国风电、光伏将于 2026 年实现与煤电成本的竞争优势》，CSPPLA-ZA 光热发电网，http://www.cspplaza.com/article - 15913 - 1. html，2019 年 8 月 21 日。

色列新建项目的安装成本为 6474 美元/千瓦，降幅为 28%。2019 年中国的加权平均安装成本在 3740 ~ 8595 美元/千瓦。

全球光热发电加权平均 LCOE 下降明显，从 2010 年的 0.35 美元/千瓦时下降到了 2019 年的 0.182 美元/千瓦时，下降了 48%。成本下降的驱动因素有多种，包括市场由西班牙向光资源更好的地区拓展，有竞争力的国际开发商进入，安装成本降低，技术进步如运行温度提高等。另外，平均储能时间大幅提高，2018 年为 3.6 小时，2019 年已经增加到平均 8.3 小时（范围值为 7 ~ 10 小时）；发电效率有所提高，全球加权平均发电容量系数从 2010 年的 30% 增加到了 2019 年的 45%。

根据 IRENA 报告，未来几年光热发电的成本竞争力将大幅提升，全球加权平均 LCOE 将下降到 0.07 ~ 0.08 美元/千瓦时甚至更低。

（六）陆上风电

陆上风电成本持续下降，目前新建设施发电成本已能稳定低于最低成本新建火电的发电成本。2019 年陆上风电全球加权平均 LCOE 为 0.053 美元/千瓦时，中国甚至达到了 0.047 美元/千瓦时。

成本下降的主要驱动因素首先是总安装成本的持续下降。自 2010 年以来，陆上风力涡轮发电机的价格下降了 55% ~ 60%，从而降低了装机成本。2010 年至 2019 年，陆上风电全球加权平均安装成本从 4702 美元/千瓦下降到了 1473 美元/千瓦，下降了 69%，2019 年的降幅就达到了 5%。其次是容量系数的提高。在运营与维护成本下降的同时，不断增大的轮毂高度和扫掠面积也增大了容量系数。全球加权平均发电容量系数从 2010 年的 27% 提高到了 2019 年的 36%，中国也已达到了 32%。

发电成本的下降，已使 2019 年陆上风电全球加权平均 LCOE 仅比最低成本新建火电的发电成本（0.05 美元/千瓦时）高 6%。2019 年阿根廷新建陆上风电的成本已低于火电，美国仅为 0.049 美元/千瓦时，中国为 0.047 美元/千瓦时，陆上风电对火电已经造成了竞争压力。

　　在中国，2019 年陆上风电相对煤电的平均溢价为 26%，较 2010 年的 100% 已大幅下降。根据伍德麦肯兹（Wood Mackenzie）电力与可再生能源事业部最新研究《2019 年中国各省区可再生能源竞争力分析报告》，中国风电成本将于 2026 年实现与煤电成本的竞争优势。

（七）海上风电

　　海上风电成本持续下降，2019 全球加权平均 LCOE 从 2010 年的 0.162 美元/千瓦时下降到了 0.115 美元/千瓦时，下降了 29%。亚洲的成本降幅甚至达到了 38%，从 0.180 美元/千瓦时下降到了 0.112 美元/千瓦时，而中国的海上风电装机容量占亚洲的 95% 以上。

　　海上风电全球加权平均安装成本有所下降，2010 年至 2019 年下降了 18%。虽然不同技术对安装成本的影响不同，一些技术降低了安装成本，有一些则提高了安装成本，但规模效应、近年的物流优化和开发商经验积累，总体上降低了安装成本。发电效率提高对海上风电加权平均安装成本的降低也有一定的影响，全球加权平均发电容量系数从 2010 年的 37% 提高到了 2019 年的 44%。

（八）水力发电

　　与大多数其他能源系统不同，水力发电成本近十年来有较大的增加，2019 年水力发电全球加权平均 LCOE 为 0.047 美元/千瓦时，比 2010 年增长了 27%；近年来增幅加大，2019 年比 2018 年增长了 19%。成本增加的原因主要是水电开发资源条件日益变差，中国等亚洲国家的情况尤其如此。在此影响下，水力发电全球加权平均安装成本在 2010 ~ 2019 年增长了 19%，从 1435 美元/千瓦增加到了 1704 美元/千瓦；中国 2010 ~ 2014 年水力发电的加权平均安装成本为 1062 美元/千瓦，2015 ~ 2019 年已增加到了 1264 美元/千瓦，增长了 19%。

另外，水力发电与其他能源系统不同，大型项目不一定具有规模效应，即单位安装成本不一定随规模增大而下降。

不过，水力发电全球加权平均 LCOE 的增幅低于全球加权平均安装成本的增幅。因为运营管理费用下降，且发电效率也有一定的提高，水力发电全球加权平均发电容量系数较 2010 年提高了 10%，2019 年达到了 48%。即使水力发电成本有所增加，目前仍然低于最低成本新建火电的发电成本（0.05 美元/千瓦时）。2017 年中国水电的 LCOE 为 0.05 美元/千瓦时、安装成本为 990 美元/千瓦、容量系数为 51%。

（九）生物质发电

2019 年，生物质发电全球加权平均 LCOE 为 0.066 美元/千瓦时。生物质发电由于不同地方的原料成本差异大，因此其 LCOE 差异也大。相对来说，使用低成本原料（如农作物秸秆或林业废弃物）发电具有更强的成本竞争力。生物质发电的技术和安装成本也存在较大的区域差异。IRENA 数据库中，OECD 国家的技术成本和安装成本高，中国的安装成本仅为 1578 美元/千瓦，而欧洲为 3179 美元/千瓦，北美则高达 4329 美元/千瓦。容量系数的区域差异也大，主要取决于获得低成本原料的能力。利用农林废弃物发电会影响容量系数的提高，因此欧美的容量系数高（分别为 81% 和 84%），中国为 64%。生物质发电全球加权平均容量系数提高缓慢，2012 年为 64%，2017 年为 68%。

2019 年，中国生物质发电 LCOE 为 0.059 美元/千瓦时，印度为 0.057 美元/千瓦时，而欧洲高达 0.08 美元/千瓦时，北美高达 0.099 美元/千瓦时。成本差异性主要是由于欧美的技术更先进，环保要求更严格，原料成本更高。根据 IRENA 预测，当资本成本较低、拥有低成本原料量，且进行热电联产的话，生物质发电可提供有价格竞争力、灵活可调的电能，即使在 OECD 国家也可使生物质发电 LCOE 降至 0.03 美元/千瓦时。

（十）地热发电

地热能是一种成熟的商用能源，在高温地热资源好的地区负载发电基本能够实现较低的成本。2010～2019 年地热发电 LCOE 有所增加，但近年来趋于稳定。新建地热发电项目的全球加权平均 LCOE，在 2010年和 2012 年分别为 0.049 美元/千瓦时和 0.085 美元/千瓦时，2013 年至2018 年平均值在 0.06～0.07 美元/千瓦时，2019 年为 0.073 美元/千瓦时。

相较太阳能和陆上风能，地热能属于资本密集型的能源。如果利用曾开发区域的已有设施，地热发电总安装成本可低至 560 美元/千瓦，但案例很少，大多数安装成本为 2000～5000 美元/千瓦。2014年以来，地热发电安装成本趋于稳定，全球加权平均安装成本为3496～4171 美元/千瓦，低于或接近海上风电和热电设施安装成本，这可能是地热发电 LCOE 趋于稳定的一个主要原因。

地热发电的容量系数高，低温两级地热发电容量系数为 60%～80%，高温闪蒸发电为 80% 以上，直接蒸汽发电也为 80%。保持高容量系数的关键是积极的地热资源管理，但常常需要修建新井，因此其运营管理年均成本一般为 110 美元/千瓦，远远高于陆上和 CSP 的成本。总体上，地热发电的安装成本趋于稳定，但运营管理成本高，在一定程度上影响了地热发电的成本竞争力。

（十一）核能发电

与化石燃料相比，核能发电（以下简称"核电"）具有较强的成本竞争力。根据有关报道，2018 年美国核电厂发电综合成本为0.0318 美元/千瓦时（人民币 0.21 元/千瓦时），其中燃料 0.598 美分/千瓦时、资本折旧 0.614 美分/千瓦时、维护 1.971 美分/千瓦时[1]。国内核电成本数据比较缺乏，2019 年国家规定的三代核电首批项目

---

[1]　《2018 美国核电最新数据：发电成本合人民币 0.21 元/千瓦时》，北极星电力新闻网，http://news.bjx.com.cn/html/20190513/979874.shtml，2019 年 5 月 13 日。

试行上网电价在 0.4151～0.4350 元/千瓦时。

不过，近年来人们对核电的看法发生了变化。2017 年有报告提出①，核电具有很强的成本竞争力，在未来很长一段时间内仍将是气候变化的一个解决方案，在可预见的未来核电有可能继续在能源结构中占据一定份额。但是 2019 年，Hinkley Point 核电项目一份新报告②提出了完全不同的看法，认为核电建设和更新速度太慢、运行成本太高，又由于光电和风电成本的快速下降，核能正在逐步被自然淘汰。根据最新版《世界核工业年度状况报告》（WNIS），过去十年核能成本增长了 22%；建设和运行可再生能源新项目比延续现有核电站成本更低。十年来，核能建设已出现萎缩，全球在建核电机组减少，有的新建项目成本攀升。

（十二）经济成本比较总结

表 2 和图 1 分别是不同能源类型在不同开发利用方式下的经济成本比较和不同能源发电的全球加权平均 LCOE 情况。

表 2　不同能源类型在不同开发利用方式下的经济成本比较

能源类型	能源开发利用方式	经济成本	成本变化趋势	未来变化趋势
石油	成品油进口	3846 元/吨（2019 年）	2010～2019 年下降 6.0%	
	成品油生产	4034 元/吨（2019 年）	2010～2019 年下降 9.4%	
煤炭	燃煤发电	0.05 美元/千瓦时（2019 全球加权平均 LCOE）0.345 元/千瓦时（2019 中国燃煤上网电价）	下降	下降到 0.26～0.33 元/千瓦时（中国电价）

---

① 张焰、伍浩松：《核电是最具成本竞争力的发电技术之一》，中核集团网站，http://www.cinie.com.cn/report/rp_info.aspx?url=121，2017 年 6 月 13 日。

② 《过去十年核电成本增长 22% 不敌成本大幅下跌的光伏发电》，同花顺财经百家号，https://baijiahao.baidu.com/s?id=164608771285740109 4&wfr=spider& for=pc，2019 年 9 月 30 日。

续表

能源类型	能源开发利用方式	经济成本	成本变化趋势	未来变化趋势
天然气	天然气直燃	天然气直燃＜电制冷（2013年）	与燃料价格密切相关	与燃料价格密切相关
	天然气发电	LCOE 比基荷煤电机组高 63%	与燃料价格密切相关	天然气价格下降 60% 以上，容量因数翻一番才有成本竞争力
可再生能源	光伏发电	0.068 美元/千瓦时（2019 全球加权平均 LCOE）	2010～2019 年全球加权平均 LCOE 下降 82%	中国 2026 年对煤电成本有竞争优势
	光热发电	0.182 美元/千瓦时（2019 全球加权平均 LCOE）	2010～2019 年全球加权平均 LCOE 下降 48%	大幅下降，有望降至 0.07～0.08 美元/千瓦时
	陆上风电	0.053 美元/千瓦时（2019 全球加权平均 LCOE）0.047 美元/千瓦时（2019 中国 LCOE）	持续下降	中国 2026 年对煤电成本有竞争优势
	海上风电	0.115 美元/千瓦时（2019 全球加权平均 LCOE）	2010～2019 年全球加权平均 LCOE 下降 29%	继续下降
	水力发电	0.047 美元/千瓦时（2019 全球加权平均 LCOE）	2010～2019 年全球加权平均 LCOE 增长 27%	可能继续增加
	生物质发电	0.066 美元/千瓦时（2019 全球加权平均 LCOE）0.059 美元/千瓦时（2019 中国 LCOE）	原料成本差异和技术与安装成本差异明显	可降至 0.03 美元/千瓦时
	地热发电	0.073 美元/千瓦时（2019 全球加权平均 LCOE）	有所增加，但近年趋于稳定	有一定竞争力
非常规能源	核能发电	0.0318 美元/千瓦时（2018 年美国核电厂发电综合成本）	成本增加	有一定竞争力

　　本节对常见化石能源、可再生能源和非常规能源的常见开发利用方式的经济成本进行了分析和比较。对化石能源的分析涵盖了成

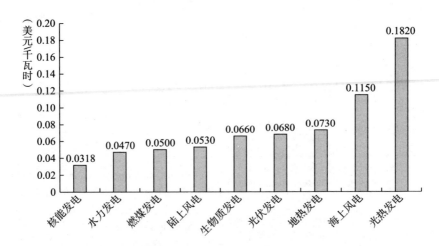

图 1　IRENA 发布的 2019 年不同能源发电的全球加权平均 LCOE

品油进口和生产、燃煤发电、天然气直燃和天然气发电的经济成本及其变化趋势。2010～2019 年成品油经济成本有所下降，进口成品油的成本低于国内成品油生产的成本，但是二者之间的差距逐渐减小。燃煤发电经济成本持续下降，2019 年全球加权平均 LCOE 已经降到了 0.05 美元/千瓦时，中国的燃煤发电 LCOE 约为 0.046 美元/千瓦时，低于全球平均水平。天然气直燃的经济成本小于电制冷，虽然单位面积年设备费用高，但是单位面积年运行费用低，具有很强的成本竞争力。天然气发电的 LCOE 比基荷煤电机组高 63%，其经济成本与燃料价格密切相关，当天然气价格下降 60% 以上，容量因数翻一番才有成本竞争力。

就可再生能源而言，过去十年间，受技术进步、规模化经济、供应链竞争日益激烈和开发商经验增长的推动，可再生能源发电（除水力发电外）的成本急剧下降。据国际可再生能源署（IRENA）最新报告，2019 年，在所有新近投产的并网大规模可再生能源发电容量中，有 56% 的成本低于最便宜的化石燃料发电[①]。本节主要比较了

---

① International Renewable Energy Agency（IRENA）：Renewable Power Generation Costs in 2019，2020.

可再生能源发电的全球加权平均 LCOE。根据全球加权平均 LCOE 从低到高排序，依次为水力发电（0.0470 美元/千瓦时）、陆上风电（0.0530 美元/千瓦时）、生物质发电（0.0660 美元/千瓦时）、光伏发电（0.0680 美元/千瓦时）、地热发电（0.0730 美元/千瓦时）、海上风电（0.1150 美元/千瓦时）和光热发电（0.1820 美元/千瓦时）。其中，水力发电近十年成本增长了 27%，但 2019 全球加权平均 LCOE 为 0.0470 美元/千瓦时，目前仍低于最低成本新建火电的发电成本。陆上风电成本持续下降，目前新建设施的陆上风电成本已稳定低于最低成本新建火电的发电成本；中国甚至达到了 0.047 美元/千瓦时。生物质发电成本存在明显的原料成本差异和技术与安装成本差异。2019 年，中国生物质发电 LCOE 为 0.059 美元/千瓦时，欧美高达 0.08 ~ 0.099 美元/千瓦时，但未来有可能提高成本竞争力，使生物质发电 LCOE 降至 0.03 美元/千瓦时。光伏发电成本近年来下降很快，2019 年比 2010 年下降了 82%，40% 的 2019 年新增光伏发电装机容量在不计算任何财务补贴的情况下，发电成本低于最低成本新建火电的发电成本。2019 年我国青海、甘肃、宁夏和陕西等 19 个省区市，光伏发电成本首次低于风电成本，但光伏发电相对煤电的平均溢价为 26%，有望于 2026 年实现与煤电成本的竞争优势。地热能属于资本密集型的能源，地热发电的 LCOE 于 2010 ~ 2019 年有所增加，目前其安装成本趋于稳定，但运营管理成本高，不过地热发电的成本仍然具有一定的竞争力。海上风电成本持续下降，2019 全球加权平均 LCOE 从 2010 年的 0.162 美元/千瓦时下降到了 0.115 美元/千瓦时。光热发电全球加权平均 LCOE 在 2010 ~ 2019 年下降了 48%，但成本仍然很高，未来几年光热发电的成本竞争力还将大幅提升。

就非常规能源核能而言，核能与化石燃料相比具有很强的成本竞争力，2018 年美国核电厂发电综合成本为 0.0318 美元/千瓦时，远远低于燃煤发电甚至是海上风电的成本。不过，近年来人们对核电的看法发生了变化，认为核电建设和更新速度太慢、运行成本太高，又由于光电和风电成本的快速下降，核能正在逐步被自然淘汰。

国际可再生能源署（IRENA）、21世纪可再生能源政策网络（REN21）、彭博新能源财经（BNEF）相继发布了最新的可再生能源报告，这些报告不约而同地表达了同一个观点：即便没有财政补贴，可再生能源成本下降趋势稳定，与化石能源的竞争力日益加强。IRENA数据显示，全球某些地区的陆上风电和太阳能发电成本仅为0.04美元/千瓦时，而智利、墨西哥、秘鲁、沙特阿拉伯、阿联酋的太阳能发电拍卖价还曾创下历史新低的0.03美元/千瓦时。今后，需要进一步降低可再生能源的安装和维护成本，有力推动可再生能源的大规模商业化应用。

二 能源技术效率比较

能源技术效率也称为能源系统效率，一般指产出的有用能量与投入的总能量之比，通常用百分比来表示。能源技术效率的最高限受物理学原理的约束，实际值随科技和管理水平的提高而不断提高。

能源技术效率由能源开采效率、中间环节效率和终端利用效率三部分组成。能源开采效率也称为采收率，即开采出来的能源产量与能源储量的比值；中间环节效率包括加工转换效率和贮运效率，加工转换效率即发挥作用的能源产量与加工转换时投入的能源量之比，贮运效率则用能源输送、分配和贮存过程中的损失来衡量；终端利用效率即终端用户得到的有用能与过程开始时输入的能源量之比[①]。本节对比的能源技术效率主要是能源开采效率和中间环节效率的乘积。

（一）成品油

成品油的利用方式以内燃机为例，市场上内燃机的热效率普遍

---

① 《能源技术效率》，MBA智库·百科网站，https://wiki.mbalib.com/wiki/Energy_Technical_Efficiency.

在35%左右，少数可达到40%。日本丰田的2.5升发动机热效率可以达到41%，为最佳值。

（二）火电

火电分为燃煤发电和燃气发电。近年来我国煤电行业供电煤耗持续下降，燃煤发电效率持续提升。2019年火电平均供电煤耗降至307克/千瓦时，已逐步步入世界领先行列，发电效率一般为30%。世界首台百万千瓦超超临界二次再热燃煤发电机组——泰州二期3号机，2018年实现供电煤耗264.78克/千瓦时，发电效率达到47.2%，已成为全球煤电领域的标杆。正在建设中的安徽阜阳华润电厂二期2×660兆瓦超超临界燃煤机组工程，设计供电煤耗可达249克/千瓦时，机组净效率达49.33%。通过热电联产电厂可以达到更高的能源效率，一般为60%～70%，最高可达90%。

我国燃气发电效率也持续提升。燃气发电机组分为内燃机发电和汽轮机发电，内燃机燃气发电效率更高。国外燃气发电机组的发电效率一般在38%～40%，国内机组一般在35%～38%。采用气轮机发电，一般一次燃烧带动燃气轮机发电的效率为28%～30%；二次蒸汽发电效率在15%～20%。我国一套800千瓦燃气发电机组，发电效率已达到57%。西门子向德国劳斯瓦德电厂交付的一套H级燃气轮机联合循环发电机组，净发电效率高达61.5%。

（三）太阳能发电

光伏发电系统的总效率由电池组件的PV转换率、控制器效率、蓄电池效率、逆变器效率及负载的效率等组成，电池组件的PV转换率是提高发电效率的关键。近年来光伏发电技术突飞猛进，双面发电组件更广泛运用，发电效率大幅度提高，目前已高达31%。不过，现在已经到达技术瓶颈，发电效率始终在30%左右徘徊。

太阳能光热发电技术日渐成熟。运行温度提高、平均储能时间大幅提高、发电容量系数增加，这些因素提高了光热发电的技术效率。根据美国麻省理工学院的一项研究，光热系统真正吸收的热量只有42%，热能再转化为电能的净发电效率为16%[①]。不过，瑞典 Ripasso Energy 公司建造的碟状斯特林光热发电系统，可将34%的太阳能转化为电力。

（四）风力发电

随着科技不断进步，风力发电的效率有了大幅度的提升，不过与燃煤发电、水力发电等相比，风力发电的效率还是比较低。风能转化率受到空气动力学贝茨极限的限制，最高利用率为59.3%。一般来说，风力发电机叶片的转化效率在25%至45%，发电机的转化效率在52%至95%，控制逆变器的转化效率在25%至90%，几个数字相乘得出风力发电机的发电效率在3.25%至38.475%。按均值计，风力发电低于其他发电形式平均30%的转化效率。

（五）水力发电

水力发电的发电效率很高。中小型机组发电效率为75%~85%，大型机组平均发电效率在90%以上。其中包括两个过程，水能转换成机械能（水轮机）的效率，小型水轮机为75%~85%，大型水轮机85%~95%，目前最高效率的水轮机已达到96%；而机械能转化成电能（发电机）的效率一般在98.5%以上。

（六）生物质发电

生物质发电有三种方式，一是生物质直燃发电或热电联产，热电联产机组全厂热效率比纯凝电厂可提高近11%，达到33%。二是生物质与矿物燃料混合燃烧（主要是与煤的混合燃烧）发电提高生物

---

① 《16%：一张图看懂光热发电效率》，北极星太阳能光伏网站，http://guangfu.bjx.com.cn/news/20160930/777752.shtml，2016年9月30日。

质发电的效率，可达 30% 以上。三是生物质气化联合循环发电，该技术还不成熟，有待商业化。

（七）地热发电

地热发电的热效率低。地热类型不同，所采用的汽轮机类型也不同，热效率一般只有 6.4% ~ 18.6%，热量损失大。

（八）核能发电

核能发电厂热效率较低。核电站利用核裂变释放的热能进行发电，与火力发电极其相似，只是以核反应堆及蒸汽发生器来代替火力发电的锅炉，以核裂变能代替矿物燃料的化学能。我国大亚湾核电站机组热效率，设计值为 33.87%，实际值为 34.1%（对应洗水温度为 23℃）。

（九）能源技术效率比较

受物理极限、技术水平和能源资源特性等多种因素的影响，能源技术效率存在很大的局限性，不同能源利用方式的能源技术效率也有所不同。对比发现，水力发电的能源技术效率最高，地热发电的能源技术效率最低，其余从高到低依次为天然气发电、成品油（内燃机）、核能发电、燃煤发电、光伏发电、生物质发电、风力发电、光热发电（见表 3）。在现有水平上提升能源技术效率是非常困难的，但从资源节约和环境友好的角度来看是非常必要的。

表 3　能源技术效率比较

能源利用类型	能源转化率	
	一般范围	最佳效率
成品油（内燃机）	35% ~ 40%	41%
燃煤发电	30%	47.2%（国内）
天然气发电	35% ~ 40%	57%（国内）、61.5%（国际）

续表

能源利用类型	能源转化率	
	一般范围	最佳效率
光伏发电	30%	31%
光热发电	16%	34%（国际）
风力发电	3.25%～38.475%	38.475%
水力发电	75%～90%	90%以上
生物质发电	30%～33%	
地热发电	6.4%～18.6%	
核能发电	34.1%（国内）	

三　环境排放比较

　　燃料的环境排放影响必须从全生命周期的视角来评价。燃料的全生命周期包括能源供应加工、能源消费、终端能源输配、相关基础设施建设等多个环节。以电力为例，表面上我们用的每一度电在消费环节是没有区别的，但在能源开采运输、电力生产和输配、相关基础设施建设等环节，不同能源来源决定每一度电背后不同的环境排放影响。能源消费产生的环境排放影响比较直接，其他环节则间接产生环境排放影响。例如，电力输配造成的电力损耗间接产生环境排放的影响；基础设施则通过金属资源、非金属矿产资源和水资源的消耗，以及土地资源的占用，间接产生重要的环境排放影响。对燃料的环境排放开展全生命周期评价，有助于我们制订有效合理的能源转型计划，减少燃料的环境排放影响。

　　Turconi 等[1]对能源电力开展了全生命周期评价的研究。作者回顾总结了 167 项相关研究，这些研究涉及硬煤、褐煤、天然气、石油、

---

[1]　Turconi R., Boldrin A., Astrup T. F., "Life Cycle Assessment (LCA) of Electricity Generation Technologies-Overview, Comparability and Limitations," *Renewable and Sustainable Energy Reviews*, 2013.

核能、生物质、水力、太阳能、风力的全生命周期评价，作者还整理了温室气体、氮氧化物和二氧化硫的环境排放数据（见表4）。研究发现，化石燃料发电设施运行产生的直接环境排放量贡献了化石燃料全生命周期环境排放的最大份额；基础设施建设贡献了水电、风力发电和太阳能光伏发电的最高环境排放量；燃料供应环节贡献了核能发电的主要环境排放量。

　　生物质能的情况有点特殊，如果是能源作物作为燃料，其生产会引起土地利用变化、增加化肥农药施用，产生污染物和温室气体排放，所以全生命周期的环境排放评价必须考虑这些影响。如果是农林废弃物作为燃料，由于农林废弃物是其他经济活动的副产品，因此农林废弃物发电的燃料供应环节不计入环境排放①。但从另一个角度考虑农林废弃物，利用秸秆发电相当于把可能通过深耕返回土壤的秸秆从田里收集转移，因此减少了碳汇，相当于增加了碳排放量，大致为每公斤秸秆排放145毫克二氧化碳。

表4　不同能源的污染物和温室气体排放系数

计算单位	能源类型	二氧化碳当量排放	氮氧化物排放	二氧化硫排放
按发电量 （千克/兆瓦时）	硬煤	660 ~ 1050（888）	0.3 ~ 3.9	0.03 ~ 6.7
	褐煤	800 ~ 1300（1054）	0.2 ~ 1.7	0.6 ~ 7
	天然气	380 ~ 1000（499）	0.2 ~ 3.8	0.01 ~ 0.32
	石油	530 ~ 900（733）	0.5 ~ 1.5	0.85 ~ 8
	核能	3 ~ 35（29）	0.01 ~ 0.04	0.003 ~ 0.038
	生物质（能源作物）	8.5 ~ 130（45）	0.08 ~ 1.7	0.03 ~ 0.94
	生物质（农林废弃物）	145毫克二氧化碳/公斤	—	—
	水力	2 ~ 20（26）	0.004 ~ 0.06	0.001 ~ 0.03
	太阳能	13 ~ 190（85，光伏）	0.15 ~ 0.40	0.12 ~ 0.29
	风力	3 ~ 41（26）	0.02 ~ 0.11	0.02 ~ 0.09

---

① Gentil, Emmanuel, Thomas H. Christensen, and Emmanuelle Aoustin, "Greenhouse Gas Accounting and Waste Management," *Waste Management & Research*, 2009 (8): 696 – 706.

续表

计算单位	能源类型	二氧化碳当量排放	氮氧化物排放	二氧化硫排放
按燃料投入量 （千克/吉焦）	褐煤	91 ~ 141	0.025 ~ 0.161	0.047 ~ 0.753
	天然气	57 ~ 85	0.037 ~ 0.277	0.0002 ~ 0.044
	石油	75 ~ 94	0.081 ~ 0.298	0.112 ~ 0.698
	生物质	0.1 ~ 10	0.007 ~ 0.128	0.004 ~ 0.094

资料来源：数据主要来源于 Turconi 等；括号内数据来源于世界核委员会①。

　　由表 4 可以看出，不同能源的环境排放数据的差异较大，数据范围较广。这主要是因为，影响能源的环境排放量的因素众多，其不仅受到燃料品质和能源技术效率的影响，还受到全生命周期评价年份、地理范围及所选的全生命周期评价方法的影响。以化石燃料发电为例，相同品质的化石燃料，其单位燃料的排放系数是相同的，但发电效率越高，单位电力的环境排放系数越低。核能发电和可再生能源发电则因为包含了基础设施建设运行所耗能源资源的环境排放，因此还要考虑发电设施所在地及能源来源地的资源与技术经济条件。排放因子数据的选择不当有可能严重低估或高估环境排放量。

　　不过，根据 Turconi 等人对不同能源环境排放影响研究结果的整理，可以发现，即使全生命周期环境排放数据的差异较大，也还是能够表明可再生能源与化石能源存在明显的差异。全生命周期环境排放量最低的是水力、风力、核能、生物质，这些除核能外都是可再生能源。全生命周期环境排放量高的能源都是化石能源，按从低到高的顺序，分别为天然气、石油、硬煤和褐煤。

　　值得注意的是，有的能源系统会对其他能源系统的环境排放产生一定的影响，如风力发电、光伏发电之于基荷电力系统。为了容纳更多断断续续输入电网的风电和光电，公用事业单位必须频繁调整（或者停机重启）常规发电机以提供较稳定的电力输出。美国能源部

---

① World Nuclear Association, "Comparison of Lifecycle Greenhouse Gas Emissions of Various Electricity Generation Sources," WNA report, 2011.

下属国家可再生能源实验室（NREL）的一份最新研究报告提出，这使得光伏发电与风力发电带来的二氧化硫排放量下降比预期减少了5%，不过碳排放量增加量很小，仅占风电和光电高效利用所降低碳排放量的0.2%以下。基荷电力系统频繁重启会使化石燃料电厂的运营费用增加2%~5%，但增加的费用远远低于替代的化石燃料成本。

四　小结

本章对不同能源的经济成本、能源技术效率与环境排放进行了比较。由于可再生能源已成为全球范围内新的主要能源来源，因此本章在对不同能源开展分析时，还重点对可再生能源与化石能源进行了对比分析。

对常见化石能源、可再生能源和非常规能源的经济成本分析发现，燃煤发电经济成本持续下降，2019年全球加权平均LCOE已经降到了0.05美元/千瓦时，中国的燃煤上网电价低于全球平均水平。受技术进步、规模化经济、供应链竞争日益激烈和开发商经验增长的推动，可再生能源发电（除水力发电外）的成本急剧下降，虽然总体上可再生能源的发电成本仍然高于煤电，但是在所有新近投产的并网大规模可再生能源发电容量中，有56%的成本已经低于最便宜的化石燃料发电，今后可再生能源发电的成本竞争力还将大幅提升。就非常规能源核能而言，核能与化石燃料相比具有很强的成本竞争力，不过，近年来人们对核电的看法发生了变化，认为核电的成本优势在光电和风电成本快速下降的形势下已经不再突出。

对不同能源的技术效率分析发现，受物理极限、技术水平和能源资源特性等多种因素的影响，除水力发电以外，其他能源的技术效率存在很大的局限性，化石能源的技术效率普遍高于可再生能源。在现有水平上提升可再生能源的技术效率是非常困难的。

对不同能源的环境排放比较发现，虽然全生命周期环境排放数据的差异较大，但可再生能源与化石能源仍存在明显差异。

　　总体上，本章对不同能源的经济成本、能源技术效率与环境排放的分析比较说明，与化石能源相比，可再生能源的成本优势日益突出，全生命周期环境排放量更低，但是能源技术效率也更低。在寻找经济性、效率性与环境性最佳的能源转型组合方案时，这些信息是非常重要的决策依据。

第四章

中国风电市场发展现状与
2050年市场规模预测

王　恰[*]

　　风力发电（简称"风电"）是一种清洁无污染、可永续利用的能源利用形式。经过40年的发展，风电已经发展成为中国继煤电、水电之后的第三大常规电源，且在各类电源之中已具备一定的成本优势。目前，全国风电累计并网规模达到2.82亿千瓦，年发电量约为0.5万亿千瓦时。陆上风电的发电成本已降至与燃煤发电成本相当的水平，有些地区每千瓦时电甚至比煤电还低0.1元，海上风电有望在2025年前后实现平价上网。[①]

　　风电平价化的实现，标志着风电发展进入新的阶段：风电正逐渐发展成为一种重要的替代能源，未来必将在调整能源结构、节能减排、拉动就业、促进经济可持续发展等方面发挥更加突出的作用。展望未来30年，2050年中国风电市场将发展成什么样子、市场规模有多大？风电消费比重将可能提升至多少？回答这些问题，对于科学规划风电分布和电网建设，积极引导国内风电市场健康、有序发展，促

---

　　[*] 王恰，中国社会科学院数量经济与技术经济研究所能源安全与新能源研究室副研究员。
　　[①] 秦海岩：《地方政府接力，助推海上风电2025年平价发展》，中国风力发电网，ht-tps://www.fenglifadian.com/news/201910/26807.html，2019年9月19日。

进可再生能源消纳具有重要的参考意义。

按照国家发改委能源研究所 2011 年出版的《中国风电发展路线图 2050》[①]，我国风电发展的整体思路是：2020 年以前以陆上风电为主，开展海上风电示范；2021～2030 年，陆上、近海风电并重发展，并开展远海风电示范；2031～2050 年，实现东中西部陆上风电和近远海风电的全面发展。到 2020 年、2030 年和 2050 年，中国风电装机容量将分别达到 2 亿、4 亿和 10 亿千瓦，到 2050 年风电将满足国内 17% 的电力需求。就目前的情况来看，我国风电发展路径基本符合这一路线，风电开发的步伐比既定目标略微快了一些。

根据国际可再生能源署（IRENA）2019 年的研究报告[②]，全球风电（包括陆上风电和海上风电）的发电量占总发电量的比重将从 2018 年的 6% 提升至 2030 年的 21%、2050 年的 35%；2050 年全球陆上风电装机容量将达到 50.44 亿千瓦（5044 吉瓦）、海上风电 10 亿千瓦（1000 吉瓦）。到 2050 年，中国将拥有 25.25 亿千瓦（2525 吉瓦）的陆上和海上风电装机容量，其次是印度（443 吉瓦）、韩国（78 吉瓦）和东南亚（16 吉瓦）。届时，亚洲将占全球陆上风电装机容量的 50% 以上，其次是北美（23%）和欧洲（10%）。按照 IRENA 的预测，倘若以我国风电年利用小时数为 2000 小时进行粗略估计，那么 2050 年风电将为我国提供 5 万亿千瓦时的电力，这意味着大约全国电力消费的一半将来自风电（假定 2050 年全国电力消费在 8 万亿～12 万亿千瓦时）。从目前来看，除丹麦之外还未有国家能够实现如此高比例的风电消费。对于我国这样一个幅员辽阔、风能资源地理分布与电力负荷集中地区不匹配且以工业用电为电力

---

① 国家发展和改革委员会能源研究所:《能源技术路线图——中国风电发展路线图 2050》，2011。

② International Renewable Energy Agency, "Future of Wind: Deployment, Investment, Technology, Grid Integration and Socio-Economic Aspects," https://www.irena.org/publications/2019/Oct/Future-of-wind, 2019.

消费主体的电力消费超级大国来说，即使是用 30 年的时间去实现这一目标，仍然是十分艰巨的，报告中也未给出这一目标的具体实现路径。

基于此，本文利用系统动力学模型对未来 30 年中国风电市场规模进行预测，研究累计和新增风电装机容量的变化趋势，探讨全国 31 个省区市应如何落实风电装机目标、如何稳妥推进风电开发，以及中国风电市场未来发展中的有利与制约因素。

一　中国风电市场发展现状

过去 40 年间，中国风电产业走过了一条从无到有、从小到大、从弱到强的崛起之路①。20 世纪 70 年代末，为了解决偏远地区生产生活用电问题，中国政府开始组织研发和生产微型/小型离网型风电机组，这些风电设备在牧区和海岛得到迅速推广，不仅实现了批量生产和产业化，而且推动了农村电气化建设进程。80 年代中后期起，中国相继建设了一系列示范性（兼具科研性质）并网风电场，如山东荣成风电场、福建平潭岛风电场、广东南澳岛风电场、新疆达坂城风电场、内蒙古朱日和风电场等。90 年代以来，一方面，中国开始积极探索并网风电项目的商业化运作模式，包括融资、建设、运营、售电等环节；另一方面，通过"引进、消化、吸收和再创新"，中国风电设备研发设计和制造能力显著增强，风电产业链初步形成。2006年《中华人民共和国可再生能源法》实施以来，得益于一系列产业政策的扶持，中国风电产业发展驶入了快车道。经过 3 个 "五年计划" 的高速发展，中国陆上风电全面进入 "平价化" 阶段，预计海上风电将在 "十五五" 时期实现平价。

---

① 张子瑞：《中国风电：从 "零" 到领跑全球》，《中国能源报》2018 年 7 月 30 日，第 2 版。

（一）装机情况

截至 2020 年底，全国风电累计装机容量为 28153 万千瓦[①]，是 2005 年的 225 倍，占我国全部发电装机容量的 12.8%，占全球风电总装机容量的 37% 左右。[②]

中国现有并网风电场 4000 余座，累计装机 12 万余台，风电装机已覆盖全国 31 个省区市。受风资源分布和建设条件的影响，陆上风电装机主要分布在北方地区，海上风电装机主要集中在江苏、上海和福建三地。截至 2019 年底（见附录表 1），内蒙古风电累计并网容量达到 3007 万千瓦，占全国风电总并网容量的 14.3%，规模位居全国第一；新疆（1956 万千瓦）和河北（1639 万千瓦）分别以 9.3% 和 7.8% 的占比位居全国第二和第三。其他累计并网容量在 1000 万千瓦以上的省（区）分别是：山东、甘肃、山西、宁夏和江苏。除云南、江苏两省之外，南方各省区市的装机容量普遍低于 500 万千瓦。从海上风电的装机规模来看，江苏、上海和福建装机容量分别占全国海上风电装机总容量的 70.4%、9.1% 和 6.5%。

（二）发电情况

风电已经发展成为我国的第三大电源。然而，风电在我国电力结构中的比重仍然较低。2019 年，全国风电发电量达 4057 亿千瓦时，占全国总发电量的 5.5% 左右，占全部可再生能源发电量的 21% 左右。如附录表 1 所示，2019 年风电发电量较高的地区是内蒙古（666

---

① 《国家能源局发布 2020 年全国电力工业统计数据》，国家能源局网站，http://www. nea. gov. cn/2021–01/20/c_139683739. htm，2021 年 1 月 20 日。累计装机容量指以完成吊装为统计依据的机组容量，累计并网容量是指以实现并网发电为统计依据的机组容量。

② 据全球风能协会（GWEC）的统计，2019 年全球陆上风电累计装机规模为 621 吉瓦，位列全球前五的国家分别为中国（37%）、美国（17%）、德国（9%）、印度（6%）和西班牙（4%）；全球海上风电累计装机规模为 29.1 吉瓦，位列全球前五的国家分别为英国（33%）、德国（26%）、中国（23%）、丹麦（6%）和比利时（4%）。

亿千瓦时)、新疆(413 亿千瓦时)、河北(318 亿千瓦时)、云南(242 亿千瓦时)、甘肃(228 亿千瓦时)、山东(225 亿千瓦时)、山西(224 亿千瓦时)。从风电发电量占地区电力消费的比重来看,内蒙古为全国最高,达到 18.2%;甘肃、宁夏、吉林、新疆、黑龙江、云南均在 10% 以上;全国有 12 个省区市不足 3%。2019 年,全国弃风电量近 169 亿千瓦时,平均弃风率为 4%,为 2011 年以来最低。

丹麦是风电利用率最高的国家。2019 年,丹麦电力消费的 47% 来自风力发电,陆上风电占其全部发电量的 18% 左右,海上风电占 29% 左右①。除此之外,风力发电比重较高的国家还有爱尔兰(33%)、葡萄牙(27%)、德国(26%)、英国(22%)、西班牙(21%)、瑞典(15%)、奥地利(13%)、立陶宛(12%)、罗马尼亚(11%)、比利时(10%)等。其中,德国具有较高的风电比重,并且其产业结构中包含一定规模的工业,该国的风电比重可以作为我国中东部地区风电比重的有益参考。

(三)风电电价

在过去的十年中,得益于国产风电装备的普及、规模经济效应和技术进步(如采用更大容量的风电机组),风电发电成本实现了大幅下降。2009 年 7 月,国家发改委印发《关于完善风力发电上网电价政策的通知》(发改价格〔2009〕1906 号),提出陆上风电采取分资源区标杆上网电价,一至四类风能资源区的上网电价分别为每千瓦时 0.51 元、0.54 元、0.58 元、0.61 元。此后,风电上网电价经历了五次下调。最后一次电价下调为 2019 年 5 月,国家发改委印发《完善风电上网电价政策的通知》 (发改价格〔2019〕882 号),要求"自 2021 年 1 月 1 日开始,新核准的陆上风电项目全面实现平价上

---

① 陈商:《丹麦 2019 年风电占比创新高》,《中国能源报》2019 年 1 月 13 日,第 7 版。

网，国家不再补贴"，"海上风电标杆上网电价改为指导价，新核准海上风电项目全部通过竞争方式确定上网电价"。2019 年 5 月，国家发改委和国家能源局联合发布第一批风电平价上网示范项目，涵盖56 个风电项目，总装机容量为 451 万千瓦。

目前，我国海上风电的规模仍然较小且价格较高。截至 2019 年底，海上风电仅占全部风电装机容量的 2.8%，近海风电电价执行0.85 元/千瓦时的标杆电价，每度电补贴 0.4 元左右。2020 年 1 月，财政部等单位联合印发《关于促进非水可再生能源发电健康发展的若干意见》，要求新增海上风电项目不再纳入中央财政补贴范围。6月，上海市发改委印发《上海市可再生能源和新能源发展专项资金扶持办法（2020 版）》，明确近海风电奖励标准为 0.1 元/千瓦时，单个项目年度奖励金额不超过 5000 万元，奖励时间为连续五年。这是我国首个地方海上风电补贴政策，对于其他地区具有较好的示范意义。根据沿海各省区市的规划，到 2030 年广东海上风电装机规模预计达到 3000 万千瓦，江苏 1500 万千瓦，浙江 650 万千瓦，福建 500万千瓦，山东 300 万千瓦，辽宁 200 万千瓦。预计"十五五"时期我国近海风电将形成一定的规模，海上组网和远海开发将成为新的挑战，海上风电也将全面进入平价时代。

（四）产业链情况

过去的 15 年间，中国风电产业体系（涵盖原材料加工、零部件制造、整机制造、开发建设、技术研发、标准和检测认证体系等各个环节）日臻完善，一些中国企业在国际风电市场上崭露头角。截至目前，全国风电从业人员大约有 51 万人[①]。风电产业链上、中、下游的企业代表见表 1。

---

① 夏云峰：《2018 年全球可再生能源从业者达 1100 万》，《风能》2019 年第 6 期，第 46 ~ 49 页。

表 1　风电产业链上、中、下游企业代表

企业类型		企业代表
上游	叶片生产企业	中材科技、中复连众、时代新材、中航惠腾、洛阳双瑞、上海艾郎、LM 等，一些整机企业也自产叶片。
	齿轮箱生产企业	南高齿、重齿、大重、杭齿、重庆望江、天津华建天恒、宁波东力等。
	发电机生产企业	南车电机、西安捷力、兰州电机、湘潭电机、上海电机、盾安电气、大连天元、东方电机及 ABB、斯维奇等。
	轴承生产企业	瓦轴集团、洛阳 LYC、天马轴承、大连冶金、京冶轧机以及 FAG、SKF、Timken、NSK 等。
	变流器生产企业	禾望电气、阳光电源、科诺伟业、大连尚能、九洲电气以及 ABB、斯维奇等。
中游	风力发电机整机制造企业	金风科技、联合动力、明阳智能、华锐风电、远景能源、东方电气、上海电气、湘电风能、中国海装、运达风电、维斯塔斯、华创风能、西门子歌美飒、中车风电、三一重能、GE、华仪风能等。
下游	风电开发与运营企业	国家能源投资集团、华能集团、大唐集团、国家电力投资集团、华电集团、中国长江三峡集团、中国电建集团、北京天润新能投资有限公司、华润集团、中国广核集团等。

资料来源：上游企业摘自《2015 中国风电发展报告》①，中游和下游企业代表以中国可再生能源学会风能专业委员会（CWEA）公布的 2018 年累计装机容量由高到低作为顺序。

根据 CWEA 的数据，截至 2018 年底，前 7 家风力发电机整机制造企业的累计装机容量合计占全部市场份额的 68%，前 10 家风电开发与运营企业累计装机容量合计占全部市场份额的 70%，产业链集中化趋势愈加明显。按照产业全生命周期理论对产业成长期后期的特征描述，即"企业数量大幅度下降并趋于稳定"，可以认为中国风电产业已经成熟。

二　2050 年中国风电市场规模预测

（一）数据来源

1. 新增和累计风电装机容量

根据 CWEA 每年公布的数据，本文整理了全国 31 个省区市 2006 ～

---

① 李俊峰、蔡丰波、乔黎明等：《2015 中国风电发展报告》，2015。

2019 年风电新增装机容量和风电累计装机容量，同时计算它们的增长率，并将其作为设定新机位点风电新增装机增长率的参考。

2. 平均可利用小时数

根据国家能源局每年初公布的风电运行情况，本文整理了全国 31 个省区市 2014～2019 年可利用小时数。

3. 平均单机容量

根据 CWEA 公布的数据，本文整理了我国 1991～2018 年新增和累计风电机组的平均单机容量，见图 1。

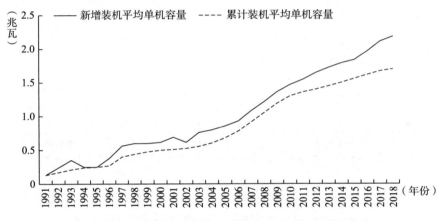

图 1　1991～2018 年新增和累计风电机组的平均单机容量

（二）建模设计

1. 计算新增装机容量

某年某地区新增装机容量由两部分构成，即"新增装机容量 = 以旧换新的新增容量 + 新机位点的新增装机容量"。其中，"以旧换新"是指风电场运营期结束后，在原有的机位上安装更大容量的机组；"新机位点"是指未来在该地区新建风电场，或者在旧风电场内增加的新机位点。

2. 计算以旧换新的新增容量

假定陆上风电场运营期为 20 年。由于风电场在最初设计时选定的机位点是风能资源条件较好、投资收益比较理想的布机位置，并且升压站、到每个机位点道路、场内线路、送出线路等配套设施已投入使用多年。从建设成本的角度来看，在原有风力发电机基础结构上，通过更换更大容量的机组、更高的塔筒实现"以旧换新"是较为经济的方案。由于新增和累计风电装机容量数据是从 2006 年开始统计的，故本文假定 2027 年首次出现陆上风电机组"以旧换新"。某一地区以旧换新的新增容量由公式"以旧换新的新增容量 = 以旧换新的台数 ×（当年平均单机容量 – 20 年前平均单机容量） =（20 年前新增容量/20 年前平均单机容量） ×（当年的平均单机容量 – 20 年前平均单机容量）"计算得到。同理，假定海上风电场运营期为 25 年，届时将在原有的机位上进行旧机组的"以旧换新"。

3. 计算新机位点新增装机容量

　　某一地区新机位点新增装机容量由公式"新机位点新增装机容量 = 上一年累计装机容量 × 当年新增装机增长率"计算得到。新增装机增长率的设定遵循以下原则。首先，假定增长率从 2020 年到 2050 年以某一固定常数均匀地下降（即等差数列）。其次，本章将全国 31 个省区市分为以下 5 组，见表 2。第 1 组包括内蒙古、辽宁、吉林、黑龙江。这些地区风电开发较早，已形成大型风电基地，且秋冬季供暖需求量较大、供暖时间较长，未来可能出现风电直接供暖的形式，即这部分风电不再需要接到主干网，不再由电网调度。第 2 组以华北地区为主，这些地区人口稠密、工业用电需求较大。第 3 组为东南沿海地区，未来该地区的新增装机容量主要来自海上风电。其中，江苏和广东两省因电力需求较大、发展海上风电的资源条件和建设条件较好、受台风和冻害影响较小，故设定 2050 年的增长率为 3%。第 4 组为华中、华南和西南的内陆地区，多数地区江河湖泊较多，风资源条件一般。虽然局部风能资源较为丰富（如鄱阳湖湖区周围、湖南衡山、湖北九宫山、利川以及安徽的黄山、云南太华山等山区），但是这些局部风能资源丰富区普遍覆盖范围较小，不适宜大型风电基地建设。第 5 组为甘肃、青海、新疆等其他西北地区，该地区风能资源丰富，但地广人稀，电力消费需求有限。

表 2　各组新机位点新增装机增长率的设置

组别	省区市	2020 年	2025 年	2030 年	2035 年	2040 年	2045 年	2050 年
第 1 组	内蒙古、辽宁、吉林、黑龙江	5.00%	4.33%	3.67%	3.00%	2.33%	1.67%	1.00%
第 2 组	北京	1.00%	1.00%	1.00%	1.00%	1.00%	1.00%	1.00%
	天津、河北、河南、山西、山东	8.00%	6.83%	5.67%	4.50%	3.33%	2.17%	1.00%
第 3 组	上海、浙江、福建、海南	10.00%	8.83%	7.67%	6.50%	5.33%	4.17%	3.00%
	江苏、广东	15.00%	13.00%	11.00%	9.00%	7.00%	5.00%	3.00%
第 4 组	安徽、江西、湖北、湖南、广西、重庆、四川、贵州、云南	8.00%	6.83%	5.67%	4.50%	3.33%	2.17%	1.00%
第 5 组	西藏、陕西、青海、宁夏	5.00%	4.33%	3.67%	3.00%	2.33%	1.67%	1.00%
	甘肃、新疆	3.00%	2.67%	2.33%	2.00%	1.67%	1.33%	1.00%

注：表中各组原数据为等差数列，文中只显示保留两位小数后的结果。

4. 计算平均单机容量

根据 CWEA 的数据，2000 年我国陆上风电新增装机容量的平均单机容量为 0.616 兆瓦，2005 年为 0.858 兆瓦，2010 年为 1.467 兆瓦，2015 年为 1.837 兆瓦，2018 年新增装机容量的平均单机容量为 2.183 兆瓦。基于此，本文假定 2020 年风电新增装机容量的平均单机容量为 2.25 兆瓦，然后每年以 0.075 兆瓦增长，2050 年增至 4.5 兆瓦。

5. 计算累计装机容量

某地区某年的累计装机容量由公式"累计装机容量 = 上年累计装机容量 + 当年的新增装机容量"计算得到。

6. 计算风电发电量

某地区某年的风电发电量由公式"风电发电量 = 上年的累计装

机容量 × 年利用小时数 + 当年的新增装机容量 ×（年利用小时数/2）"计算得到。其中，某地区的年利用小时数参考该地区2014～2019年风电生产年利用小时数的平均值。

（三）计算结果及分析

1. 基本结果

根据模型的计算结果，2030年中国风电累计装机容量为4.45亿千瓦，2040年为8.81亿千瓦，2050年为12.54亿千瓦（大约是2020年实际风电累计装机容量的4.5倍），见图2；2030年风电发电量为0.84万亿千瓦时，2040年为1.69万亿千瓦时，2050年为2.45万亿千瓦时（大约是2020年的5倍），见图3。根据我们之前的研究，2050年中国电力消费预计达到8万亿千瓦时[①]（2020年全社会用电量7.51万亿千瓦时），这意味着届时风电在电力生产结构中的占比将达到30.6%。倘若按2050年的风电发电量测算，相当于每年可以节约8.56亿吨标准煤，减少排放二氧化碳21.33亿吨，二氧化硫0.64亿吨，氮氧化物0.32亿吨，碳粉尘5.82亿吨。

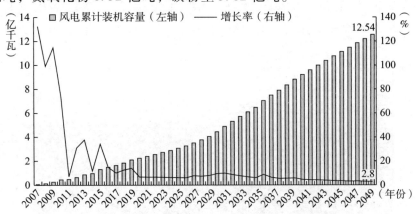

图 2　2007～2050年中国风电累计装机容量

---

① 李平、刘强、王恰等：《中国能源前景 2018－2050》，全球能源安全智库论坛第七届年会主题报告，2015。

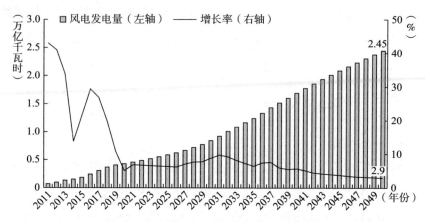

图3　2011～2050年中国风电发电量

就地域分布来看（见附录表2），2050年江苏、内蒙古和河北的风电累计装机容量均在1亿千瓦以上，分别占全国风电装机容量的15%、11%和9%；广东、山东、山西、新疆、云南的风电累计装机容量在5000万～10000万千瓦；除北京、天津、上海、重庆、西藏、海南之外，其他地区的风电累计装机容量普遍在1500万～4999万千瓦。

按照表2的分组，预计2050年第1～5组的风电累计装机容量分别为2.31亿千瓦、3.08亿千瓦、3.37亿千瓦、1.92亿千瓦和1.87亿千瓦。如图4所示，2010年之前中国风电分布主要集中在内蒙古

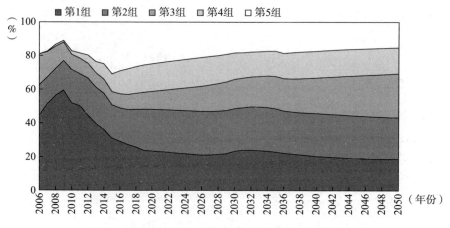

图4　2006～2050年各组风电累计装机容量的占比

和东北三省（第 1 组），2010 ~ 2015 年新疆和甘肃等西北地区（第 5 组）风电累计装机容量不断增长、占比不断提高，2016 年之后华北地区、东南沿海风电和西南地区风电累计装机容量的占比呈现增加趋势。整体而言，2050 年全国东北、西北、华北、东南沿海、中部（包括华中、华南、西南地区）这五大地区风电装机容量分布将变得更均衡。

从新增装机容量来看（见图 5），2021 ~ 2030 年平均每年新增装机容量约为 2204.4 万千瓦，2031 ~ 2040 年约为 4362.5 万千瓦，2041 ~ 2050 年约为 3735.4 万千瓦。就新增装机容量的结构来说（见图 6），

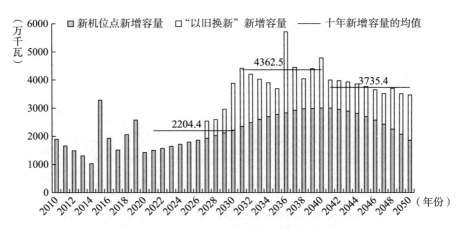

图 5　2010 ~ 2050 年中国风电新增装机容量

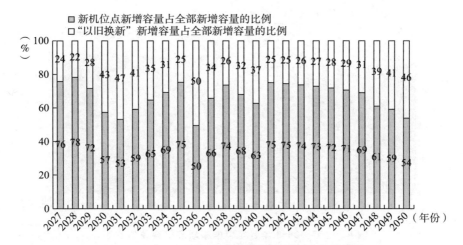

图 6　2027 ~ 2050 年中国风电新增装机容量的结构

2031～2040年是"以旧换新"的高峰期，"以旧换新"的新增装机容量占这一时期全部新增装机容量的36.6%；而2050年恰好是又一波"以旧换新"的开始。就新增装机台数来说（见图7），2020～2040年新增台数（注：仅考虑新机位点的新增台数，"以旧换新"不计入新增台数）基本保持在6000～8000台，2039年起开始下降，2050年降至4149台。

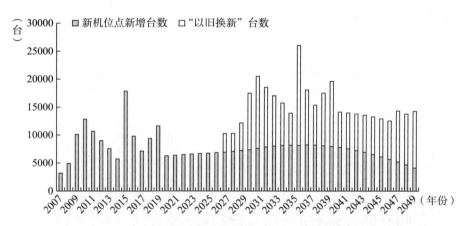

图7　2007～2050年新机位点的新增台数和"以旧换新"的台数

从新增装机容量的地域分布来看（见图8），2020～2025年风电新增装机容量主要来自华北地区（第2组）和东南沿海地区（第3

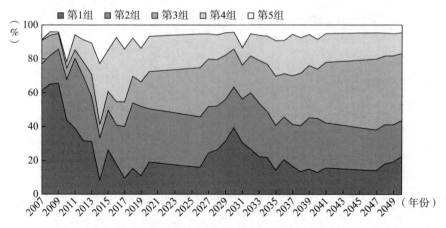

图8　2007～2050年各组风电新增装机容量的占比

组）；2026～2035 年，由于东北地区（第 1 组）风电机组进入大批量"以旧换新"的阶段，此时全国风电新增装机容量主要来自东北地区；2036 年之后，海上风电技术成熟，风电新增装机容量主要来自东南沿海地区（第 3 组）。

2. 情景分析

预测 2050 年中国风电市场规模需要考虑多方面因素的影响，尤其是风电政策（特别是地方政策）和风电技术发展这两个因素。地方政府可以通过项目审批、土地政策、贷款政策、税收政策、并网政策等来控制该地区风电开发的步伐，中央政府可以采取法律、法规和宏观经济手段控制风电开发的节奏。例如，为了严格控制弃风限电严重地区新增并网项目，2017 年起我国对弃风率超过 20% 的省区市暂停安排新建风电规模。新增装机增长率过高，可能带来供应链吃紧、电气设备和施工质量问题，甚至是"弃风限电"等问题；新增装机增长率过低，又可能导致市场低迷，不利于产业发展和技术进步。因而，科学、有序地进行风电开发，结合电力消费水平和电网建设进度合理控制风电开发的步伐，对于风电产业的持续健康发展十分重要。

本章设置的高、低装机增长率两种情景分别代表加快和放缓风电项目建设（见表 3）。对于低增长率的设置，我们假定 2050 年东北、西北和华北地区风电开发已经完成，中部和东南沿海地区基本完成。对于高增长率的设置，我们主要考虑新增台数的限制和风电比重的限制。根据图 7，在 2036 年可能出现一波新增装机的高峰。在基本结果的情况下，2036 年"以旧换新"1.79 万台，新机位点新增 0.82 万台，合计约 2.61 万台（大约是 2019 年新增装机台数的 2.2 倍）；在高增长率下，2036 年"以旧换新"1.79 万台，新机位点新增 1.49 万台，合计约 3.28 万台（大约是 2019 年新增装机台数的 2.8 倍）。笔者认为 2019 年的"抢装"（已核准项目为了赶在 2021 年实现并网，从而享受补贴电价），已经造成供应链吃紧，2036 年改建和

新建台数达到 2019 年的 2~3 倍，这一规模尤为可观。此外，参考德
国和丹麦目前的风电比重，2050 年中国风电比重达到 30%~40% 是
技术可行的、可以通过电力系统调控实现的。

表 3 新增装机增长率的设置

组别	省区市	低增长率		中增长率（基本结果）		高增长率	
		2020 年	2050 年	2020 年	2050 年	2020 年	2050 年
第 1 组	内蒙古、辽宁、吉林、黑龙江	5%	0	5%	1%	8%	1%
第 2 组	北京	1%	1%	1%	1%	1%	1%
	天津、河北、河南、山西、山东	5%	1%	8%	1%	10%	1%
第 3 组	上海、浙江、福建、海南	8%	2%	10%	3%	15%	3%
	江苏、广东	10%	2%	15%	3%	20%	3%
第 4 组	安徽、江西、湖北、湖南、广西、重庆、四川、贵州、云南	5%	1%	8%	1%	10%	1%
第 5 组	西藏、陕西、青海、宁夏	3%	0	5%	1%	8%	1%
	甘肃、新疆	1%	0	3%	1%	5%	1%

不同装机增长率的计算结果见图 9 和图 10。在低装机增长率情
景下，2050 年风电累计装机容量约为 8.49 亿千瓦，风电发电量约为
1.66 万亿千瓦时；在高装机增长率情景下，2050 年风电累计装机容

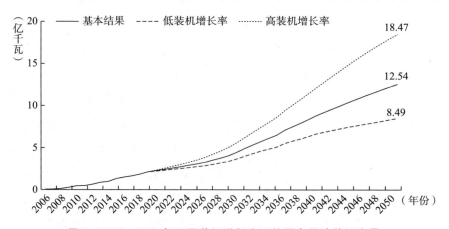

图 9 2006~2050 年不同装机增长率下的风电累计装机容量

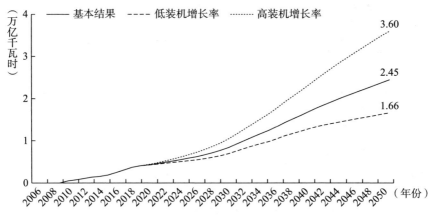

图10　2006～2050年不同装机增长率下的风电发电量

量约为18.47亿千瓦，风电发电量约为3.60万亿千瓦时。如果假定2050年中国电力消费为8万亿千瓦时，那么在低装机增长率情景下2050年风电发电量占比预计为20.8%，在高装机增长率情景下预计为45%。

风电技术发展的速度也会对基本结果产生影响，包括风力发电机机组研制技术的发展、电网技术的发展、储能技术的发展、氢能技术的发展、信息技术和海量数据处理技术的发展等。在上述诸多因素中，本文主要考察风力发电机机组研制技术进步的速度对基本结果的影响。具体来说，我们设置2050年风电新增装机容量的平均单机容量为3.5兆瓦和5.5兆瓦两种情景（见表4），分别反映较低的和较高的技术进步率，计算结果见图11和图12。在低技术进步率情景下，2050年风电累计装机容量约为11.14亿千瓦，风电发电量约为2.18万亿千瓦时；在高技术进步率情景下，2050年风电累计装机容量约为13.90亿千瓦，风电发电量约为2.71万亿千瓦时。如果假定2050年中国电力消费为8万亿千瓦时，那么在低技术进步率情景下2050年风电发电量占比预计为27.3%，在高技术进步率情景下预计为33.9%。

表 4　不同技术进步率下风电新增装机容量的平均单机容量

单位：兆瓦

技术进步率	2020 年	2025 年	2030 年	2035 年	2040 年	2045 年	2050 年
低技术进步率	2.25	2.46	2.67	2.88	3.08	3.29	3.50
中技术进步率（基本结果）	2.25	2.63	3.00	3.38	3.75	4.13	4.50
高技术进步率	2.25	2.79	3.33	3.88	4.42	4.96	5.50

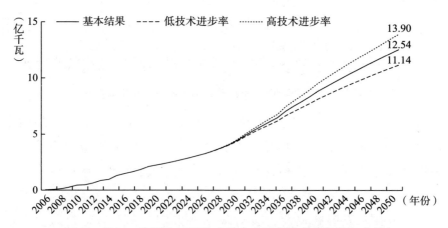

图 11　2006~2050 年不同技术进步率下的风电累计装机容量

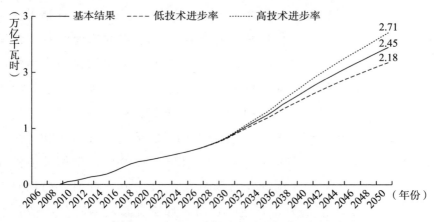

图 12　2006~2050 年不同技术进步率下的风电发电量

对比上述两类情景不难看出，政策因素对基本结果的影响更大一些。这就要求地方政府要提前做好中、长期风电发展规划和电网规划，并肩负起风电开发和风电消纳的责任。当电网建设跟不上风电建设时，要及时遏制风电开发过热的苗头，使风电开发纳入既定的发展轨道。

三　中国风电市场未来发展的因素分析及对策

（一）有利因素

第一，全球能源转型为风电发展提供了难得的历史性机遇。当前，全球能源格局深刻调整、能源治理体系加速重构、新一轮能源革命蓬勃兴起。在此背景下，清洁低碳成为未来能源发展的必然趋势，加快开发和利用风电等新能源电源已成为世界各国的普遍共识和一致行动。十八大以来，党中央、国务院将推动能源革命作为国家重大战略决策。党的十九大报告就能源发展明确提出"推进能源生产和消费革命，构建清洁低碳、安全高效的能源体系"的总体战略目标。从国内外大环境来看，未来 30 年中国风电市场有望继续保持良好的发展态势，新增装机容量保持平稳增长，但增速将低于"十一五"和"十二五"时期。

第二，中国拥有全球最大的电力消费市场，这为风电发展提供了广阔的市场。在各类新能源中，风力发电技术相对成熟，覆盖范围较广且发电成本具有与燃煤发电竞争的价格优势。相较水电和核电，适宜开发风电的地区更为广泛；尤其对于东南沿海等电力负荷中心来说，发展海上风电具有不占用土地资源的优点。目前，我国北方地区已在开展风电平价示范项目和风电供暖示范项目，南方地区正在进行更为广泛的分布式风电开发，沿海地区的海上风电发展进入加速期。可以说，中国风电的规模经济性愈加凸显。未来随着经济的增长，综合国力的不断增强，城乡居民电力消费水平必将会进一步提高，庞大的电力消费市场是中国风电市场未来发展的坚实保障。

第三，近年来中国通信和信息技术飞速发展，为中国风电产业在技术上实现"弯道超车"提供了机遇。过去 40 年间，中国风电产业一直在"干中学、学中干"，实现了从"引进来"到"走出去"，从"追赶者"到"引领者"的历史性跨越，目前风电产业已经发展成为国家战略性新兴产业的代表。展望未来，在新一轮科技革命与产业变革浪潮的驱动下，智能技术已广泛应用于预测和协调风电能量管理，"智能风机"正逐渐由概念转为现实。这些新的技术将可能成为未来推动风电发电成本下降的重要力量，同时也可能是中国风电产业在技术上超越西方国家的重要领域。

（二）制约因素

第一，我国现有电力运行管理机制不能满足大规模风电并网的需要，电力系统调节能力存在明显短板。我国发电装机以煤电为主，天然气发电、抽水蓄能等灵活调节电源装机容量占比不到 6%。截至 2019 年底，我国累计推动完成煤电灵活性改造约 5775 万千瓦[①]。该数字仅为《电力发展"十三五"规划》中 2.2 亿千瓦改造目标的 26% 左右。在可再生能源持续高速发展的新形势之下，大幅提升电力系统调节能力已迫在眉睫。

第二，我国的电力市场化程度还不够高，跨省（区市）补偿调节能力不能充分发挥。出于对本省（区市）发电企业利益保护的需要，各省（区市）消纳包括新能源在内的外省（区市）电力意愿普遍不强，省（区市）间壁垒凸显。而欧洲在推进电力市场自由化这一方面走在了全球前列。EPEX SPOT 是欧洲最大的电力现货交易所之一，运营法国、德国、英国和瑞士等八个国家的现货市场，约占欧盟年度电力消费的 1/3 以上；其他现货交易所还有北欧 Nord Pool、意大利 GME、西班牙葡萄牙 OMIE、波兰 TGE 等。2019 年 6

---

① 朱妍：《煤电灵活性改造为啥这么慢》，《中国能源报》2020 年 6 月 22 日，第 1 版。

月，我国首批 8 个电力现货市场建设试点全部进入试运行阶段。就目前的情况而言，这些试点仍然存在跨地区市场交易机制、远期交易机制、信评机制、违约惩戒机制不健全等诸多问题。

第三，在大型机组研制、关键零部件制造、远海施工、直流送出、海上施工装备等方面，我国与欧洲国家还存在 3～5 年的技术差距。风电机组的大型化已成为全球风电技术发展的必然趋势，我国大型机组设计与研发存在缺乏基础研究、技术储备和人才积累不足的问题。除此之外，海上机组制造需要用到的一些关键零部件，如轴承、大型铸锻件、液压变桨系统、智能芯片、电力电阻等，仍然依赖进口。

（三）政策建议

为了实现 2050 年风电市场规模和风电消费比重的目标，本文就未来 30 年中国风电发展提出以下政策建议。第一，建议地方政府做好风电发展规划，制定长期且稳定的风电发展目标，从而稳定市场预期，避免市场出现短期过热或过冷的情况。第二，建议通过加强陆上、海上电网等基础设施建设、提高系统调峰能力、优化调度运行等措施，充分挖掘系统消纳风电等可再生能源的能力。第三，建议通过建立公平竞争的电力市场和节能低碳的调度机制，鼓励风电运营企业和消费终端进行电力现货交易以及中、长期电力期货交易。第四，建议应用大数据、"互联网＋"等信息技术，全面实现风电行业信息化管理，形成长期、有效的清洁能源消纳专项监管机制，对政策执行不力和达不到消纳目标的地区依法予以追责。第五，建议统筹国家级风电研发试验和检测平台建设，加大跨学科、跨领域、大协作、高水平的研发试验创新平台建设力度，加快提升我国风电机组和叶片的研发制造能力。

附　录

表 1　2019 年风电并网运行情况

省区市	累计并网容量（万千瓦）	累积并网容量占全国风电总容量的比重（%）	风电发电量（亿千瓦时）	弃风电量（亿千瓦时）	弃风率（%）	利用小时数（小时）	地区电力消费（亿千瓦时）	风电发电量占地区电力消费的比重（%）
全国	21005	100.0	4057	168.6	4.0	2082	72255	5.6
北京	19	0.1	3			1816	1166.40	0.3
天津	60	0.3	11			1965	878.43	1.3
河北	1639	7.8	318	16	4.8	2144	3856.06	8.2
山西	1251	6.0	224	2.6	1.1	1918	2261.9	9.9
内蒙古	3007	14.3	666	51.2	7.1	2305	3653.02	18.2
辽宁	832	4.0	183	0.8	0.4	2300	2401.47	7.6
吉林	557	2.7	115	3	2.5	2216	780.37	14.7
黑龙江	611	2.9	140	1.8	1.3	2323	995.63	14.1
上海	81	0.4	17			2065	1568.58	1.1
江苏	1041	5.0	184			1973	6264.36	2.9
浙江	160	0.8	33			2090	4706.22	0.7
安徽	274	1.3	47			1809	2300.68	2.0
福建	376	1.8	87			2639	2402.34	3.6
江西	286	1.4	51			2028	1535.70	3.3
山东	1354	6.4	225	0.3	0.1	1863	6218.72	3.6
河南	794	3.8	88			1480	3364.17	2.6
湖北	405	1.9	74			1960	2214.30	3.3
湖南	427	2.0	75	1.4	1.8	1960	1864.32	4.0
广东	443	2.1	71			1612	6695.85	1.1
广西	287	1.4	61			2385	1907.17	3.2
海南	29	0.1	5			1645	354.58	1.4
重庆	64	0.3	11			1996	1160.19	0.9
四川	325	1.5	71			2553	2635.83	2.7

续表

省区市	累计并网容量（万千瓦）	累积并网容量占全国风电总容量的比重（%）	风电发电量（亿千瓦时）	弃风电量（亿千瓦时）	弃风率（%）	利用小时数（小时）	地区电力消费（亿千瓦时）	风电发电量占地区电力消费的比重（%）
贵州	457	2.2	78	0.3	0.4	1861	1540.68	5.1
云南	863	4.1	242	0.6	0.2	2808	1812.04	13.4
西藏	0.8	0.0	0.2			2173	77.60	0.3
陕西	532	2.5	83	0.5	0.6	1931	1682.82	4.9
甘肃	1297	6.2	228	18.8	7.6	1787	1288.05	17.7
青海	462	2.2	66	1.7	2.5	1743	716.47	9.2
宁夏	1116	5.3	186	3.6	1.9	1811	1083.90	17.2
新疆	1956	9.3	413	66.1	14.0	2147	2867.55	14.4

注：数据为空白的表示不存在弃风现象。

资料来源：数据来自国家能源局公布的《2019年风电并网运行情况》。

表2　2030年、2040年、2050年风电累计装机容量和发电情况预测

省区市	2030年		2040年		2050年	
	累计装机容量（万千瓦）	风电发电量（亿千瓦时）	累计装机容量（万千瓦）	风电发电量（亿千瓦时）	累计装机容量（万千瓦）	风电发电量（亿千瓦时）
全国	44469.3	8387.3	88093.8	16921.8	125447.7	24458.8
北京	42.2	6.7	51.4	9.3	63.8	11.4
天津	124.4	25.1	267.0	53.9	364.7	74.9
河北	3807.2	749.1	7794.3	1574.1	10685.7	2191.7
山西	2630.1	492.4	5276.8	989.6	7255.8	1387.0
内蒙古	6086.8	1157.0	10625.0	2138.1	13839.1	2790.1
辽宁	1685.6	321.2	2912.1	578.1	3819.0	761.3
吉林	1205.0	192.5	1998.9	335.4	2643.8	445.3
黑龙江	1221.3	217.2	2104.8	391.5	2760.1	512.7
上海	227.5	46.8	505.8	107.2	835.0	179.2
江苏	4172.7	786.5	10597.2	2034.1	18792.6	3673.3
浙江	445.4	89.1	976.0	197.7	1622.3	330.9

续表

省区市	2030 年		2040 年		2050 年	
	累计装机容量（万千瓦）	风电发电量（亿千瓦时）	累计装机容量（万千瓦）	风电发电量（亿千瓦时）	累计装机容量（万千瓦）	风电发电量（亿千瓦时）
安徽	566.8	105.5	1116.1	208.3	1538.5	291.4
福建	1049.4	259.4	2283.7	573.0	3789.0	967.0
江西	602.9	116.7	1152.3	222.3	1593.5	314.6
山东	2990.2	529.7	5838.9	1046.5	8057.4	1469.6
河南	1649.8	286.3	3132.8	530.1	4337.8	765.2
湖北	841.8	167.0	1649.6	326.0	2275.3	459.4
湖南	884.0	172.5	1734.5	336.9	2391.8	474.8
广东	1819.8	297.2	4708.6	782.8	8338.5	1413.0
广西	594.0	127.8	1130.3	240.0	1564.1	342.2
海南	100.2	15.4	211.9	35.9	348.1	58.7
重庆	134.0	25.6	259.7	49.4	358.1	69.9
四川	672.3	155.7	1293.2	297.1	1787.4	421.0
贵州	945.3	154.6	1948.1	318.0	2672.1	444.5
云南	1801.9	445.2	3658.2	914.5	5026.7	1264.4
西藏	1.3	0.2	2.6	0.5	3.3	0.6
陕西	848.3	162.6	1581.7	296.8	2040.0	394.6
甘肃	1912.3	275.5	3490.2	512.5	4290.0	630.0
青海	736.6	124.6	1319.0	213.2	1707.6	291.4
宁夏	1896.1	322.7	3618.6	619.2	4676.5	810.1
新疆	2774.3	559.8	4854.5	989.6	5969.9	1218.5

第五章

光伏发电产业的发展逻辑
与未来方向

胡安俊　罗　妹[*]

一　引言

　　环境污染、气候变化、化石能源危机是当今世界非常严峻且受到各国高度重视的问题。党的十八大报告提出要以可持续发展为目标，建设资源节约型、环境友好型社会。党的十九大报告指出建设生态文明是中华民族永续发展的千年大计，必须践行"绿水青山就是金山银山"的理念，坚持资源节约与环境保护，推动经济社会向绿色低碳转型。生态文明建设已经上升为国家战略。早在1992年，我国就成为《联合国气候变化框架公约》最早的10个缔约国之一，中国以负责任大国的态度分别于2009年和2015年向世界承诺节能减排计划：到2020年和2030年单位GDP碳排放强度分别比2005年下降40%～45%、60%～65%；二氧化碳排放在2030年左右达到峰值，并尽量提前达到峰值；非化石能源占一次能源消费比重达

---

　　[*]　胡安俊，中国社会科学院数量经济与技术经济研究所副研究员、硕士研究生导师，主要研究领域是人工智能、技术进步、能源革命等；罗妹，中国社会科学院大学数量经济与技术经济系硕士研究生，研究方向为技术经济及管理。

20%[1][2][3]。作为一种可再生能源，太阳能在我国十分丰富，且分布广泛，具有大规模开发的资源条件和产业基础，发展光伏发电产业对调整能源结构、实现国际承诺、促进生态文明建设具有重要意义。

2020 年，突如其来的新冠肺炎疫情给人类的生命安全带来了前所未有的威胁，引发人类进行深层次的反思。人类越来越清醒地认识到当前以资源和环境为代价的发展模式，是破坏食物链和导致物种灭绝、造成全球变暖、引发生存危机的根本原因。为避免更大的环境灾难，人类必须改变发展模式，走生态文明之路。国际能源署（IEA）的报告指出，2020 年第一季度煤炭需求同比下降 8.00%，石油需求同比下降 5.00%，而可再生能源需求同比增长约 1.50%，可再生能源发电量增长近 3.00%，并预测全年全球可再生能源需求增长约 1.00%。发展可再生能源是全世界的趋势，新冠肺炎疫情使这一趋势变得更加明朗，以石油为代表的化石能源发展最好的时代趋于结束，世界进入可再生能源大发展的新时代。

光伏发电产业是可再生能源的重要组成部分。在应对气候变化、实现低碳转型、政策推动等作用下，我国光伏发电产业发展迅速。光伏发电累计装机容量从 2008 年的 25.3 万千瓦增长到 2019 年的 20430 万千瓦。与此同时，高速的增长也带来了弃光限电等问题，2015 年全国弃光率达到 12.60%。为了促进光伏发电消纳，以《中华人民共和国可再生能源法》为依据，借鉴国际经验，建立健全可再生能源电力消纳保障机制，即按省级行政区域对电力消费规定应达到的可再生能源电量比重，要求承担消纳责任的各类市场主体的售电量（或用电量）均应达到所在省级行政区域最低可再生能源电力消纳责

---

① 潘家华：《气候协议与可持续发展目标构建》，《中国国情国力》2014 年第 3 期，第 17 ~ 19 页。

② 潘家华：《应对气候变化的后巴黎进程：仍需转型性突破》，《环境保护》2015 年第 24 期，第 27 ~ 32 页。

③ 吕江：《〈巴黎协定〉：新的制度安排、不确定性及中国选择》，《国际观察》2016 年第 3 期，第 92 ~ 104 页。

任权重相对应的消纳量。在任务分包和考核政策等的推动下，2019年全国弃光率迅速下降到 2.00% 。光伏发电产业是怎样从成长期发展到弃光限电？从弃光限电的高峰又是如何仅仅使用四年时间又实现广泛消纳？光伏发电产业的发展逻辑是什么？同时，随着光伏发电技术的进步，我国光伏发电产业也进入减少补贴、平价上网的市场导向阶段，在此过程中光伏发电产业还面临什么问题？现有文献多就光伏发电产业发展过程中的某一问题，如产业配额制、电力现货市场、辅助服务市场等进行独立研究[1][2]，而文献缺乏从弃光限电到广泛消纳整个过程的机理分析。本章将光伏发电产业的发展全过程作为分析对象，考察地方政府运行机制与光伏发电产业的发展逻辑。针对光伏发电产业目前存在的问题，着力从人工智能与电力体制改革两个角度对光伏发电产业的未来发展进行探讨。

本章安排如下：第二部分从地方政府激励的角度分析光伏发电产业的产能过剩与广泛消纳机制；第三部分分析光伏发电产业存在的三个方面的痛点；第四部分着力从人工智能与预测精度、电力体制改革与产业发展两个方面阐述光伏发电产业的未来发展方向；第五部分是结论。

二　光伏发电产业的发展：从弃光限电到广泛消纳

光伏发电产业作为我国战略性新兴产业，自 2008 年进入全面产业化阶段以来大致经历了两个发展阶段。第一阶段是 2008 年至 2015 年的光伏发电装机规模迅速增长期，该阶段光伏发电装机容量增长很快，对外部环境与政策变化比较敏感，表现为产能过剩及大规模弃光限电。

---

[1]　周强、汪宁渤、冉亮等：《中国新能源弃风弃光原因分析及前景探究》，《中国电力》2016 年第 9 期，第 7～12 页。

[2]　余东华、吕逸楠：《政府不当干预与战略性新兴产业产能过剩——以中国光伏产业为例》，《中国工业经济》2015 年第 10 期，第 53～68 页。

第二阶段是 2016 年之后的消纳巩固阶段，随着补贴逐渐退出，该阶段光伏电站平稳扩张，光伏发电技术快速提高，政府考核机制不断完善，可再生能源电力消纳能力不断增强，呈现广泛消纳之势。我国光伏发电产业的两个发展阶段是政府与市场投资行为共同作用的结果，同我国的行政管理机制以及地方政府的激励机制息息相关：第一阶段地方政府大力促进光伏电站的建设，以实现良好的经济政绩；第二阶段地方政府积极促进光伏发电的消纳，以避免问责。接下来结合我国光伏发电装机容量的变化（见图 1）与政府补贴措施（见图 2）做进一步分析。

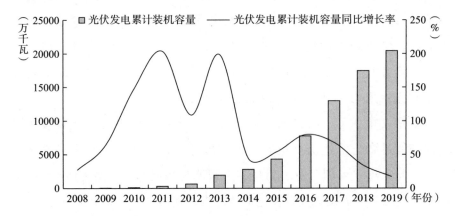

图 1　2008～2019 年光伏发电累计装机容量与同比增长率

资料来源：根据 Wind 数据库的数据整理所得。

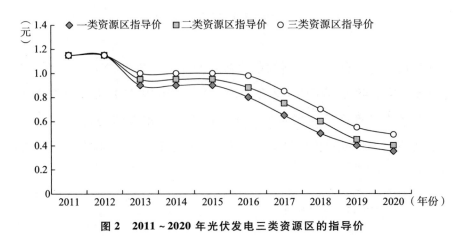

图 2　2011～2020 年光伏发电三类资源区的指导价

（一）财政补贴与弃光限电

2007 年之前是我国光伏发电产业的初步成长阶段，光伏发电装机容量较少。2007～2008 年，国家发展和改革委员会分别在上海、宁夏、内蒙古批准了四个光伏发电项目，标志着我国光伏发电产业化的开端。2008 年的国际金融危机使市场需求大幅放缓，部分光伏发电企业在市场竞争中被淘汰。为推动经济复苏，我国实施了四万亿元经济刺激计划，加大对可再生能源的扶持力度，培育出一批新的光伏发电企业。2009 年我国政府先后推出特许权招标竞价、太阳能光伏建筑示范项目、金太阳工程等，同时辅以财政激励政策（此时的补贴政策主要根据初始投资进行补贴，并辅以其他费用补贴），积极的财政政策极大地促进了我国光伏终端市场的开拓。2009 年光伏发电装机容量仅为 41.4 万千瓦，比 2008 年增长 63.64%。然而，这种事前补贴的方式导致骗补行为大量发生，金太阳项目在 2013 年被叫停。2011 年我国开始实行标杆定价，将补贴方式变更为度电补贴。2012 年国外挑起反补贴和反倾销政策，国外市场空间受到压缩，我国光伏发电产业出口遭受重创，光伏市场也由国外转向国内。在政府加大对光伏发电产业的支持以及光伏发电的大规模应用示范等驱动下，我国光伏发电装机规模不断增加。

2013 年是我国光伏电站超大规模建设的开端之年。国务院《关于促进光伏产业健康发展的若干意见》解决了补贴年限、电价结算等问题，国家发展和改革委员会颁布的《关于发挥价格杠杆作用促进光伏产业健康发展的通知》规定了分布式光伏的度电补贴方式，同时规定了三类资源区的上网标杆电价，这导致市场投资大量流向光伏发电产业，催生我国光伏发电产业的黄金时代，2012 年和 2013 年，光伏发电装机容量大幅度激增。光伏发电装机规模的迅速增加，实际上得益于地方政府的积极推动。在我国层级的行政管理体制下，地方政府有相对独立的经济与行政权力，同时在下管一级的干部任命制度下，地方政府利用手中掌握的资源配置权利，有很强的采取超常规手段获得优良的政绩以实现晋升的激励[1]。一方面，光伏发电项目投资额度较高，对地方经济有明显的拉动作用，而光伏发电补贴来自征收的电价附加与专项补贴，由国家以及用户承担，对地方造成的财政压力较小。因此，地方政府有很强的动机在国家补贴之外提供财税、土地等优惠政策，引导市场资本进入光伏发电产业。另一方面，在我国绿色发展理念、节能减排目标等作用下，发展可再生能源，实现绿色发展也是地方政府政绩的一个重要方面。因此，对地方政府而言大力建设光伏电站是"多全其美"的事情。

2013 年至 2016 年 6 月 30 日是光伏补贴力度最高的时期，国家层面的度电补贴一直没变，而地方政府又提供超常规优惠政策（见表 1）。在国家与地方政府的双重补贴下，光伏发电装机容量以递增的速度连年攀升。直至 2015 年国家发展和改革委员会下发《关于完善陆上风电、光伏发电上网标杆电价政策的通知》，明确提出 2016 年开始对光伏度电补贴进行调减，2016 年 6 月 30 日之前仍未投运的光伏发电项目执行 2016 年的度电指导价。这一政策使 2016 年上半年出现光伏电站的抢装潮，装机容量再次激增[2]。地方政府的极力推动，某种程度上实现了市场与政府的双赢。一方面光伏发电产业得到了很快的发展；另一方面地方经济也获得了快速的增长。但这种更注重短期利益、忽略长期可持续发展的行为导致供给侧出现严重的产能过剩，为光伏发电产业出现大面积弃光限电埋下严重的隐患。2015 年全国平均弃光率达到顶峰 12.6%，新疆弃光率高达 32.23%，甘肃弃光率高达 31%。在 2016 年上半年抢装潮下，2016 年弃光电量最多，新疆弃光电量为 31.08 亿千瓦时，甘肃为 25.78 亿千瓦时。2013～

---

① 周黎安：《转型中的地方政府：官员激励与治理》（第二版），格致出版社，2017。
② 聂新伟、徐齐利：《光伏发电产业补贴政策为什么进退难以自如？——基于政府与市场主体的博弈分析》，《金融理论探索》2019 年第 6 期，第 8～18 页。

2017 年光伏发电产业的产能利用率低于 80%[①]。

表 1　2014 年部分地区政府出台的光伏发电产业支持性政策

地区	支持性政策
河北	装机容量 1 兆瓦及以上未享受中央财政资金补贴，且在省级电网并网销售的光伏电站，2014 年建成投产的上网电价为 1.3 元/千瓦时，2015 年建成投产的上网电价为 1.2 元/千瓦时，自投产之日起暂执行三年。
山东	在国家光伏电站上网电价的基础上提高 0.2 元/千瓦时；设立 1 亿元省级分布式光伏发电应用专项资金。
洛阳	按装机容量给予运营企业 0.1 元/瓦奖励，连续三年。
江西	在享受国家度电补贴的基础上，给予统一标准的省级度电补贴，标准为 0.2 元/千瓦时，期限 20 年。
合肥	全部使用当地企业生产的组件和逆变器的新建光伏发电项目，在享受国家补贴之外，根据年发电量给予 0.25 元/千瓦时；屋顶、光电建筑一体化等光伏电站根据年发电量给予 0.02 元/千瓦时补贴，连续补贴 15 年。

资料来源：https://news.solarbe.com。

大范围弃光限电是供需矛盾激化的结果。需求侧方面，在当时计划电量制度下，火电取得事实上的优先发电权，对光伏发电造成一定程度挤出。在电力需求相对稳定的条件下，增加光伏发电的需求意味着压缩火电等其他常规电力的需求，这直接损害了火电机组的利益，减少了地方政府的财税收入。尽管光伏发电企业规模扩大速度很快，但相比常规电力资源企业规模尚小，光伏发电企业在多方市场主体的利益博弈中处于劣势地位，电网企业与发电集团的排斥使光伏发电的有效需求不足。供给侧方面，在支持性政策的刺激下，光伏发电装机容量大幅增加，供需矛盾激化。供给与需求之间的矛盾是我国光伏发电产业出现大规模弃光限电的最根本原因。

（二）任务考核与广泛消纳

2016 年至今是光伏发电产业发展的第二阶段。2015 年光伏发电

[①]　聂新伟、徐齐利：《光伏发电产业补贴政策为什么进退难以自如？——基于政府与市场主体的博弈分析》，《金融理论探索》2019 年第 6 期，第 8~18 页。

产业的弃光率达到顶峰，大规模弃光限电违背了国家对战略性新兴产业发展的初衷，绿色环保的光伏发电产业因弃光限电成为资源浪费产业，出现了"环保悖论"。为缓解弃光限电现象，2015年新一轮电力体制改革将可再生能源保障性收购以及可再生能源发电无歧视、无障碍上网作为重点任务[①]。2016年起光伏度电补贴开始连年下降，2018年"531新政"要求暂停2018年普通光伏电站的建设，只为分布式光伏指定1000万瓦左右的建设指标。在此影响下，光伏发电装机速度明显下降。2019年起纳入财政补贴的光伏发电项目按投运时间执行标杆电价，同时国家补贴改为光伏发电补贴竞价的方式，并在条件较好的部分地区建设一批无须国家补贴的光伏电站，光伏发电开始向平价和低价上网转变。该阶段集中式光伏电站开始在保证消纳的前提下有序建设，全国光伏发电的平均弃光率也下降至2.0%。光伏发电消纳问题主要出现在西北地区，其弃光电量占全国的87.0%。其中，弃光重灾区甘肃和新疆的弃光率分别为4.00%和7.40%（见图3）。新建光伏发电产业规模不断放缓，通过市场竞争确定市场规模，根据筹资能力确定补贴规模，市场消纳问题得以缓解。

国家补贴的下降和对新建光伏发电产业规模的控制抑制了投资热情，但光伏发电产业的过剩产能得以在四年时间内迅速消纳，这主要得益于地方政府激励机制的转变。2016年《可再生能源发电全额保障性收购管理办法》和《关于做好风电、光伏发电全额保障性收购管理工作的通知》对各省区市可再生能源保障性收购年利用小时数提出了具体要求，明确了保障性收购年利用小时数以及结算和监管办法，要求西部弃光限电严重的省区市完成保障性收购电量，东部地区弃光限电较轻的省区市进行全额保障性收购，未达到保障小时

---

① 秦海岩：《解决"弃风弃光"顽疾的新政——风电、光伏保障性收购年利用小时数核定公布》，《风能产业》2016年第6期，第24~26页。

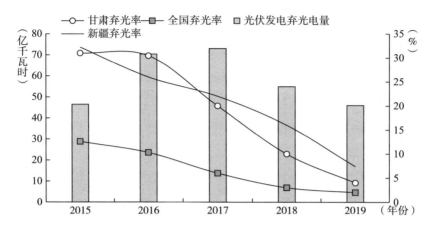

图3　2015～2019年全国、新疆和甘肃弃光情况

资料来源：根据国家能源局公布数据整理所得。

数的省区市不得新建电站。针对各个省区市的不同情况，制定光伏发电消纳的时间表与任务图，各省级人民政府能源主管部门牵头负责本级行政区域的消纳责任权重落实，省级能源主管部门负责对各类承担消纳责任的市场主体进行考核（见表2）。对逃避消纳社会责任且在规定时间内不按要求进行整改的市场主体，依规列入不良信用记录，纳入失信联合惩戒名单。国务院能源主管部门对各省级行政区域消纳责任权重完成情况进行监测评价，对超额完成消纳责任权重的省级行政区域予以奖励，对未履行消纳责任权重的市场主体要求限期整改，将可再生能源电力消纳量与全国能源消耗总量和强度"双控"考核挂钩。在属地管理原则和下管一级的人事任命制度下，在可再生能源电力消纳"双控"考核机制下，消纳光伏发电产业过剩产能对地方政府官员而言是明晰的考核压力。随着消纳压力的层层传导，地方政府的激励由大规模建设光伏电站转变为有效消纳光伏发电。考核机制与补贴退坡政策有效逆转了光伏发电产业大规模弃光限电的局势，光伏发电产业进入广泛消纳阶段。

表2　2020年可再生能源电力消纳责任权重

单位：%

省区市	总量消纳责任权重		非水电消纳责任权重	
	最低消纳责任权重	激励性消纳责任权重	最低消纳责任权重	激励性消纳责任权重
北京	15.5	16.9	15.0	16.5
天津	14.5	15.9	14.0	15.4
河北	13.0	14.4	12.5	13.8
山西	17.0	18.8	16.0	17.6
内蒙古	18.0	19.7	16.5	18.2
辽宁	15.0	16.6	12.5	13.8
吉林	24.0	26.6	18.5	20.4
黑龙江	22.0	24.4	20.0	22.0
上海	32.5	36.3	4.0	4.4
江苏	14.0	15.4	7.5	8.3
浙江	17.5	19.6	7.5	8.3
安徽	15.0	16.7	12.5	13.8
福建	19.5	21.8	6.0	6.6
江西	22.0	24.4	9.0	9.9
山东	11.5	12.6	11.0	12.1
河南	17.5	19.4	12.5	13.8
湖北	32.5	35.6	8.0	8.8
湖南	40.0	44.3	9.0	9.9
广东	28.5	32.0	4.5	5.0
广西	39.5	43.9	7.0	7.7
海南	13.5	14.9	6.5	7.2
重庆	40.0	44.5	3.5	3.9
四川	80.0	89.3	6.0	6.6
贵州	30.0	33.3	6.0	6.6
云南	80.0	89.0	15.0	16.5
陕西	17.0	18.8	12.0	13.2
甘肃	44.5	48.8	16.5	18.2
青海	63.5	70.7	25.0	27.5

省区市	总量消纳责任权重		非水电消纳责任权重	
	最低消纳 责任权重	激励性消纳 责任权重	最低消纳 责任权重	激励性消纳 责任权重
宁夏	22.0	24.1	20.0	22.0
新疆	20.0	22.1	10.5	11.6
西藏	不考核	不考核	不考核	不考核

资料来源：国家能源局网站，http：//www. nea. gov. cn/139105253_ 15910013573071n. pdf，2020 年 6 月 1 日。

尽管在最低消纳保障性收购年利用小时数的硬性约束下，弃光限电现象得到缓解，但也出现个别地方政府刻意压低保障小时数或者压低收购电价，对光伏发电企业利益构成一定的损害。

三　光伏发电产业的痛点：并网考核压力、补贴缺口与现金流压力

光伏发电产业属于战略性新兴产业，在政府扶持下成长起来。尽管光伏发电产业的弃光率大幅下降，但是光伏发电的随机性与不稳定性、发电功率预测的不准确性也让光伏发电企业承担巨额的辅助服务补偿费用。同时，在光伏发电装机规模处于高位的情况下，弃光率的下降意味着国家财政补贴的压力加大，度电补贴缺口越来越大。辅助服务补偿费用与补贴缺口给光伏发电企业带来巨额的经济负担。随着中国经济的下行，能源需求逐步达到顶峰，2020 年初突如其来的新冠肺炎疫情又导致企业的生产经营活动大规模停滞，电力需求大幅下降，光伏发电企业经营困难，面临严峻的现金流压力。

（一）电力输出不稳定与并网考核压力

光伏发电具有不可避免的随机性与波动性，电力输出不稳定，需要其他能源进行调峰、调频、备用、黑启动等辅助服务。为有效促进

新能源电力消纳，各区域电监局根据《并网发电厂辅助服务管理实施细则》和《发电厂并网运行管理实施细则》对并网发电企业按月进行考核，按照每分对应金额 1000 元的标准，对并网运行管理考核分数进行折算。若光伏并网发电企业功率预测在基本辅助服务所要求的功率预测范围以外，企业将承担高昂的惩罚费用。计算方法为：

$$结算金额 = 1000 \times (\sum 有偿辅助服务补偿分数 - \sum 并网运行$$
$$管理考核分数) + 分摊费用$$

2018 年全国（除西藏外）共有 3530 家光伏发电企业参与电力辅助服务，涉及装机容量 12.45 亿千瓦，补偿及市场交易费用达 146.16 亿元。如图 4 所示，2019 年新疆所有光伏发电企业（不包括扶贫类光伏发电企业）考核费用总计 1.25 亿元。根据我们对部分企业的调研，并网考核费用约占营业收入的 3.3%。由于电力输出不稳定、功率预测不准确，光伏发电企业承受着巨大的并网考核压力。

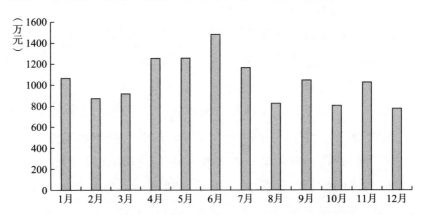

图 4　2019 年新疆光伏发电企业并网考核罚款情况

资料来源：国家能源局新疆监管办公室。

（二）弃光率下降与补贴缺口扩大

补贴政策是推动我国光伏发电产业发展的重要因素，我国可再生能源补贴资金来源于国家财政的专项补贴以及在全国范围内增收的可再生能源电价附加。早在 2010 年我国就开始出现补贴缺口，前期产能的盲目扩张使现行补贴早已不能满足可再生能源发电的需要。2012 年开始国家以申报补贴目录的形式发放可再生能源补贴，截至 2018 年，财政部公布的第七批补贴目录中全国共有 52 吉瓦的光伏电站具有补贴资格，而 2019 年我国光伏发电装机容量高达 204.30 吉瓦。随着各级地方政府的光伏发电消纳压力的加大，弃光率大幅下降，这同时意味着补贴额度的不断增长。在财政补贴负担加重的情况下，补贴缺口不断加大。2017～2019 年可再生能源补贴缺口分别高达 1500 亿元、2331 亿元和 3000 亿元以上[1]。截至 2019 年，征收的补贴资金仅能满足 2015 年底前并网的光伏发电项目，"十三五"期间建设的 90% 以上新增可再生能源发电项目补贴资金未得到落实[2]。巨额的补贴拖欠已经成为掣肘行业发展的关键因素，影响光伏发电企业的正常生产经营，也为光伏发电产业链的发展带来较为强烈的冲击。

（三）新冠肺炎疫情与现金流压力

并网考核压力与财政补贴缺口给企业带来沉重的负担，使光伏发电企业面临巨大的现金流压力。光伏发电产业融资难度较大且成本较高，现金流不足对企业正常的生产经营活动造成较大影响，市场接连出现光伏发电企业变卖光伏电站的情况（见表 3）。光伏发电企业的现金流压力导致光伏发电企业资本结构的调整，大量国有资本进入光伏发电行业，同时随着光伏发电的平价上网，光伏发电企业的新一轮淘汰局势已经开启。

---

① 罗玲艳：《可再生能源补贴拖欠难题何解》，《能源》2020 年第 5 期，第 34～36 页。
② 丁仲礼：《全国人民代表大会常务委员会执法检查组关于检查〈中华人民共和国可再生能源法〉实施情况的报告》，第十三届全国人民代表大会常务委员会第十五次会议，2019。

表3　2019年部分光伏发电企业出售资产情况

时间	卖方	出售项目装机容量	交易价格
2019年3月28日	协鑫新能源	280兆瓦光伏电站项目55%股权	2.46亿元
2019年3月28日	江山控股	樟树30兆瓦光伏电站项目	5.23亿元
2019年4月29日		湖州祥晖100兆瓦光伏电站项目	
2019年11月15日	顺风清洁能源	490兆瓦光伏电站	6.41亿元

资料来源：https://www.energytrend.cn。

　　2020年新冠肺炎疫情在全球不断蔓延，全球经济活动一度陷入停滞，经济不断下行，需求下降。世界经济论坛更是认为，全球经济下行有可能变成持久的经济衰退。同时，新冠肺炎疫情导致失业问题更加严峻，这进一步加剧了财富分化，加重了全球经济的不平衡。在此推动下，西方发达国家民粹主义加速抬头，国际贸易保护主义不断加剧，科技战、金融战等不断升级，逆全球化的声音甚嚣尘上。中国作为世界第二大经济体和第一大贸易国，已经深度融入全球经济，尽管国内疫情得到了有效控制，但疲软的全球经济对中国经济构成了巨大的下行压力，2020年中国第一季度和第二季度GDP同比增长率分别为 -6.8% 和 3.2%，2020年上半年GDP同比下降 1.6%，包括光伏发电在内的国内能源需求大幅下降，光伏发电企业的营业收入大幅减少，光伏发电企业面临巨大的现金流压力。

四　人工智能、电力体制改革与光伏发电产业发展未来

　　作为战略性新兴产业，光伏发电产业的发展关系国家生态发展战略的实现。针对当前产业存在的痛点，推动光伏发电产业的健康发展，一要增加财政支出，逐步缩小光伏发电补贴缺口；二要借助人工智能等手段提升发电效率，降低并网考核费用；三要加快电力体制改革，降低非技术成本，推动光伏发电的消纳。由于第一点的思路非常

明确，本节着力从后面两个角度讨论光伏发电产业的未来发展。

（一）人工智能与预测精度

西北电监局是我国首个实施《并网发电厂辅助服务管理细则》和《发电厂并网运行管理实施细则》考核的单位，新版细则明确对光伏电站的实际出力、预测上传率、短期功率预测上传率、超短期功率预测上传率、可用发电功率进行考核。具体如下。

光伏电站向电力监测机构预测上传率大于95%，每降低1%按全场容量×6分/万千瓦考核。

光伏实际出力与短期96点预测值偏差小于预测值的10%，偏差在10%~20%，按照积分电量1分/万千瓦时考核；偏差超过20%，按积分电量3分/万千瓦时考核。

光伏电站上报的日预测曲线最大误差不超过20%，未达标部分按偏差积分电量0.2分/万千瓦时考核。

光伏电站提供的超短期预测曲线第二小时调和平均数准确率不小于75%，若未达标，每减少1%按全场装机容量×0.015分/万千瓦考核。

可用电量的日准确率不小于97%，每降低1%按全场装机容量×0.05分/万千瓦考核。

在严苛的并网考核条件下，光伏发电企业通常需要支付高额的并网考核罚款，因此提高功率预测的准确性是避免高额罚款最有效的途径。人工智能表现出来的强大的数据分析能力，为光伏发电企业实现准确预测提供了新的途径。

智能算法、数据、超级计算等是人工智能的三大根基，人工智能的本质是利用不同算法，尤其是运用数据训练智能算法，挖掘数据背后隐藏的信息，得到预期结果。深度学习和多层级神经网络可以对数据进行分布式存储和并行处理，并且自动进行特征提取以及事物感知，从而实现数据的非线性处理，解决非逻辑与环境适应性问题，并且用于训练深度学习算法的数据越多，结果的准确度越高[1][2][3]。传统的功率预测方法在环境发生变化时容易出现误差，而使用人工神经网络和自适应神经模糊推理系统，利用光伏发电企业多维、完备的海量长期历史数据以及气象数据对人工智能算法进行训练，可以大幅度改进光伏发电的功率预测曲线[4]。根据天合光能股份有限公司的经验，智能算法可以带来额外 1% ～ 2% 的发电增益，复杂地形最高达到 6%。

此外，人工智能的使用，可以更精确地进行故障诊断和提出运维建议，从而减少故障发生率和节约故障处理时间。人工智能的使用，可以通过能源微网及信息采集装置，将区域内用户的用能信息进行处理，进而调整用户用能行为，实现节能减排和清洁生产。

（二）电力体制改革与产业发展

增加光伏发电在社会总用电量中的比重是现阶段我国光伏发电产业发展的重要目标。在此大目标下，一是逐步提高各省区市可再生能源的消纳权重，尤其是东中部省区市的消纳权重，促进异地/跨省区市消纳；二是降低光伏发电的非技术成本。

1. 打破行政壁垒，促进异地消纳

我国可再生能源发电量在社会总用电量中的占比较低，2019 年我国光伏发电量仅占社会总发电量的 3.10%，光伏发电拥有很大的发展空间，增加光伏发电在社会总用电量中的比重是我国的政策指向。我国光伏发电资源主要分布在西部地区，在本地消纳有限的情况

---

① 孙秋野、杨凌霄、张化光：《智慧能源——人工智能技术在电力系统中的应用与展望》，《控制与决策》2018 年第 5 期，第 938 ～ 949 页。

② 杨挺、赵黎媛、王成山：《人工智能在电力系统及综合能源系统中的应用综述》，《电力系统自动化》2019 年第 1 期，第 2 ～ 14 页。

③ 多南讯、吕强、林辉灿等：《迈进高维连续空间：深度强化学习在机器人领域中的应用》，《机器人》2019 年第 2 期，第 276 ～ 288 页。

④ Kumar K. R. , Kalavathi M. S. , "Artificial Intelligence Based Forecast Models for Predicting Solar Power Generation," *Materials Today*：*Proceedings*，2018（1）：796 – 802.

下，本地的供需出现不平衡，西北地区弃光电量最大，弃光电量占全国的 87.0%，弃光率也最高。而经济发达的华东地区、华中地区的弃光率为 0，华南、东北和华北地区的弃光率也比较低（见表4）。光伏发电源端与荷端地理上逆向分布的特点，使异地消纳问题成为促进产业发展需要考虑的首要问题。

表4　2019 年中国光伏发电弃光率的区域分布

单位：%

区域	华东	华中	华南	东北	华北	西北
弃光率	0.0	0.0	0.2	0.4	0.8	5.9

资料来源：国家能源局。

然而，根据 2019 年全国人民代表大会常务委员会执法小组检查《中华人民共和国可再生能源法》实施情况的报告，我国可再生能源发电过程中行政壁垒严重。问题背后的原因是中央政府、地方政府、电网企业、新旧能源发电企业之间存在利益冲突，地方政府处在利益博弈的核心位置。中央政府的目标是大力发展可再生能源，实现节能减排目标与绿色生态发展。电网企业的目标是在电网安全运行的前提下实现利润最大化，而光伏发电不可避免的随机性、波动性等特点导致光伏发电并网时会对大电网造成一定程度冲击，增加了电网企业的运营管理成本。对常规能源发电企业而言，五大发电集团是火电的最大提供者，增加可再生能源发电比例将降低火电产出，减少了利润，增加了成本。地方政府的目标是实现最大化财税收入，同时受到一定的考核约束与行政晋升激励。一方面，在本行政区域内火电企业能比光伏发电企业创造更多的财税收入，地方政府倾向于维护火电企业的利益；另一方面，东部地区是我国用电密集区域，发电结构以火电为主，消纳异地光伏发电意味着减少本地火电电力，这直接影响当地的财税收入，进而出现地方保护主义、对消纳异地光伏发电表现消极等现象，无形中形成严重的行政壁垒。在我国"条块"行政管理体制下，地方电网对上级电网负责，地方政府间的合作积极性不高。我国特高压技术和基建技术居于世界领先地位，电网建设规模滞后于光伏电站建设规模并不是制约可再生能源电力异地消纳的主要原因，地方政府间的消极合作才是根本原因。

随着我国经济发展方式转变、产业结构调整及供给侧结构性改革的推进，我国全社会电力需求增长缓慢，现阶段在严峻的外部需求形势下，国内经济发展面临更大的不确定性，电力需求增长表现更加乏力。在此背景下，增加光伏发电占全社会总用电量的比重，势必撼动常规能源电力的需求存量，打破现有的僵化的利益格局。

为解决可再生能源电力消纳问题，我国进行了两次改革。2016年《可再生能源发电全额保障性收购管理办法》明确了各省区市可再生能源的最低保障性收购小时数，这实际上是确保发电端的供给，然而在可再生能源电力供过于求的背景下，并不能从本质上增加全社会可再生能源的用电量，同时光伏发电企业在整个利益博弈中处于劣势，考核发电端并不能打破现有利益格局，地方政府出于自身利益压低保障收购小时数，对光伏发电收购保量不保价。2019年《关于建立健全可再生能源电力消纳保障机制的通知》（以下简称《通知》）意味着"配额制"的出台，本次有关促进光伏发电消纳的改革在转变考核主体的同时改变了各市场主体的激励机制。《通知》明确要求省级能源主管部门承担消纳权重的落实责任、电网企业承担组织责任、各售电公司和电力用户协同承担消纳责任。售电公司可通过与可再生能源发电公司签订中长期电力合约、购买绿色证书、购买其他市场主体消纳量三种方式完成消纳任务。售电公司和电力用户成为消纳义务承担主体，这种需求侧的考核方式改变了对电网企业和售电企业的激励机制，一方面刺激了售电企业与可再生能源发电企业之间的电力交易，同时绿证交易制度提供了一定的经济激励，从而促进可再生能源电力的消纳；另一方面电网企业在承担消纳责任的约束下，其打破行政壁垒，输送可再生能源电力的意愿上升。

可再生能源电力消纳保障制度明确了各省区市的消纳义务，但仍需要进一步完善地方政府的激励机制。在中国的层级行政体制下，政绩考核是对地方政府行为最直接的激励，因此增加可再生能源电力的消纳成绩作为地方官员政绩指标之一将增加光伏发电在能源消费中的比重，推动光伏发电消纳与能源结构转型。

2. 推进市场化改革，降低非技术成本

当补贴退去、光伏发电平价上网后，光伏发电需要与其他电源同台竞争，只有取得成本优势才能在竞争中存活下来，电力现货市场与辅助服务市场的联合建设将降低由于资源错配带来的非技术成本。

2015 年新一轮电力体制改革对计划电量的放开改变了电网统购统销的模式，2016 年确立了电力中长期交易机制，发电企业可与用户直接进行交易，通过集中竞价、双边合同的方式确定价格。2017 年《关于开展电力现货市场建设试点工作的通知》选择了 8 个地区进行电力现货市场试点工作，2019 年 6 月蒙西电力现货市场的试运行标志着我国首批电力现货市场全部进入试运行，我国正逐步建立电力现货交易发现价格及中长期电力交易规避风险的电力交易市场。目前电力现货市场进入大范围建设阶段，承担着衔接中长期交易与实时平衡的作用。

2002 年厂网分离之前，电力行业纵向一体化的结构决定了辅助服务采取统一调度的形式，以行政指令强制性无偿提供。厂网分离以后，无偿提供辅助服务的成本无法回收，同时独立发电企业承担辅助服务的任务量不同，这严重抑制了并网发电厂商提供辅助服务的积极性。2006 年原国家电监局颁布《并网发电厂辅助服务管理暂行办法》，明确提出辅助服务补偿机制，指出辅助服务补偿费用由考核费用和分摊费用组成，由发电厂商共同分摊，但并没有将费用疏导至用户侧，这种在并网发电厂内部循环的补偿方式只是在一定程度上促进了并网发电厂商提供辅助服务的积极性，但是缺乏发现辅助服务市场价格的机制，未能完全释放并网发电厂商的积极性。2014 年东北地区通过竞价方式确定的调峰辅助服务提供主体，是我国第一个辅助服务市场，2015 年电改九号文提出以市场化原则建立辅助服务分担共享新机制，标志着我国辅助服务进入市场化探索阶段[1][2]。

电力交易市场包括电力现货市场和电力中长期市场，其中电力现货市场用于日内、日前和实时电力交易，与辅助服务市场的联合出清，可实现资源的最优配置。有学者根据电力现货市场与辅助服务市场联合出清的模型，提出电力现货市场开市后，可再生能源发电企业可在电力现货市场申报电量与电价信息，火电企业等其他发电企业分别在电力现货市场和辅助服务市场申报电力和辅助服务量价信息，市场组织者承担中间"拍卖者"的角色[3][4]。同时，在考虑电网安全运行等约束条件下，根据供需关系确定各机组的中标情况与价格，将实现资源的最优配置。一方面，电力现货市场根据供需情况确定电量节点价格，从而引导市场主体的电力需求决策，同时可缓解系统高峰负荷时的网络阻塞；另一方面，按照电力现货市场和辅助服务市场联合出清的边际价格确定辅助服务价格，可以发现成本较低的辅助服务机组，以经济利益驱动市场主体主动提供辅助服务，实现提供辅助服务机组的最优配置，高效利用不同类型机组。

随着电力的大范围调度与可再生能源电力的大规模并网趋势的加快，辅助服务市场为电力的交易保驾护航，电力现货市场为辅助服务市场释放信号，辅助服务市场与电力现货市场的联合出清，减轻了信息不对称导致的成本增加与利益冲突，实现电力系统总供给的成本最小化[5]。随着我国可再生能源的发展进入后补贴时代，电力交易

---

① 谷峰：《电力有偿辅助服务划分标准的再认识》，《中国电力企业管理》2019 年第 7 期，第 34 ~ 37 页。
② 袁家海、席星璇：《我国电力辅助服务市场建设的现状与问题》，《中国电力企业管理》2020 年第 7 期，第 34 ~ 38 页。
③ 黄冬生、吴引航、吕翔等：《多能源参与的电力主辅市场联合优化模型》，《电力需求侧管理》2019 年第 6 期，第 30 ~ 34 页。
④ 孙高星、华栋、陈皓勇等：《考虑柔性负荷的电能量和备用辅助服务联合市场出清模型》，《广东电力》2020 年第 6 期，第 1 ~ 11 页。
⑤ 袁家海、席星璇：《我国电力辅助服务市场建设的现状与问题》，《中国电力企业管理》2020 年第 7 期，第 34 ~ 38 页。

市场与辅助服务市场的联合出清的模式，实现不同类型机组的电力出力和辅助服务提供量的统筹安排，从而实现有限电力资源的最优配置，构建了可再生能源发展的长效机制，实现可再生能源电力市场的有序发展。目前内蒙古等省区市已经实现电力现货市场与调频辅助服务市场的联合出清，尽管处在初期阶段，但已经形成了一些经验，亟待在全国其他地区推广。

五　结论

自 2008 年光伏发电产业进入全面产业化阶段以来，先后经历了 2008~2015 年的迅速增长期和 2016 年之后的广泛消纳期。光伏发电产业装机容量的大幅增长，导致供给需求不平衡，产能大量过剩，弃光限电现象十分严重，2015 年全国平均弃光率达到 12.6%。为了促进光伏发电产业的健康发展，国家一方面促进技术进步，另一方面加大考核绩效与任务分担，极大地推动了光伏发电的广泛消纳，2019 年全国平均弃光率下降到 2.0%。从弃光限电到广泛消纳，中国光伏发电产业只用了四年时间。这其中固然有技术进步的原因，有补贴退坡导致的市场竞争加剧的原因，但是地方政府在其中发挥着更为关键的作用。不同阶段地方政府的不同激励导致了光伏发电产业不同的发展结果。在光伏发电产业发展的第一阶段，光伏电站建设能够带来较大的固定资产投资和财政收入，对地方经济有很强的拉动作用。由于光伏发电产业的补贴主要来自中央政府和用户，地方政府倾向于提供超常规优惠政策，大力推动光伏电站的建设，导致产能过剩。随着经济下行，行政壁垒等问题更加明显，供需矛盾越发突出，导致大规模弃光限电现象。在光伏发电产业发展的第二阶段，为促进产业健康发展和广泛消纳，国家给各个省区市制定了明确的可再生能源最低消纳保障性收购利用小时数的硬性约束和时间表。为避免问责，地方政府将任务层层分解，加大问责力度，力促光伏发电消纳，弃光限电现象在很大程度上得到缓解。

随着补贴退坡与光伏发电的广泛消纳，光伏发电行业进入全行业竞争阶段。光伏发电的随机性与波动性特点给光伏发电企业带来很大的并网考核压力，增加了并网考核负担；弃光率的下降，也意味着国家财政补贴的加大，产生了巨额补贴缺口；新冠肺炎疫情之下，国内外经济发展不断下行，国际贸易保护主义不断加剧，经济发展的不确定性加大企业的现金流压力，多家光伏发电企业出售光伏电站，光伏发电产业迎来新一轮淘汰潮。

促进光伏发电产业健康发展，既需要国家增加财政补贴，不断缩小补贴缺口；也需要企业加大对人工智能等技术的使用，提升发电效率和预测精度，降低并网考核负担；还需要国家加大体制改革，促进光伏发电异地消纳和降低非技术成本。当前，可再生能源电力消纳保障机制明确了各省区市可再生能源电力的消纳比例，并对售电企业与电力用户进行考核。采取强制手段与经济激励手段相结合的方式，有利于打破区域壁垒，促进跨区域消纳，为光伏发电产业进一步打开发展空间。为了推动光伏发电产业的持续健康发展，还需要进一步完善地方政府的激励机制，发挥地方政府在打破壁垒与垄断利益等方面的积极作用，提升服务保障能力。同时，要提高产业的市场化程度，不断促进电力现货市场与辅助服务市场的联合出清，通过市场发现电量与辅助服务的价格，实现电力系统总供给成本的最小化，通过电力现货的分配与需求配置提供辅助服务，从而实现辅助服务的最优配置。

需要说明的是，光伏发电产业的健康发展不仅需要人工智能技术的支撑和电力体制的改革以降低成本，还需要大容量高性能蓄电池产业的快速发展来增加光伏发电的稳定性和持续性，尽可能克服光伏发电产业的局限性。然而，大容量高性能蓄电池的发展是一个技术性较高且需要多学科攻关的问题，需要在未来的研究中专门进行探讨。

第六章
新能源产业补贴政策转型研究

——以新能源上市公司为例

刘 丹 袁 梦[*]

新能源产业对于改善我国能源消费结构至关重要。作为一个新兴行业，新能源产业需要大量的资金支持，且具有研发周期长、回报周期长且风险较大的特征，因此，政府的支持对于行业发展不可或缺。

所谓新能源，严格来说是指区别于传统能源的新型能源，又可称为非常规能源。目前不同的国家和组织都对新能源有不同的定义，根据联合国的定义：新能源是以新技术、新材料为基础，取代常规能源的无污染、可再生的能源，主要包括太阳能、风能、生物质能、核能、地热能、海洋能等能源。目前我国能够形成产业链的新能源包括太阳能、风能、生物质能及核能。作为一个处于起步阶段的新兴行业，新能源产品的成本是偏高的，而一个产业要想得到市场，必须以一个消费生产双方都能够接受的价格进行交易。此外，新能源产业的研究发展需要大量的资金支持，政府的支持对于行业发展不可或缺。财税政策作为政府调节经济运行的重要政策手段之一，在新能源产业的发展中起着重要的调控作用。

---

* 刘丹，中国社会科学院数量经济与技术经济研究所能源安全与新能源研究室助理研究员；袁梦，中国农业发展银行总行业务副经理。

新能源产业的培育与发展是一个需要时间沉淀的漫长过程，包含了政策、技术、资源等多方面的支持与累积。新能源产业政策作为一个极为重要且受国家调控的可控因素，是产业发展中不可替代的重要推手。自 2006 年以来，我国相继出台了多种支持政策鼓励新能源产业的发展，包括实施财政补贴和税收减免的财税政策，建立信贷优惠和融资支持的金融政策，以及设立专项资金、对外进行竞争合作等其他政策。

但政府对这些新能源企业的财政补贴是有边际效应的。近年来，随着政府对新能源行业的补贴力度逐年加大，巨额的补贴资金未能有效提升新能源企业的经营业绩，反而对新能源企业的健康发展产生不利影响，阻碍了我国新能源产业的长足和高效发展，财政补贴的效果也大打折扣。

本章梳理了我国在新能源产业方面的扶持政策，并以新能源上市公司数据为基础，分析考察了财政补贴与新能源上市公司经营状况、研发投入之间的关系，从而考察财政补贴对新能源公司的作用和影响，并在此基础上，对我国新能源产业扶持政策的调整提出建设性意见。

一 中国新能源产业政策的发展历程

能源是国民经济的基础。伴随着我国经济的发展，能源结构也在不断调整、转型。从世界能源业的发展历程看，国际能源政策的演变经历了三个不同时期：第一个时期（1974~1985 年），政策的核心是能源安全，兼顾经济效益；第二个时期（1986~1998 年），以经济效益和环境效益为重点，兼顾能源安全；第三个时期（1999 年至今），以能源安全为重，同时十分重视经济效益和环境效益，兼顾社会发展。

改革开放 40 年来，我国能源产业发生了天翻地覆的变化。我国能源消费结构变化显著，可再生能源发展迅速，能源产业已从追求规模扩张向节能环保的高质量发展转变。受国家经济发展战略、自然资源储备与开采情况、社会能源消费需求及行业部门划分制度等因素的影响，我国新能源产业政策经历了由传统计划经济政策向市场经济政策的演变过程。

（一）我国新能源产业政策的发展阶段

我国的新能源产业政策伴随着经济发展不断调整与转型，大体可分为四个阶段。

第一阶段，打基础阶段（1979～1994年）。在"七五"计划中，中国首次明确了发展能源工业、改善能源结构的需要，开启了我国新能源进程。为了促进能源生产多元化，改善能源结构，"七五"计划开始强调发展新能源和可再生能源，要求在资源条件比较好的地区，多发展一些小水电，并积极搞好太阳能、风能、地热能等新能源的开发利用。改革开放以前，由于技术、资金等方面的限制，中国的可再生能源主要发展方向集中在小水电和农村生物质能的利用上，技术含量不高，对改善环境发挥的作用也有限。可再生能源政策的侧重点在于为农村燃料提供补充，并没有形成系统的可再生能源政策，政策手段的局限性也较大。

能源结构多元化也是中国的重要能源政策。20世纪80年代随着中国能源产量的不断增加，相关的经济、环境问题也暴露出来。在这种背景下，出现了有利于可再生能源发展的宏观政策环境。当时我国政府认识到，可再生能源是未来的新兴能源，将在能源构成中占有越来越重要的地位。邓小平同志十分关心可再生能源的发展，他指出："科学在进步，新能源有很大前途"。在国家领导人的关心下，中国加强了对可再生能源的研究与开发。

首先是编制规划和立法。1979年国家即组织制定了太阳能科技发展规划，并加强了风能、地热能、潮汐能的研究开发和试验工作。为了加强对自然生态环境的保护，我国在80年代连续出台了多部关于保护环境的法律法规。1984 年制定了《中华人民共和国森林法》和《中华人民共和国水污染防治法》，1988 年制定了《中华人民共和国水法》。这些法规一方面强调了对自然环境的保护，另一方面也促使我国相关产业加快了可再生能源利用的步伐。

从 80 年代开始，各种经济激励政策成为支持可再生能源开发的重要政策手段。我国为可再生能源的开发提供了各种补贴，主要包括研究与发展补贴、事业费补贴和项目补贴等。

研究与发展补贴主要是通过当时的国家计委和国家科委为可再生能源的科技攻关提供资金。"六五"期间新型可再生能源技术开始被列入国家重点科技攻关计划，由中央政府拨给资金。"六五""七五"期间，国家科委的可再生能源科技攻关费用约为 4860 万元。事业费补贴主要是通过中央部门和地方政府部门中的可再生能源管理机构实施，包括国家计委交通能源司节能和新能源处、国家经贸委资源司新能源处、国家科委工业科技司能源处、农业部环能司能源处、电力部农村电气化司新能源发电处等相关部门。由它们支配的可再生能源补贴在 80 年代约为 1320 万元。项目补贴主要是指中央政府对可再生能源技术项目提供的补贴，主要用于沼气系统、省柴灶推广、小水电、小风电机和光伏发电的示范和推广工作。除了专用资金外，中央的扶贫资金、农村电气化资金、植树造林资金等都有一部分用于可再生能源的发展。

除了这些财政补贴，我国还建立了专项贴息贷款制度。农村能源专项贴息贷款在 1987 年由国务院设立，由中央财政出资，按商业银行利率的 50% 对可再生能源项目提供补贴。其中包括小型风力机制造、风电厂建设、光伏电池生产线建设、太阳能热水器生产、蔗渣发电等项目。

在改革开放后十年左右的时间里，我国逐渐形成了可再生能源建设的政策系统，并逐步走上法制化、规范化的轨道。

　　第二阶段，起步走阶段（1995～2004年）。20世纪90年代，在实施可持续发展战略的大背景下，我国出现了建设可再生能源的热潮。1995年，国家科委颁布了新能源的第一份发展纲要，对新能源未来五年的发展制定了实质性的规划，这是我国政府首次将新能源纳入可持续发展规划中。此外，政府的扶贫攻坚计划以及多方位、大规模的国际合作也成为加速可再生能源发展的驱动力。具体地，我国1995年颁布实施的《中华人民共和国电力法》，在其"总则"中明确指出："国家鼓励和支持利用新能源与可再生能源和清洁能源发电"。1998年颁布的《中华人民共和国节约能源法》和《中华人民共和国建筑法》，都直接提出应鼓励使用可再生能源。2000年8月，我国颁布了《2000－2015年新能源和可再生能源产业发展规划要点》，该规划系统地分析了新能源和可再生能源的产业和市场发展、制约因素以及预期效益等问题，并规划了新能源和可再生能源的发展方向。此后，我国逐步开始对新能源和可再生能源产业采取经济激励措施，财政补贴、税收减免、信贷优惠等手段逐渐增多。

　　第三阶段，扩规模阶段（2005～2014年）。2005年2月28日，我国通过了第一部可再生能源法，对可再生能源进行界定，支持其并网发电，也对上网电价进行了管制。这也意味着我国首次建立了可再生能源的法律保障体系。2006年1月，我国规定了可再生能源发电价格补贴的费用分摊实施方法，明确了各类可再生能源的上网电价并规定高于传统火电电价的额外费用将根据各省区市的发电量按比分摊。此后，我国相继出台了一系列完善光电、风电电价的政策措施，如2009年7月对风电上网电价进行规整，根据以往的风电发展情况和实际运行状况，划分风电资源区及其相应的标杆电价，这也是新能源发电价格标准化的里程碑。2012年5月30日，国务院通过《"十二五"国家战略性新兴产业发展规划》，将新能源产业列为我国七大战略性新兴产业之一，将新能源产业提到了战略发展的高度。2013年7月4日，国务院下发《关于促进光伏产业健康发展的若干意见》，提出了 20 年的补贴期限，继续对光伏发电进行资源区划分并设置标杆上网电价，同时对光伏上网电价高于当地火电电价的部分予以补贴。

第四阶段，重质量阶段（2015 年至今）。随着我国"三北"地区弃光弃风现象的加剧，政府颁布了一系列的政策加强消纳。2015 年 10 月，政府针对消纳问题提出将可再生能源资源丰富地区开发利用的可再生能源进行就近消纳。2016 年规定了对可再生能源发电的消费保障，提出电网企业全额收购符合规定的可再生能源的发电量。此外，我国的"十三五"规划再次提高了可再生能源在能源消费中的比重。规划提出，我国将争取 2020 年可再生能源在一次能源消费中的比重达到 15%。针对上述要求，2016 年国家能源局提出，除了生产非化石能源的企业以外，发电企业需要在 2020 年达到非水电可再生能源发电量占全部电量的 9% 以上的目标。这对于未来几年新能源发展将起到重要的推动作用。

（二）我国新能源产业的财政补贴政策

按照新能源财税政策对企业发展的影响，可以将我国政府的财税政策分为政府补贴和税收优惠。政府补贴是政府为实现新能源产业的具体目标对企业生产或个人消费行为的补贴；税收优惠则是利用税收制度，在税收部分采用相应的激励政策来补贴纳税人。两者皆为世界各国为支持新能源产业发展所广泛采用的政策，多方面的扶持补贴政策为新能源产业的健康发展提供了良好的政策环境。

根据补贴发放的路径来分，政府补贴主要包括生产方面的研发生产补贴和消费方面的消费补贴，其中新能源产业的研发生产补贴主要分为中央政府补贴和各地方政府补贴，新能源产业的消费补贴部分主要为上网电价补贴；税收优惠方面则涉及增值税、所得税和关税。

1. 研发生产补贴

中央政府对新能源产业的研发生产补贴政策是直接推动新能源

产业技术进步和生产规模扩大的强大动力。目前，我国中央政府对新能源产业的研发生产补贴主要包含以下几个方面。一是研发补贴。我国不仅对新能源产业技术的研究开发进行科研经费支持，对于重要的新能源生产设备的制造也给予相应的补助，以此支持新能源技术的研发以及设备国产化。二是投资贴息补贴。主要由中央统筹，通过各相关部门对有助于新能源技术提升的发展项目进行贴息补贴。例如，国家发改委每年都对新能源的贴息贷款投入 1.2 亿元人民币进行补贴。三是项目补贴。这是中央政府通过多种方式补贴各类可再生能源项目，补贴项目包括：户用光伏发电、小风电机、省柴灶和沼气系统等。例如，2008 年，首批国内生产的 50 台 1500 千瓦以上风能发电机组，其补贴标准是 600 元/千瓦，其中整机制造企业以及关键零部件制造企业补贴金额各占补贴的一半，各关键零部件制造企业的补贴金额依据其成本所占的比例而定，重点向变流器和轴承企业倾斜。此项政策的出台，促使资本向风能发电产业设备制造业流入，同时降低了风能发电机组造价成本。2009 年，"金太阳示范工程"的颁布实施是我国首次对太阳能发电产业进行大范围补贴。该计划主要是对装机容量不小于 50 千瓦的光伏发电建筑项目以 20 元/瓦的补贴标准进行补助。同年，国家为鼓励并网光伏发电产业项目的发展提出了相应的补贴方式，对其发电系统及与发电相配套的输配电工程的补贴额度占项目总投资额的一半。其中，对地处较为偏远的无电地区设立的独立发电系统，补贴的额度占总投资额的 70%；对光伏发电产业所需的关键技术，在产业化以及产业基础能力建设项目上进行适当贴息或资金补贴。2011 年国家将核电站所需的核级阀门技术列入国家重大科技成果转化项目之一。其中对神通阀门进行项目补贴 1100 万元，该补贴主要用于"AP1000 第三代核电站用核级阀门产业化项目"的技术研发和产业化。

2. 消费补贴

政府的消费补贴在新能源产业的发展中起着更为直接的作用。

由于各地存在资源分布以及对新能源概念认识的差异性，新能源的相关补贴政策也存在着较大的差异。大部分地区对推广应用省柴灶、户用沼气系统都有一定的补贴规定，部分光能、风能资源丰富的地区也对小型光伏发电系统和风电机的购买使用给予了不同额度的资金补贴。以标准光伏系统为例，甘肃及青海的居民每购买一套就能得到300元补贴；新疆的补贴额度为50～200元，内蒙古居民购买一套100瓦的风能机或16瓦的光伏系统，可直接获得的资金补贴为200元。

上网电价补贴是我国推行新能源过程中广泛使用的一项措施。政府与供电公司或者组织签订协议，供电方每提供一度新能源用电，会得到相应的电价补贴。2003年我国首次提出上网电价制度，2006年明文规定当地清洁能源电力价格应高于脱硫燃煤机组标杆的上网电价。2013年8月，对光伏发电产业实行分区域的标杆上网电价政策，有助于进一步完善我国光伏发电产业项目的价格政策。政府划分了三类光伏资源区和四类风能资源区，统一执行所在地区的上网电价。电价补贴资金来源为我国可再生资源发展基金，且具有20年的年限。近年来，政府根据光伏发电产业和风电产业技术进步和成本减少的情况，持续补贴并降低标杆上网电价。电价补贴政策是新能源补贴政策中最为重要且关键的政策，极大地保障了产业的可持续发展。电价本应是供需双方相互竞争的结果，但风能发电产业等清洁能源产业和相关企业暂不参与市场竞争，电网企业对其所产生的电量具有优先采买权，购买价格由政府定价或者招标价格所决定。

（三）我国新能源产业的税收政策

新能源产业的发展也离不开国家税收优惠政策的支持。新能源产业相关的税种主要是所得税、增值税和关税三种。

1. 所得税

对于国家认定的从事新能源技术研发的高新技术企业进行重点优惠，对这些企业征收15%的企业所得税。对于符合新能源发电项目专用设备的购置，可抵免当年 10% 设备投资额的应纳税额，不足的则可在五年内进行结转抵免。对于经营电力设施符合要求的项目，从首笔生产经营收入纳税年度起，对企业所得税进行三年全额免减，随后三年征收 50% 的所得税。对于符合要求的传统能源及新能源都利用的混合资源项目，其新能源收入按照 90% 的税基缴纳企业所得税。自 2008 年开始，对核能发电项目不征收企业所得税。

2008 年 1 月 1 日开始，由国务院审核批准的核电站，由省级以上政府投资、主管部门审核批准的海洋能发电以及由政府投资、主管部门审核批准的风能发电、太阳能发电、地热发电新建项目均被纳入企业所得税优惠目录，并实行"三免三减半"的优惠政策。该政策是指在项目取得第一笔生产经营收入所属纳税年度开始，前三年的企业所得税免征，随后的三年采取减半征收的政策。

2. 增值税

对于小于 5 万千瓦装机容量的小型水力发电站，按所生产的电力征收 3% 的增值税。对于其他小型水力发电站，按 6% 的税率计缴增值税。对于装机容量大于 100 万千瓦的中型水力发电站，2013～2015 年对其增值税超过 8% 的部分进行即征即退，2016～2017 年对增值税超过 12% 的部分即征即退。而对于大型水力发电站，即三峡电站的增值税按照 17% 征收。

对于利用风力生产并销售电力而产生的增值税，实施即征即退 50% 增值税的优惠政策。

对于利用光伏生产并销售而产生的电力产品，实施即征即退 50% 增值税的优惠政策。

对沼气发电项目征收 11% 的增值税。对厨余、稻壳、有机废水等垃圾发电项目采取即征即退全额增值税的优惠政策。

对核能发电企业的增值税采取先征后退的方法，其退还比例分别按前 5 年、第 6～10 年和第 11～15 年的时间梯度划分为 75%、70% 和 55%，并作为专项用于还本付息。

3. 关税

2007 年，对国家重大关键技术装备所需要支付的进口关税采取先征后退的优惠政策；所需进口的大功率风能发电产业机组配套零部件和原材料，可享受免征关税的优惠政策。2008 年为提高国内风能发电产业设备制造商的自主开发能力，对研发制造单机额定功率不小于 1.2 兆瓦的风能发电机组所需进口的关键原材料、零部件所需支付的进口关税采取先征后退的政策。2013 年 4 月 1 日起，只针对太阳能电池及必备的原材料、关键零部件免征关税。

通过对新能源产业政策的梳理，不难看出，我国的新能源产业政策涵盖了规划立法、财政补贴、税收优惠等，涉及面广，投入资金大，对我国新能源产业的创新和发展发挥了关键的作用。在"规划引领，政策助推，市场主导"的发展架构下，我国新能源产业由弱变强。

2019 年，我国可再生能源发电量达到 7323 亿千瓦时，比上年增长 14.6%。经过 30 年的发展，从 1990 年的 1 亿千瓦时，占世界可再生能源发电量的不足千分之一，发展到占比 26.1%（见图 1）。特别是 2008 年至 2018 年，可再生能源发电量年均增长 35.8%，而同期全世界平均增幅为 15.5%（见图 2）。其中，2019 年风能发电量为 4057 亿千瓦时，占全世界风能发电总量的 28.4%；2008 年至 2018 年风能发电量年均增长 39.5%。2019 年太阳能发电量为 2238 亿千瓦时，比上年增长 26.5%，发电量占全世界太阳能发电量的 30.9%。2008 年至 2018 年太阳能发电量年均增长 102%，远高于全世界同期 46.7% 的年均增幅。其他可再生能源（包括生物质能、氢能等）发电量也从 1990 年占世界的 0.09% 发展到 2019 年占世界的 15.77%（见表 1）。

根据中国能源经济研究院发布的报告，2019 年中国共有 209 家企业进入世界新能源企业"500 强"榜单。经历多年的高速增长后，中国入选企业数及总营业收入下滑，但是，中国入选企业的平均规模却继续增长，而且整体排名上升。2019 年"500 强"排名前十的企业中，中国企业有两家。

图 1　1990~2019 年可再生能源发电量

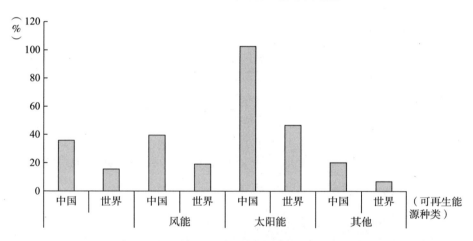

图 2　2008~2018 年中国与世界可再生能源发电量年均增长率

表 1　中国与世界可再生能源发电量

单位：亿千瓦时，%

年份	1990	1995	2000	2005	2010	2015	2019	2019 年同比增长	2008~2018 年均增长
中国	1	36	31	74	750	2791	7323	14.6	35.8
世界	1210	1547	2197	3628	7601	16267	28055	13.3	15.5

续表

年份		1990	1995	2000	2005	2010	2015	2019	2019年同比增长	2008~2018年均增长
中国/世界		0.08	2.33	1.4	2.04	9.9	17.16	26.1		
其中：										
风能	中国	1	6	6	19	494	1856	4057	10.9	39.5
	世界	47	83	314	1041	3465	8316	14296	12.6	19.1
	中国/世界	2.1	7.23	1.91	1.83	14.26	22.3	28.4		
太阳能	中国			1	1	7	395	2238	26.5	102.6
	世界			23	42	337	2568	7241	24.3	46.7
	中国/世界			4.34	2.38	2.08	15.38	30.91		
其他	中国	1	30	25	53	249	541	1028	9.7	20.2
	世界	1170	1464	1860	2546	3799	5383	6518	6	6.9
	中国/世界	0.09	2.05	1.34	2.08	6.55	10.05	15.77		

资料来源：根据 BP 公布的数据整理所得。

二 新能源上市公司现状

为了更好地考察新能源上市公司的情况，我们通过同花顺平台，选取了 139 家沪深两市上市的新能源上市公司。

（一）新能源上市公司总体情况

截至 2019 年末，沪深股市共有 3777 家公司，沪深股市中类属新能源板块的上市公司有 139 家。沪深股市 139 家新能源上市公司融资总额约为 8361.61 亿元，其中 2009~2019 年新增新能源上市公司 65 家，占沪深上市公司总数（3777 家）的 1.72%。139 家新能源上市公司市值占全部上市公司流通市值（483461.26 亿元）的 17.29%（见表 2）。

表 2　2019 年中国上市公司和股票数量、总市值

股市主要指标	深圳股市	上海股市	沪深合计
上市公司（家）	2205	1572	3777
总市值（亿元）	237414.86	355519.71	592934.57
流通市值（亿元）	182206.73	301254.53	483461.26
上市股票（只）	2242	1615	3857

从成立时间来看，我国 1990 年建立上海证券市场，1991 年建立深圳证券市场，1992 年 2 月，中国南玻集团股份有限公司登陆深圳证券交易所，成为第一家新能源上市公司。1992 年至 1999 年，有新能源上市公司 37 家；2000 年至 2009 年，有新能源上市公司 42 家；2010 年至 2019 年，新上市新能源公司 60 家。从当年新增数量来看，2010 年新增新能源上市公司数量最多，为 25 家；而 2011 年融资额最高，为 952 亿元；2013 年当年没有新能源公司上市。大多数企业成立之初并非以新能源业务为主要经营业务，而是在近年才开展新能源业务或通过业务转型加入新能源大军。从企业性质来看，新能源上市国有企业为 50 家，占比为 36.23%，非国有企业为 88 家，占比为 63.77%。其中，含外资企业 1 家。从经营业务来看，目前经营范围最广的为太阳能产业，其次为风能和生物质能产业，而经营地热能、氢能等其他新能源产业的企业则寥寥无几。我国新能源上市公司情况见表 3。

表 3　新能源上市公司情况（2019 年末）

上市年份	数量（家）	融资额（万元）
1992	2	259156.3533
1993	4	3619476.2066
1994	3	1807060.8158
1995	2	2245946.1700
1996	8	3927615.1032

上市年份	数量（家）	融资额（万元）
1997	11	7417272.6742
1998	5	3888982.3891
1999	2	1344467.9538
2000	3	1877376.5715
2001	4	2468596.9555
2002	6	5586578.6290
2003	5	13088169.0574
2004	4	4329575.4854
2005	1	1780104.9995
2006	6	4215953.4976
2007	5	2199228.9753
2008	3	1297700.3981
2009	5	1669277.2366
2010	25	8244953.4181
2011	16	9522727.5381
2012	5	1568524.6454
2013	0	0
2014	1	175222.3304
2015	3	505712.7989
2016	3	64299.6600
2017	4	301504.6862
2018	2	148704.0000
2019	1	61910.0000
合计	139	83616098.55

如表4所示，从地区来看，全国有24个省区市有新能源上市公司，其中广东的新能源上市公司数量和融资额均居全国首位，有27家上市公司，融资总额935亿元；其次是江苏，有新能源上市公司22家，融资总额约782亿元。

表 4　各地新能源上市公司情况（2019 年末）

省区市	上市数量（家）	融资额（万元）
安徽	5	3527727.4620
北京	16	2845101.8336
福建	2	170900.8090
甘肃	1	602284.4317
广东	27	9350172.6703
河北	3	4405705.8244
河南	5	2829886.9099
湖北	4	3011757.7014
湖南	3	1285707.1965
吉林	2	1293445.9849
江苏	22	7818392.7614
江西	4	1950235.7672
辽宁	3	742108.4228
宁夏	2	418704.6842
山东	3	265082.4919
山西	1	324448.9997
陕西	2	2029284.0383
上海	8	5195357.3687
四川	5	3233923.1789
天津	1	17245.0000
新疆	2	1096131.1497
云南	1	280471.3100
浙江	15	4502784.3756
重庆	2	813321.6738
总计	139	83616098.5490

在 139 家新能源上市公司中，主板 72 家，融资额 6295 亿元。中小板 38 家，融资额 1417.5 亿元；创业板 29 家，融资额 648.16 亿元。按照行业领域分类，机械设备类的公司最多，有 42 家，占 30%（见图 3）。

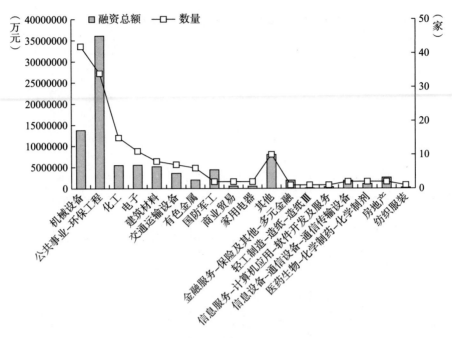

图3　139家新能源上市公司分行业融资情况

（二）2009～2019年新增新能源公司上市情况

如图4所示，2009～2019年，新增新能源上市公司65家。截至2019年12月31日，这65家新能源上市公司融资总额约为2226.28亿元，平均融资额为34.25亿元。这65家新能源上市公司融资总

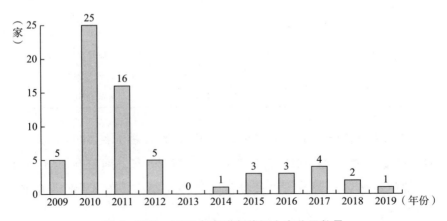

图4　2009～2019年新增新能源上市公司数量

额占所有新能源上市公司的融资总额的比重为26.63%。

在65家新能源上市公司中，沪市占14家、深市51家；主板14家、中小板22家、创业板29家。

按照行业进行融资规模的统计，建筑行业平均融资额最高，达到91亿元；融资额最少的为环保工程行业，为11亿元（见图5）。将65家上市公司按照行业领域分类，机械设备类的公司最多，有30家，占46%（见图6）。

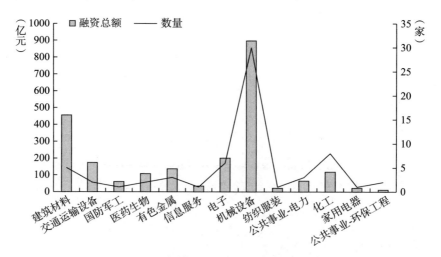

图5　65家新能源上市公司分行业融资情况

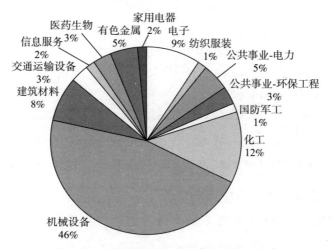

图6　65家新能源上市公司分行业所占比重

将 65 家上市公司按照所在地区分类，如图 7 所示，江苏有 15 家新能源上市公司，居首位，河北、湖北、湖南、宁夏、四川在 2009 年至 2019 年仅有一家新能源上市公司。从融资额来看，虽然江苏的新能源上市公司数量最多，但是融资额最多的是北京，其 6 家上市公司融资总额为 6467364 万元（见图 8）。

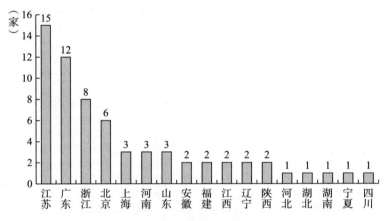

图 7   65 家新能源上市公司地区数量分布（2019 年末）

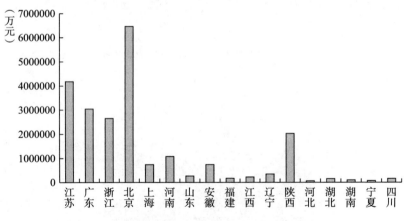

图 8   65 家新能源上市公司地区融资额分布（2019 年末）

1. 新能源上市公司的资本结构

通过整理这 65 家新能源上市公司的资产负债率、投入资本回报率及总资产净利率，归纳比较这些新能源上市公司的资本结构（见表5）。

表5　65家新能源上市公司的资本结构

单位：%

65家上市公司（平均值）											
资产负债率				投入资本回报率				总资产净利率			
2018年	2017年	2016年	2015年	2018年	2017年	2016年	2015年	2018年	2017年	2016年	2015年
47.13	47.68	43.97	44.82	0.45	4.98	5.09	3.93	0.69	4.15	3.99	2.99
年增长率	-1	8	-2	年增长率	-91	-2	29	年增长率	83	4	33

30家机械设备公司（平均值）											
资产负债率				投入资本回报率				总资产净利率			
2018年	2017年	2016年	2015年	2018年	2017年	2016年	2015年	2018年	2017年	2016年	2015年
49.29	48.69	47.71	46.98	2.41	7.59	5.67	5.02	1.77	5.63	5.46	4.34
年增长率	1	2	2	年增长率	-68	34	13	年增长率	-69	3	26

6家电子公司（平均值）											
资产负债率				投入资本回报率				总资产净利率			
2018年	2017年	2016年	2015年	2018年	2017年	2016年	2015年	2018年	2017年	2016年	2015年
59.32	55.30	58.19	49.03	7.74	9.61	13.05	11.26	5.19	6.54	8.60	8.34
年增长率	7	-5	19	年增长率	-19	26	16	年增长率	-21	-24	3

8家化工公司（平均值）											
资产负债率				投入资本回报率				总资产净利率			
2018年	2017年	2016年	2015年	2018年	2017年	2016年	2015年	2018年	2017年	2016年	2015年
33.78	37.13	30.01	29.09	5.29	6.31	5.73	2.05	4.61	5.40	4.90	1.89
年增长率	-9	24	3	年增长率	-16	10	180	年增长率	-15	-10	160

2015～2018 年，65 家新能源上市公司平均资产负债率普遍较高，均在 45% 左右。这可能说明新能源上市公司在负债融资方面有更为便捷的渠道，通过国家为新能源公司提供的便利的融资途径，新能源上市公司积极使用财务杠杆来进一步扩大公司规模。总体来看，平均资产负债率小幅度波动增加，表明新能源上市公司需要严格控制财务风险。从行业分类上看，电子类公司平均资产负债率最高，均值在 50% 以上，高于 65 家新能源上市公司平均水平；化工类公司平均资产负债率在 30% 左右，低于 65 家新能源上市公司的平均值。

从盈利状况来看，65 家新能源上市公司 2015～2018 年投入资本回报率平均在 4% 左右，但是 2018 年投入资本回报率平均值骤降，下降 4.53 个百分点，总资产净利率平均值下降 3.46 个百分点。

2. 新能源上市公司的研发投资

按板块来看，65 家新能源上市公司中在主板上市的有 14 家，其中 601619. SH 嘉泽新能财务报表不适用技术分析，故无研发费用数据。13 家公司研发费用在 2016 年、2017 年、2018 年分别为 69.49 亿元、84.88 亿元、102.74 亿元，平均研发费用分别为 5.35 亿元、6.53 亿元、7.90 亿元（见表 6），平均研发费用年均增幅为 21.52%。

表 6 13 家主板上市的新能源公司的研发费用情况

单位：亿元

年份	2018	2017	2016
研发费用（总）	102.74	84.88	69.49
平均研发费用	7.9	6.53	5.35

65 家新能源上市公司中在中小板上市的有 22 家，22 家公司研发费用总和在 2016 年、2017 年、2018 年分别为 56.35 亿元、62.36 亿元、77.07 亿元，平均研发费用分别为 2.56 亿元、2.83 亿元、3.50 亿元（见表 7），平均研发费用年均增幅为 16.93%。

表 7　22 家中小板上市新能源公司的研发费用情况

单位：亿元

年份	2018	2017	2016
研发费用（总）	77.07	62.36	56.35
平均研发费用	3.5	2.83	2.56

　　65 家新能源上市公司中在创业板上市的有 29 家，29 家公司研发费用总和在 2016 年、2017 年、2018 年分别为 18.95 亿元、30.31 亿元、41.63 亿元，平均研发费用分别为 0.65 亿元、1.05 亿元、1.44 亿元（见表 8），平均研发费用年均增幅为 48.84%。

表 8　29 家创业板上市新能源公司的研发费用情况

单位：亿元

年份	2018	2017	2016
研发费用（总）	41.63	30.31	18.95
平均研发费用	1.44	1.05	0.65

　　可以看出，主板上市的新能源公司在研发方面投入的费用相对较多，而创业板上市的新能源公司研发费用增幅明显高于主板和中小板的上市公司。

3. 新能源上市公司的补贴情况

　　按照板块来分，65 家新能源上市公司中在主板上市的有 14 家，2016 年获得补贴共计 57625.6 万元，平均每家企业补贴 4116 万元。在中小板上市的有 22 家，2016 年获得补贴共计 180412 万元，平均每家企业补贴 8200 万元。在创业板上市的有 29 家，2016 年获得补贴共计 76090 万元，平均每家企业补贴 2623 万元。需要说明的是，在中小板上市公司中，比亚迪公司获得政府补贴 71093.9 万元，占中小板上市公司补贴总额的 39.4%。

　　按地区分，65 家新能源上市公司中，北京地区 6 家上市公司获得的补贴最多，平均每家补贴 15584.5 万元。其次是广东，补贴 87020.94 万元，但其中比亚迪一家企业获得补贴占广东补贴总额的 81%（见表 9）。

表9　2016 年 65 家新能源上市公司的补贴情况

地区	上市公司数量 （家）	政府补贴总额 （万元）	平均补贴金额 （万元）
山东	3	5734.03	1911.34
福建	2	3176.10	1588.05
河南	3	2880.01	960.00
辽宁	2	3519.56	1759.78
北京	6	93507.05	15584.50
浙江	8	35580.05	4447.51
湖南	1	689.34	689.34
广东	12	87020.94	7251.75
江苏	15	43197.10	2879.80
陕西	2	8627.6	4313.8
河北	1	1326.99	1326.99
江西	2	3177.98	1588.99
上海	3	9024.27	3008.10
安徽	2	6883.52	3441.76
四川	1	3375.82	3375.82
湖北	1	6392.74	6392.74
宁夏	1	15.54	15.54

（三）政策扶持与新能源企业发展的相关性分析

政府补贴是新能源产业政策的主要手段，经过近 20 年的实践，政府补贴政策逐渐完善。有研究认为，新能源企业获得的政府补贴与企业绩效呈反方向变动，即政府补贴越多，企业绩效越低；在新能源企业成长性方面，新能源企业政府补贴对企业的成长性不具有正向促进作用①。也有研究认为，政府补贴对新能源企业的成长性有显著促进作用。具体而言，政府补贴和代表企业成长性的营业收入增长率、固定资产增长率均呈显著正相关关系，即政府补贴通过市场培育、缓解融资约束，促进企业成长；政府补贴对研发投入有显著正向影响，表明政府补贴可以通过增加企业研发投入，进而促进新能源企业的成长②。此外，在改善企业投融资环境方面，一方面，政府补贴可通过直接方式，为企业提供资金支持；另一方面，政府补贴可通过间接方式，借助信号效应，通过对研发的要素支持及财政补贴，向外界投资者传递企业项目资质良好的信号，缓解企业和投资者间的信息不对称，营造良好融资环境③。在促进产业技术创新方面，通过研发补贴可降低企业研发风险④，促进研究成果的转化及进一步的产业化。

为深入研究政府补贴对新能源企业成长性的影响，本研究选取22 家新能源上市公司，以 2016～2018 年的数据为基础进行考察。

选取两个代表企业成长性的指标。一是投入资本回报率。投入资本回报率是用来评估一个企业或其事业部门历史绩效的指标，用于衡量企业投入资金的使用效果。二是总资产净利率。该指标反映的是公司运用全部资产所获得利润的水平，该指标越高，表明公司投入的产出水平越高，资产运营越有效，成本的控制水平越高。

模型形式：

$$y = Constant + \beta_1\ R\&D + \beta_2\ Subsidy + \beta_3\ Scale + \beta_4\ Ratio + \varepsilon$$

① 徐菊、蒋雪梅：《财政补贴对新能源上市企业发展影响研究》，《中国物价》2020 年第 1 期，第 41 页。
② 王玲玉：《政府补贴、资本结构和企业成长性——基于新能源产业的实证研究》，硕士学位论文，北京交通大学，2017，第 13 页。
③ 唐宝安、李凤云：《融资约束、政府补贴与新能源企业投资效率——基于异质性双边随机前沿模型》，《工业经济》2016 年第 8 期，第 145 页。
④ 王遂昆、郝继伟：《政府补贴、税收与企业研发创新绩效关系研究》，《科技进步与对策》2014 年第 5 期，第 93 页。

y：新能源企业成长性。本研究分别用投入资本回报率和总资产净利率表示。

$R\&D$：研发强度。本研究用研发费用除以资产总额表示。

$Subsidy$：补贴强度。本研究用财政补贴除以资产总额表示。

$Scale$：企业规模。用资产总额表示，单位为亿元。

$Ratio$：资产负债率。

$Constant$：常数项。

ε：误差项。

数据描述性统计见表 10。

表 10　数据描述性统计

变量名	样本量	平均数	标准差	最小值	中位数	最大值
投入资本回报率	66	5.26	12.69	-78.35	4.79	40.42
总资产净利率	66	3.90	8.73	-56.15	4.19	23.02
研发强度	66	30.63	118.46	0.06	5.62	930.73
补贴强度	66	4.59	18.76	0.00	0.46	145.81
企业规模	66	23441.83	82308.07	2.85	1528.98	456134.47
资产负债率	66	49.35	17.38	4.41	51.17	87.84

在模型中，除了对全体样本进行回归，本章节进一步把全样本拆分为主板、创业板、中小板上市公司三个层次，具体的回归结果见表 11 和表 12。

被解释变量为投入资本回报率时的回归结果见表 11。

表 11　政府补贴与投入资本回报率的回归结果

变量	全样本	主板	创业板	中小板
研发强度	0.069 *	0.527	0.090	0.111 **
	(0.038)	(0.521)	(0.091)	(0.044)
补贴强度	-0.382 **	0.053	-0.515	-0.060
	(0.186)	(0.439)	(0.450)	(0.105)

续表

变量	全样本	主板	创业板	中小板
企业规模	−0.000	−0.000	0.003	−0.000
	(0.000)	(0.000)	(0.003)	(0.000)
资产负债率	−1.239***	0.127	−1.974***	−0.228
	(0.193)	(0.456)	(0.269)	(0.159)
常数项	66.091***	−3.195	85.219***	16.079*
	(9.663)	(26.214)	(11.142)	(8.446)

注：***、**、*分别表示在1%、5%和10%的显著性水平下显著，括号中为统计量对应的标准误，下同。

由表11可知，研发强度与新能源企业的投入资本回报率正相关，尤其是对中小板上市的新能源企业有显著的正影响。补贴强度与新能源企业的投入资本回报率明显负相关。也就是说，补贴强度越大，新能源企业的投入资本回报率越低，即政府补贴没有对企业投入资金的使用效果产生积极影响。企业规模与新能源企业的投入资本回报率基本没有相关性。资产负债率与新能源企业的投入资本回报率显著负相关，特别是对创业板上市的新能源企业影响显著，其资产负债率越高，投入资本回报率越低。

表12是总资产净利率作为被解释变量时的回归结果。由表12可知，研发强度与新能源企业总资产净利率正相关，特别是对中小板上市的新能源企业而言，研发投入越多，研发强度越大，总资产净利率越高。补贴强度与新能源企业总资产净利率负相关，也就是说，补贴强度越大，企业的总资产净利率越低。企业规模对企业总资产净利率基本没有影响。资产负债率与新能源企业总资产净利率显著负相关，对创业板上市的新能源企业而言尤为如此。

表12 政府补贴与总资产净利率的回归结果

变量	全样本	主板	创业板	中小板
研发强度	0.051*	0.314	0.056	0.096**
	(0.026)	(0.273)	(0.057)	(0.033)

续表

变量	全样本	主板	创业板	中小板
补贴强度	−0.279 **	0.024	−0.324	−0.049
	(0.123)	(0.230)	(0.282)	(0.078)
企业规模	0.000	−0.000	0.003	−0.000
	(0.000)	(0.000)	(0.002)	(0.000)
资产负债率	−0.929 ***	0.060	−1.452 ***	−0.250 *
	(0.128)	(0.238)	(0.169)	(0.118)
常数项	49.403 ***	−0.248	62.300 ***	16.284 **
	(6.416)	(13.706)	(6.992)	(6.268)

以上的研究分析表明，研发强度与新能源企业的成长性有显著的正相关关系，也就是说，研发投入占资产总额的比例越高，新能源企业的资金使用效果越好、成本控制水平越高。这在中小板上市的新能源企业中表现更明显。

补贴强度与新能源企业的投入资本回报率和总资产净利率呈显著负相关关系。这说明 2016 ~ 2018 年，政府补贴没有为新能源上市公司的成长带来积极影响。

三　政策建议

回顾新能源产业的发展历程，梳理新能源产业补贴政策的转型调整，可以看到，新能源产业补贴政策从微观上影响着新能源企业的设立和成长，从宏观上充分体现了国家战略。为了促进可再生能源的开发利用，实现经济和社会可持续发展，2006 年《中华人民共和国可再生能源法》颁布施行。随后，国家发改委研究制定了《可再生能源发电价格和费用分摊管理试行办法》，并于 2006 年 1 月 1 日开始实施。2006 年可谓新能源产业补贴政策元年，随后，我国的新能源价格补贴政策逐渐调整完善，部分地区也出台了相应的地方性补贴政策。新能源补贴主体涵盖了供给侧和消费侧，包括企业及家庭；执行部门涉及国家发改委、财政部、国家能源局、金融机构、电力公司等。补贴政策在实施初期，对支持产业发展创新起到了极大的作用，但是随着市场规模扩大，补贴政策对于企业成长并没有积极影响，表明补贴政策的侧重点应该及时调整。

（一）积极作用

一是推进能源结构向绿色、低碳转型。我国的新能源发展特别是国内市场发展晚于发达国家，起步时技术并不先进，补贴也不算高，发展模式不明晰。然而，在短短十年内，我国新能源产业完成了从起步到领跑的转变，并以规模化生产成本优势为切入点，从整体培育与适度竞争的角度解决发展难题。以光伏发电产业为例，中国制造业的快速发展使光伏组件成本在十年间下降了90%，太阳能发电市场规模迅速扩大，技术优势逐渐显现。2008～2018年，我国太阳能装机规模年均增长92.3%，世界同期增幅42.3%；发电量年均增幅102%，远高于全世界同期46.7%的年均增幅。从规模优势、成本优势着手，我国新能源产业逐渐积累人才优势、技术优势，最终推进能源结构向绿色、低碳转型。2008～2018年，我国可再生能源发电量年均增长35.8%，而同期世界平均增幅是15.5%。2019年，我国可再生能源发电量达到7323亿千瓦时，比上年增长14.6%，占全世界可再生能源发电量的26.1%。

二是推进农村能源革命，助力脱贫攻坚。作为重要的农村基础设施和公共服务，农村能源供应是实现农业强、农村美、农民富的重要动力和支撑。光伏扶贫工程立足农村自身资源禀赋，为推进农村能源革命、为老百姓脱贫致富提供能源动力。截至2020年6月，全国累计建成投运光伏扶贫电站2649万千瓦，惠及1472个县、138091个村、418万贫困户，被列为国家"精准扶贫十大工程"之一。

（二）存在问题

一是准入门槛低，产能过剩。新能源企业在价格补贴政策扶持下，其产业相关技术进步较快。但在新能源补贴政策实施初期，政策准入门槛低、缺乏严格的评估系统，导致大量资本涌入新能源市场。特别是光伏发电企业无计划扩展规模，产能严重过剩，甚至出现低价恶性竞争，造成产业资源的极大浪费。

二是补贴窟窿大，长期补贴难以为继。随着新能源产业规模的不断扩大，新能源电价补贴资金缺口也持续扩大。2017 年底，新能源发电补贴缺口累计达 1127 亿元，2018 年在 2000 亿元左右。据 2020 年 6 月 17 日财政部公布的数据，2020 年底补贴总需求为 3000 亿元左右，其中风电约为 1550 亿元，光伏发电约为 1250 亿元。预计到 2030 年，可再生能源补贴累计将超过 1 万亿元。

三是部分企业对补贴政策的依赖度过高，补贴政策的调整对企业经营造成剧烈波动。2018 年 5 月 31 日，国家发改委、财政部和国家能源局联合下发《关于 2018 年光伏发电有关事项的通知》（以下简称《通知》），表示根据行业发展实际，暂不安排 2018 年普通光伏电站建设规模。《通知》同时要求，分布式光伏建设将纳入指标管理，并统一调降光伏发电补贴价格。新规发布后的第一个交易日，沪深股市 21 家光伏设备上市公司就有 6 家跌停，光伏板块市值 2 天蒸发 300 多亿元。

（三）发展建议

2019 年，我国出台了一系列新能源产业政策，内容涉及年度规模管理、项目建设管理、运行消纳、价格补贴等环节。新能源产业政策以完善项目规划建设、加速新能源补贴退坡、建立新能源消纳保障机制为重点，推动新能源由高速发展向高质量发展转变。2020 年 7 月，财政部、国家发改委、国家能源局三部门联合出台了《关于促进非水可再生能源发电健康发展的若干意见》，并修订《可再生能源电价附加补助资金管理办法》，明确到 2021 年陆上风电、光伏电站、工商业分布式光伏将全面取消国家补贴。

由于水电和生物质发电受资源限制，核电建设周期长，要实现

《能源生产和消费革命战略（2016－2030）》提出的"到2030年，非化石能源发电量占全部发电量的比重力争达到50%"的目标，实现"十四五"能源高质量发展主要依靠光伏发电和风电加快发展。

未来，面对全球贸易保护主义抬头和国内政策补贴滑坡等多重压力，新能源产业将如何发展？产业政策还能在哪些方面发挥作用？笔者认为，第一，多渠道募集补贴资金，解决补贴拖欠的遗留问题。第二，转换补贴重点，补贴由新能源投资生产端向新能源消费端转型。第三，加强补贴资金监管，根据新能源发展规划，提高补贴资金使用效果。具体建议如下。

一是借力能源金融，解决补贴拖欠遗留问题。2020年后，风电、光伏发电项目全面平价上网，新增项目国家不再实施补贴，预计在2028年，电价补贴缺口将达到峰值，之后每个年度可再生能源基金收入将大于年度新增补贴需求。未来，可再生能源电价附加资金有能力承担存量项目补贴以及偿还可再生能源专项债或基金利息。因此，可以通过金融手段补充可再生能源基金的暂时性缺口，保障补贴资金的及时拨付。

建议有关部门批准可再生能源附加基金授权管理机构牵头设立新能源补贴专项基金，由政策性银行和保险债权等机构作为基金合伙人提供资金。新能源补贴专项基金成立后，一次性兑付之前拖欠款项，并按时拨付之后的补贴。该专项基金垫付补贴形成的利息由可再生能源基金来承担；本金由可再生能源基金逐年累加返还。设立新能源补贴专项基金，有利于一次性解决补贴的历史遗留问题，协助企业实现财务稳定、高质量发展。

2020年7月15日，财政部、生态环境部、上海市等多家部门和机构共同发起设立的国家绿色发展基金股份有限公司（以下简称"绿色发展基金公司"）在上海揭牌，首期募资规模885亿元。基金将重点投资污染治理、生态修复和国土空间绿化、能源资源节约利用、绿色交通和清洁能源等领域。也可以考虑利用绿色发展基金公司的平台，设立专项基金，垫付补贴资金。

二是完善绿证交易机制。我国从 2017 年 7 月开始启动绿证自愿交易，目的是弥补部分可再生能源补贴缺口，并逐步培育我国绿色电力自愿消费市场。但是从绿证自愿交易的实际运行情况来看，绿证核发范围、价格机制和交易模式方面均有较多限制，市场活力不足、成交量低。

从国际上推行绿色电力和绿证交易较为成功的国家来看，绿电市场一般分为强制市场和自愿市场两类，两个市场既可结合、相互关联运行，也可独立运行。可再生能源电力配额制是驱动强制市场的核心政策机制，自愿市场的发展则受社会环境导向、企业和居民绿电消费意愿的影响。美国绿电自愿交易市场的成功得益于政府支持与推广、非政府组织的宣传、第三方/非政府组织认证、企业/机构的可再生能源承诺。

绿证交易制度的推出对凝聚社会共识、推动能源转型具有积极意义。为发挥绿证交易促进清洁能源高效利用和降低国家财政资金补贴强度的积极作用，建议尽快修订完善我国绿证交易机制，进一步完善绿证交易与可再生能源电力消纳责任目标履行的关联机制、建立完善绿色电力市场化交易机制、扩大绿证核发范围、推动价格与补贴限额脱钩、逐步开放二级市场、加强社会意识引导、对于采用绿色电力的企业和居民给予优惠政策等，推动绿色消费理念和习惯全面形成。配额及绿证交易是新能源的重要制度设计，可增加新能源供应、保障新能源消纳、减缓财政补贴压力。在自愿交易与强制约束结合的安排下，绿证交易可以改善新能源企业现金流、缓解补贴压力。

三是探索新能源企业应收账款资产证券化。应收补贴款是一类适合金融化的资产，可以作为票据类金融工具，有利于企业盘活资产、加快资金周转、拓宽融资渠道。

对于中央企业所属的新能源投资商而言，发行绿色债券具备信用评级高、担保能力强等诸多优势。但对于一般新能源运营商，尤其是民营企业而言，应收账款资产证券化实施难度较大，面临诸多限制，如发起人信用等级、抵质押物等担保、应收账款价值等，需要产业与金融协同降低项目风险。另外，发行针对新能源补贴的国债也是弥补财政补贴缺口的一种方式。

四是转换补贴重点，给予"光伏＋储能"、BIPV 等先进技术应用模式扶持政策支持，促进光伏与多种能源、多种场景结合发展。

我国光伏发电已基本实现了用户侧的平价上网，发电侧的平价上网也即将在全国范围内实现。"十四五"期间，光伏发电将不再需要国家补贴，可依靠自身的经济性市场化发展。但从进一步提高资源利用效率、提升电能输出质量、降低综合发用电成本角度考虑，光伏发电与储能、风电、水电、光热等多种能源的结合，以及光伏发电在与建筑物一体化（BIPV）等新场景的应用将是光伏发电从高速发展转向高质量发展，并进一步提升我国光伏发电应用技术水平的必然需求和趋势。

因此建议借鉴欧美国家政策，对我国光储结合系统、与建筑物结合的光伏产品，以及离微网等特定场景的应用给予政策支持。例如，对光储结合系统的应用，建议初期采取初装补贴、税收抵免等方式培育市场，后期随着成本下降可逐步削减补贴标准，并适时引入竞价机制促进成本下降；对于建筑一体化产品的应用，借鉴美国加州等关于屋顶光伏的规定，对新建建筑物提出明确的绿色要求，对存量建筑物鼓励通过改造实现建筑物与绿色发电系统的结合。

五是加强监管，避免一拥而上，提高补贴使用的监管力度与透明度。建议企业专款专用、专户管理。可以按照"公开、公平、公正"的原则，通过招标方式确定支持的项目和资金数额。对示范性广、带动力强、效益好的新能源项目进行择优扶持。专项资金管理和使用接受社会监督。

优先给予研发能力强、能填补国内技术空白和迅速实现产业化的新能源创新技术资金奖励，对列入国家和省级新能源产业关键技术领域及国家新能源领域重大科技攻关项目给予一定资金奖励。以奖代补，提升企业运营能力。

附录1　两个案例

我们以 2011 年主板上市的两家公司为案例，进一步考察政府补贴对新能源企业的影响，它们分别是北京京运通科技股份有限公司（以下简称"京运通"，股票代码 601908）和江苏林洋能源股份有限公司（以下简称"林洋能源"，股票代码 601222）。

林洋能源

林洋能源成立于 1995 年，总部位于江苏启东，2011 年 8 月 8 日在上交所主板上市，现已发展成为拥有超百家子公司的集团化上市企业。公司产品涵盖智能、节能、新能源三大领域：包含智能电表、用电信息管理系统解决方案、智慧能效管理云平台及一站式综合能源服务；公司投资运营约 1.5 吉瓦光伏电站，并提供全球领先的"N + Solution"光伏系统解决方案、光伏 EPC 及运维服务等。经过二十几载不断耕耘，林洋能源已成为智慧能源领域极具竞争力的企业之一。

公司主要从事智能、节能、新能源三个板块业务，具体如表 1 所示。

表 1　林洋能源主要业务内容

	业务范围
智能板块	公司智能板块主营产品覆盖智能电表、用电信息采集终端、用电信息管理系统及 AMI（先进计量体系架构）解决方案、低压智能断路器、智能配电产品及相关解决方案、电力运维服务、微电网及储能系统、电力物联网智能终端及解决方案等，是领先的智能配用电产品及系统解决方案提供商。包括但不限于：单相电能表系列、三相电能表系列、直流电能表以及数字化变电站表、采集器、专变采集终端、集中器、负控及配变终端、各类通信模块、能效采集及管理终端、模组化智能终端、配用电融合智能终端等产品以及智能用电信息管理和海外 AMI（先进计量体系架构）主站软件等系统解决方案。

	业务范围
新能源板块	公司新能源板块主营业务为开发、投资、设计、建设、运营及服务各类分布式光伏电站，包括大中小型工商业屋顶电站、地面分布式光伏电站、光伏建筑一体化、光充储微网等，光伏电站运维服务以及 N 型高效双面单晶光伏电池、组件的研发、制造和销售。
节能板块	公司节能板块主要业务为综合能源服务业务，该业务板块依托林洋智慧能效管理云平台，为用户提供定制的一站式综合能源服务解决方案，包括 LED 节能照明改造、分布式光伏发电及储能微网、清洁高效电供暖、电能质量治理、工业设备节能改造等。

林洋能源作为国内最大的东部分布式电站运营企业，旗下光伏电站总装机容量截至目前约 1.5 吉瓦。

国家补贴情况：2018 年 6 月 15 日，根据财政部、国家发改委、国家能源局联合发布的《关于公布可再生能源电价附加资金补助目录（第七批）的通知》，符合条件的项目可被列入可再生能源电价附加资金补助目录。林洋能源一次性回笼补贴资金超 4 亿元，大大改善公司的应收账款情况。

地方补贴情况：根据 2015 年度启东市《关于推进全市工业经济转型升级的若干政策意见》《关于 2015 年全市经济稳增长若干政策措施》等相关激励政策，林洋能源于 2016 年获得启东市发改委给予的推动光伏链式发展补贴资金和其他补贴合计 1600 万元。

京运通

京运通成立于 2002 年 8 月 8 日，注册资本为 85977.0272 万元，是一家以光伏设备制造业务为核心、光伏设备与晶体硅生长和晶片业务互补发展的高新技术企业。

公司于 2011 年 9 月 8 日在上海证券交易所成功上市，截至 2011 年末，公司总资产达 45.46 亿元，净资产达 37.03 亿元。2011 年度，公司实现营业收入 17.75 亿元，实现净利润 4.34 亿元，基本每股收益 1.18 元。

公司在 2018～2019 年主要经营四项业务，分别是高端装备制造业务、新能源发电业务、新材料业务及节能环保业务（见表2）。

表2　京运通主要业务内容

	业务范围
高端装备制造业务	主要产品包括光伏设备和半导体设备。光伏设备包括单晶硅生长炉、多晶硅铸锭炉、金刚线开方机、金刚线切片机、多晶检测自动化设备等。半导体设备包括区熔单晶硅炉、碳化硅晶体生长设备等。
新能源发电业务	该业务主要包括太阳能光伏发电和风力发电。公司2012年进入光伏发电领域，装机规模不断扩大，后又涉足风力发电领域。2018年"5·31光伏发电新政"以后，公司根据相关政策和市场情况，调整了业务拓展节奏，谨慎选择投建标的，装机容量增速放缓。截至2019年底，公司新能源发电事业部光伏及风力发电累计装机容量约为1.34吉瓦。
新材料业务	公司硅棒、硅锭与硅片业务主要产品为光伏级的直拉单晶硅棒及硅片、多晶硅锭及硅片，半导体级的区熔单晶硅棒及硅片。其中，硅棒、硅锭产品主要规格为8、8.5英寸单晶硅棒和G7、G8多晶硅锭，硅片产品主要包括8、8.5英寸单晶硅片和8英寸多晶硅片。直拉单晶硅棒及硅片、多晶硅锭及硅片主要应用于光伏发电领域，区熔单晶硅棒可满足IGBT、可控硅等大功率电子器件的应用需求。
节能环保业务	该业务包括脱硝催化剂的生产销售和环保工程业务。近年来，国家对环保问题的重视程度继续提升，我国催化剂行业持续发展，但公司专利产品稀土基脱硝催化剂仍需在市场开拓、成本控制等方面继续努力，提升市场竞争力。

一　盈利能力分析①

通过基本每股收益指标来评估这两个企业的盈利能力，预测企业成长潜力。如表3所示，林洋能源的每股收益在2019年为0.4元，较2018年下降7%；京运通每股收益在2019年为0.13元，较2018年下降43.4%，下降幅度较大。

表3　林洋能源与京运通的盈利能力情况

单位：元

时间	林洋能源	京运通
2019年	0.40	0.13
2018年	0.43	0.23

---

① 以下提到的时间均为年末的财务数据，如2018年指2018年12月31日的数据。

二　运营能力分析

通过存货周转率指标，来考察两家企业的运营能力。

如图1所示，京运通在2018年的存货周转率为2.03%，2019年为1.94%；林洋能源2018年的存货周转率为5.88%，2019年为2.93%。

两家企业的存货周转能力在2018年之后均有所下降，林洋能源存货周转率变化尤为明显，可能2018年末销售量下降，存货量上升，导致其周转率下降。

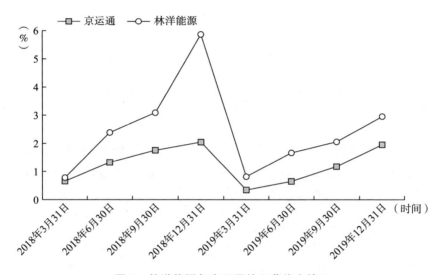

图1　林洋能源与京运通的运营能力情况

三　偿债能力分析

（一）短期偿债能力分析

通过运营资本指标，我们来分析两家企业的短期偿债能力。

如图2所示，林洋能源在2018年运营资本为45.45亿元，在2019年为46.37亿元，小幅上涨；京运通2018年为－3.89亿元，2019年为－3.47亿元。林洋能源运营资本一直都是正数且稳健上涨，说明短期偿债能力极强；运营资本一直为负数的京运通的短期偿债能力较弱。

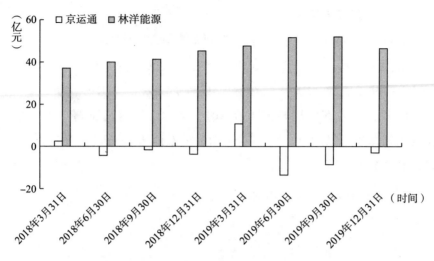

图 2　林洋能源与京运通的短期偿债能力情况

（二）长期偿债能力分析

通过资产负债率指标，我们发现，京运通的资产负债率在 55%
左右，高于新能源上市公司平均水平；林洋能源在 45% 左右，处于
平均水平，资产状况良好（见图 3）。

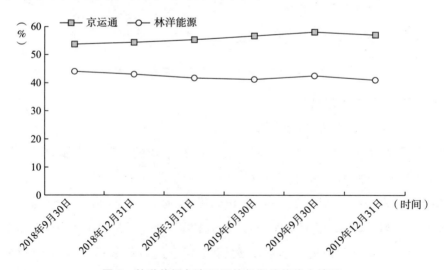

图 3　林洋能源与京运通的长期偿债能力情况

四 发展能力分析

(一) 利润分析

由表 4 可知，林洋能源净利润一直为正数，而京运通的净利润在 2019 年初为负数 (见表 5)，因此从盈利能力上看，林洋能源好于京运通。

表 4 林洋能源利润表 (简表)

单位：元

报告期	营业收入	营业成本	投资收益	营业利润	利润总额	净利润
2020 年 6 月 30 日	—	—	—	—	—	—
2020 年 3 月 31 日	6.88 亿	3.98 亿	581.29 万	1.26 亿	1.51 亿	1.32 亿
2019 年 12 月 31 日	33.59 亿	18.21 亿	8111.48 万	7.98 亿	7.79 亿	7.00 亿
2019 年 9 月 30 日	25.46 亿	13.23 亿	4983.80 万	7.61 亿	7.47 亿	6.86 亿
2019 年 6 月 30 日	16.68 亿	8.98 亿	3857.52 万	4.72 亿	4.62 亿	4.18 亿
2019 年 3 月 31 日	6.94 亿	3.81 亿	1233.59 万	1.78 亿	1.79 亿	1.62 亿
2018 年 12 月 31 日	40.16 亿	24.97 亿	5580.45 万	8.16 亿	8.28 亿	7.78 亿
2018 年 9 月 30 日	27.44 亿	15.96 亿	4022.87 万	6.89 亿	6.88 亿	6.47 亿

表 5 京运通利润表 (简表)

单位：元

报告期	营业收入	营业成本	投资收益	营业利润	利润总额	净利润
2020 年 6 月 30 日	—	—	—	—	—	—
2020 年 3 月 31 日	7.28 亿	4.99 亿	244.96 万	1.02 亿	1.02 亿	8435.32 万
2019 年 12 月 31 日	20.57 亿	13.49 亿	4.65 亿	2.57 亿	2.52 亿	2.63 亿
2019 年 9 月 30 日	14.91 亿	8.77 亿	1023.53 万	1.96 亿	2.01 亿	1.67 亿
2019 年 6 月 30 日	8.21 亿	4.74 亿	1167.31 万	8443.92 万	8868.48 万	7129.90 万
2019 年 3 月 31 日	3.15 亿	2.18 亿	-131.15 万	-1072.40 万	-1379.82 万	-1532.52 万
2018 年 12 月 31 日	20.34 亿	11.16 亿	900.10 万	4.48 亿	4.52 亿	4.52 亿
2018 年 9 月 30 日	16.83 亿	8.90 亿	241.07 万	4.84 亿	5.12 亿	4.80 亿

（二）主营业务收入分析

2018~2019 年，林洋能源在光伏发电行业的营业收入平均占公司总营业收入的五成以上，说明光伏发电行业有发展潜力（见表 6、表 7）。

表 6　林洋能源 2018 年主营业务收入构成

业务名称	营业收入（万元）	收入比例（%）	营业成本（万元）	成本比例（%）	营业利润（万元）	利润比例（%）	毛利率（%）
光伏发电行业	24.03 万	60.49	12.91 万	52.51	11.12 万	73.42	46.26
智能配用电行业	14.32 万	36.05	10.73 万	43.64	3.60 万	23.76	25.13
其他	8371.78	2.11	5565.55	2.26	2806.23	1.85	33.52
LED 行业	5350.86	1.35	3891.12	1.58	1459.74	0.96	27.27

表 7　林洋能源 2019 年主营业务收入构成

业务名称	营业收入（万元）	收入比例（%）	营业成本（万元）	成本比例（%）	营业利润（万元）	利润比例（%）	毛利率（%）
智能配用电行业	16.13 万	49.12	11.87 万	65.22	4.26 万	29.67	27.65
光伏发电行业	15.17 万	46.19	5.05 万	29.76	9.67 万	67.35	66.71
其他	1.09 万	3.32	8338.53	4.51	2562	1.78	23.71
LED 行业	4490.21	1.37	2784.46	1.51	1705.79	1.19	38.04

2018~2019 年，京运通在新能源发电业务的营业收入占公司总营业收入的六成以上，2019 年新能源发电业务甚至帮其弥补新材料业务的亏损（见表 8、表 9）。说明新能源发电行业发展潜力巨大。

表 8　京运通 2018 年主营业务收入构成

业务名称	营业收入（万元）	收入比例（%）	营业成本（万元）	成本比例（%）	营业利润（万元）	利润比例（%）	毛利率（%）
新能源发电业务	11.85 万	64.19	4.67 万	49.26	7.19 万	79.95	60.68
高端装备制造业务	4.26 万	23.07	2.34 万	24.68	1.92 万	21.38	45.07

续表

业务名称	营业收入 （万元）	收入比例 （%）	营业成本 （万元）	成本比例 （%）	营业利润 （万元）	利润比例 （%）	毛利率 （%）
新材料业务	1.18 万	6.40	1.51 万	15.93	−3304.45	−3.68	−27.97
节能环保业务	1.17 万	6.34	9599.24	10.13	2101	2.34	18.03

表 9   京运通 2019 年主营业务收入构成

业务名称	营业收入 （万元）	收入比例 （%）	营业成本 （万元）	成本比例 （%）	营业利润 （万元）	利润比例 （%）	毛利率 （%）
新能源发电业务	12.24 万	62.80	5.08 万	40.37	7.16 万	103.62	58.49
新材料业务	5.74 万	29.45	6.36 万	50.55	−6210.28	−9.00	−10.82
节能环保业务	1.20 万	6.16	9576.66	7.61	2423	3.51	19.96
高端装备制造业务	3122.12	1.60	1847.49	1.47	1274.63	1.85	40.84

（三）研发费用分析

由图 4 可知，林洋能源报告期内的研发费用高于京运通，但两者总体都呈下降趋势。由图 5 可知，林洋能源研发投入占主营业务收入的比重近三年高于京运通，且比重呈增加趋势，而京运通呈波动状态。这意味着林洋能源更重视研发。

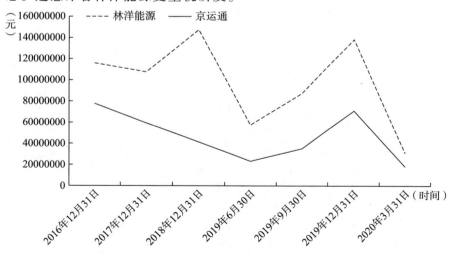

图 4   林洋能源与京运通的研发费用对比

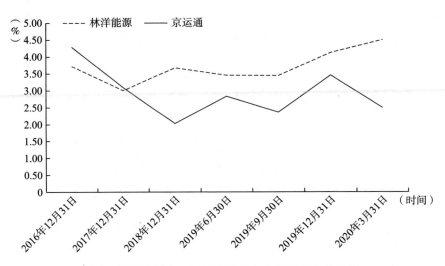

图5　林洋能源与京运通研发投入占营业收入的比重

附录2

表10　139家新能源上市公司名录

股票代码	股票简称	实际融资额合计（元）	上市日期	上市板块	所属同花顺行业
300117.SZ	嘉寓股份	728000000.00	20100902	创业板	建筑材料－建筑材料－其他建材
600517.SH	国网英大	19042088674.00	20031010	主板	金融服务－保险及其他－多元金融
002594.SZ	比亚迪	15894999877.00	20110630	中小板	交运设备－汽车整车－乘用车
000690.SZ	宝新能源	4262834498.00	19970128	主板	公用事业－电力－新能源发电
600075.SH	新疆天业	5847499602.00	19970617	主板	化工－基础化学－氯碱
000625.SZ	长安汽车	7371218554.00	19970610	主板	交运设备－汽车整车－乘用车
002411.SZ	延安必康	9902439900.00	20100525	中小板	医药生物－化学制药－化学制剂
002074.SZ	国轩高科	7898725518.00	20061018	中小板	机械设备－电气设备－电源设备

续表

股票代码	股票简称	实际融资额合计（元）	上市日期	上市板块	所属同花顺行业
002147.SZ	*ST新光	14520166140.00	20070808	中小板	房地产－房地产开发－房地产开发Ⅲ
600884.SH	杉杉股份	4266894447.00	19960130	主板	电子－其他电子－其他电子Ⅲ
002371.SZ	北方华创	5012784309.00	20100316	中小板	电子－半导体及元件－半导体材料
600856.SH	*ST中天	5234389853.00	19940425	主板	公用事业－燃气水务－燃气Ⅲ
000669.SZ	*ST金鸿	3988235330.00	19961210	主板	公用事业－燃气水务－燃气Ⅲ
000990.SZ	诚志股份	14149496697.00	20000706	主板	化工－化学制品－其他化学制品
600066.SH	宇通客车	6180720337.00	19970508	主板	交运设备－汽车整车－商用载客车
300187.SZ	永清环保	995492402.00	20110308	创业板	公用事业－环保工程－环保工程及服务
300234.SZ	开尔新材	646000000.00	20110622	创业板	建筑材料－建筑材料－其他建材
002518.SZ	科士达	942500000.00	20101207	中小板	机械设备－电气设备－电源设备
000959.SZ	首钢股份	11767584599.00	19991216	主板	黑色金属－钢铁－普钢
300064.SZ	豫金刚石	5806259988.00	20100326	创业板	机械设备－通用设备－磨具磨料
002610.SZ	爱康科技	5629999302.00	20110815	中小板	机械设备－电气设备－电源设备
601137.SH	博威合金	4079999995.00	20110127	主板	有色金属－有色冶炼加工－铜
300080.SZ	易成新能	8174300800.00	20100625	创业板	有色金属－新材料－非金属新材料
300073.SZ	当升科技	2632999977.00	20100427	创业板	化工－化学制品－其他化学制品
600290.SH	*ST华仪	3622499989.00	20001106	主板	机械设备－电气设备－输变电设备

续表

股票代码	股票简称	实际融资额合计（元）	上市日期	上市板块	所属同花顺行业
300316. SZ	晶盛机电	2420550000.00	20120511	创业板	机械设备 - 电气设备 - 电源设备
300335. SZ	迪森股份	1236575985.00	20120710	创业板	公用事业 - 环保工程 - 环保工程及服务
000027. SZ	深圳能源	19111156880.00	19930903	主板	公用事业 - 电力 - 火电
600537. SH	亿晶光电	3653707996.00	20030123	主板	机械设备 - 电气设备 - 电源设备
600795. SH	国电电力	24915694042.00	19970318	主板	公用事业 - 电力 - 火电
002309. SZ	中利集团	7077144504.00	20091127	中小板	机械设备 - 电气设备 - 电源设备
002190. SZ	成飞集成	1687299978.00	20071203	中小板	机械设备 - 电气设备 - 电源设备
600509. SH	天富能源	5113811895.00	20020228	主板	公用事业 - 电力 - 热电
000862. SZ	银星能源	3458996292.00	19980915	主板	公用事业 - 电力 - 新能源发电
300014. SZ	亿纬锂能	3495999977.00	20091030	创业板	电子 - 其他电子 - 其他电子Ⅲ
600011. SH	华能国际	14397499969.00	20011206	主板	公用事业 - 电力 - 火电
601619. SH	嘉泽新能	728050550.00	20170720	主板	公用事业 - 电力 - 新能源发电
002686. SZ	亿利达	797719986.00	20120703	中小板	机械设备 - 通用设备 - 其他通用机械
300129. SZ	泰胜风能	1355700000.00	20101019	创业板	机械设备 - 电气设备 - 电源设备
601669. SH	中国电建	42165856166.00	20111018	主板	建筑材料 - 建筑装饰 - 基础建设
601012. SH	隆基股份	10390400483.00	20120411	主板	机械设备 - 电气设备 - 电源设备
601991. SH	大唐发电	21715899998.00	20061220	主板	公用事业 - 电力 - 火电
002506. SZ	协鑫集成	5028880000.00	20101118	中小板	机械设备 - 电气设备 - 电源设备
001896. SZ	豫能控股	5767808004.00	19980122	主板	公用事业 - 电力 - 火电

续表

股票代码	股票简称	实际融资额合计（元）	上市日期	上市板块	所属同花顺行业
002460. SZ	赣锋锂业	1393636980.00	20100810	中小板	有色金属 - 有色冶炼加工 - 小金属
600027. SH	华电国际	17801049995.00	20050203	主板	公用事业 - 电力 - 火电
600875. SH	东方电气	22287011700.00	19951010	主板	机械设备 - 电气设备 - 电源设备
000791. SZ	甘肃电投	6022844317.00	19971014	主板	公用事业 - 电力 - 水电
300062. SZ	中能电气	483600000.00	20100319	创业板	机械设备 - 电气设备 - 输变电设备
000601. SZ	韶能股份	2396500615.00	19960830	主板	公用事业 - 电力 - 水电
600874. SH	创业环保	172450000.00	19950630	主板	公用事业 - 燃气水务 - 水务Ⅲ
002805. SZ	丰元股份	140528200.00	20160707	中小板	化工 - 基础化学 - 其他化学原料
*ST科陆	*ST科陆	3227725200.00	20070306	中小板	机械设备 - 电气设备 - 电气自控设备
300029. SZ	天龙光电	909000000.00	20091225	创业板	机械设备 - 电气设备 - 电源设备
002012. SZ	凯恩股份	710399994.00	20040705	中小板	轻工制造 - 造纸 - 造纸Ⅲ
600482. SH	中国动力	37905272886.00	20040714	主板	国防军工 - 国防军工 - 船舶制造
600578. SH	京能电力	21210004645.00	20020510	主板	公用事业 - 电力 - 火电
000040. SZ	东旭蓝天	12074220121.00	19940808	主板	公用事业 - 电力 - 新能源发电
000507. SZ	珠海港	2278833531.00	19930326	主板	交通运输 - 港口航运 - 港口Ⅲ
000826. SZ	启迪环境	7096281878.00	19980225	主板	公用事业 - 环保工程 - 环保工程及服务
600744. SH	华银电力	5968684699.00	19960905	主板	公用事业 - 电力 - 火电
300217. SZ	东方电热	1195240000.00	20110518	创业板	家用电器 - 白色家电 - 其他白色家电
000973. SZ	佛塑科技	1001769029.00	20000525	主板	化工 - 化工合成材料 - 其他塑料制品

续表

股票代码	股票简称	实际融资额合计（元）	上市日期	上市板块	所属同花顺行业
300450.SZ	先导智能	1724069940.00	20150518	创业板	机械设备 - 专用设备 - 其他专用机械
002442.SZ	龙星化工	625000000.00	20100706	中小板	化工 - 化工合成材料 - 炭黑
000065.SZ	北方国际	2749029662.00	19980605	主板	建筑材料 - 建筑装饰 - 专业工程
000899.SZ	赣能股份	3119304000.00	19971126	主板	公用事业 - 电力 - 火电
600386.SH	北巴传媒	793600000.00	20010216	主板	交运设备 - 交运设备服务 - 汽车服务
002221.SZ	东华能源	5115519987.00	20080306	中小板	化工 - 基础化学 - 石油加工
002053.SZ	云南能投	2804713100.00	20060627	中小板	化工 - 基础化学 - 无机盐
000883.SZ	湖北能源	19817708055.00	19980519	主板	公用事业 - 电力 - 水电
600487.SH	亨通光电	6189505236.00	20030822	主板	信息设备 - 通信设备 - 通信传输设备
600770.SH	综艺股份	3228234000.00	19961120	主板	电子 - 半导体及元件 - 集成电路
600886.SH	国投电力	13380388273.00	19960118	主板	公用事业 - 电力 - 水电
002141.SZ	贤丰控股	1184502992.00	20070720	中小板	电子 - 其他电子 - 其他电子Ⅲ
002516.SZ	旷达科技	2174999995.00	20101207	中小板	纺织服装 - 纺织制造 - 其他纺织
603105.SH	芯能科技	425040000.00	20180709	主板	机械设备 - 电气设备 - 电源设备
002407.SZ	多氟多	2369779970.00	20100518	中小板	化工 - 化学制品 - 氟化工及制冷剂
601222.SH	林洋能源	5949999846.00	20110808	主板	公用事业 - 电力 - 新能源发电
300001.SZ	特锐德	1769628923.00	20091030	创业板	机械设备 - 电气设备 - 输变电设备
300393.SZ	中来股份	1752223304.00	20140912	创业板	机械设备 - 电气设备 - 电源设备

续表

股票代码	股票简称	实际融资额合计（元）	上市日期	上市板块	所属同花顺行业
002226. SZ	江南化工	5401384000.00	20080506	中小板	化工－化学制品－民爆用品
300484. SZ	蓝海华腾	243750000.00	20160322	创业板	机械设备－电气设备－电气自控设备
002006. SZ	精功科技	695572000.00	20040625	中小板	机械设备－专用设备－其他专用机械
600101. SH	明星电力	587111855.00	19970627	主板	公用事业－电力－水电
600396. SH	金山股份	3968084228.00	20010328	主板	公用事业－电力－火电
000012. SZ	南玻 A	2125685578.00	19920228	主板	建筑材料－建筑材料－玻璃制造
002011. SZ	盾安环境	3984509974.00	20040705	中小板	家用电器－白色家电－其他白色家电
601311. SH	骆驼股份	1543800000.00	20110602	主板	交运设备－汽车零部件－汽车零部件Ⅲ
300068. SZ	南都电源	5966000000.00	20100421	创业板	机械设备－电气设备－电源设备
600499. SH	科达洁能	3971774982.00	20021010	主板	机械设备－专用设备－其他专用机械
601218. SH	吉鑫科技	1143000000.00	20110506	主板	机械设备－电气设备－电源设备
000795. SZ	英洛华	3244489997.00	19970808	主板	有色金属－新材料－磁性材料
002056. SZ	横店东磁	1555763000.00	20060802	中小板	有色金属－新材料－磁性材料
000055. SZ	方大集团	1045299953.00	19960415	主板	建筑材料－建筑装饰－专业工程
600094. SH	大名城	10961222459.00	19970703	主板	房地产－房地产开发－房地产开发Ⅲ
002957. SZ	科瑞技术	619100000.00	20190726	中小板	机械设备－专用设备－其他专用机械
300037. SZ	新宙邦	2435729974.00	20100108	创业板	化工－化学制品－其他化学制品

续表

股票代码	股票简称	实际融资额合计（元）	上市日期	上市板块	所属同花顺行业
002218.SZ	拓日新能	2460099994.00	20080228	中小板	机械设备－电气设备－电源设备
600522.SH	中天科技	11977229908.00	20021024	主板	信息设备－通信设备－通信传输设备
002922.SZ	伊戈尔	409530000.00	20171229	中小板	电子－电子制造－电子零部件制造
600847.SH	万里股份	761998184.00	19940324	主板	机械设备－电气设备－电源设备
300093.SZ	金刚玻璃	486000000.00	20100708	创业板	建筑材料－建筑材料－玻璃制造
000875.SZ	吉电股份	7700069996.00	20020926	主板	公用事业－电力－新能源发电
600608.SH	ST沪科	465877955.00	19920327	主板	商业贸易－贸易－贸易Ⅲ
600550.SH	保变电气	5526785358.00	20010228	主板	机械设备－电气设备－输变电设备
300274.SZ	阳光电源	4016000000.00	20111102	创业板	机械设备－电气设备－电源设备
002580.SZ	圣阳股份	740667796.00	20110506	中小板	机械设备－电气设备－电源设备
600642.SH	申能股份	8626963399.00	19930416	主板	公用事业－电力－火电
002531.SZ	天顺风能	3294799996.00	20101231	中小板	机械设备－电气设备－电源设备
603693.SH	江苏新能	1062000000.00	20180703	主板	公用事业－电力－新能源发电
002298.SZ	中电兴发	3440998962.00	20090929	中小板	信息服务－计算机应用－软件开发及服务
002487.SZ	大金重工	1158000000.00	20101015	中小板	机械设备－通用设备－金属制品
300082.SZ	奥克股份	2295000000.00	20100520	创业板	化工－化学制品－其他化学制品
600021.SH	上海电力	5419832263.00	20031029	主板	公用事业－电力－火电
601208.SH	东材科技	1600000000.00	20110520	主板	化工－化工合成材料－其他塑料制品

续表

股票代码	股票简称	实际融资额合计（元）	上市日期	上市板块	所属同花顺行业
002130.SZ	沃尔核材	1372595443.00	20070420	中小板	有色金属－新材料－非金属新材料
002389.SZ	航天彩虹	6058093082.00	20100413	中小板	国防军工－国防军工－航空装备
300095.SZ	华伍股份	839919995.00	20100728	创业板	机械设备－通用设备－机械基础件
600900.SH	长江电力	96576556405.00	20031118	主板	公用事业－电力－水电
300111.SZ	向日葵	856800000.00	20100827	创业板	医药生物－化学制药－化学制剂
300457.SZ	赢合科技	2107649959.00	20150514	创业板	机械设备－专用设备－其他专用机械
603507.SH	振江股份	824457375.00	20171106	主板	机械设备－电气设备－电源设备
603659.SH	璞泰来	1053008937.00	20171103	主板	电子－其他电子－其他电子Ⅲ
600674.SH	川投能源	6177808256.00	19930924	主板	公用事业－电力－水电
300499.SZ	高澜股份	258718400.00	20160202	创业板	机械设备－专用设备－其他专用机械
603686.SH	龙马环卫	1225408090.00	20150126	主板	机械设备－专用设备－其他专用机械
000058.SZ	深赛格	5001913715.00	19961226	主板	商业贸易－零售－商业物业经营
600268.SH	国电南自	1677094939.00	19991118	主板	机械设备－电气设备－电气自控设备
300305.SZ	裕兴股份	840000000.00	20120329	创业板	化工－化工合成材料－其他塑料制品
002384.SZ	东山精密	6714975922.00	20100409	中小板	电子－半导体及元件－印制电路板
600416.SH	*ST湘电	5892894864.00	20020718	主板	机械设备－电气设备－电源设备
300118.SZ	东方日升	5713333293.00	20100902	创业板	机械设备－电气设备－电源设备
002080.SZ	中材科技	7423645360.00	20061120	中小板	化工－化工新材料－玻纤

股票代码	股票简称	实际融资额合计（元）	上市日期	上市板块	所属同花顺行业
002079.SZ	苏州固锝	760788000.00	20061116	中小板	电子–半导体及元件–分立器件
300207.SZ	欣旺达	3431220000.00	20110421	创业板	电子–电子制造–电子零部件制造
601908.SH	京运通	4674999997.00	20110908	主板	公用事业–电力–新能源发电
002623.SZ	亚玛顿	1520000000.00	20111013	中小板	建筑材料–建筑材料–玻璃制造
000760.SZ	*ST斯太	1659787081.00	19970627	主板	交运设备–汽车零部件–汽车零部件Ⅲ

第七章

新贸易保护对我国能源
产业及安全的影响

董惠梅　田诗雨[*]

近年来，全球范围内逆全球化运动不断兴起。世界主要经济体在2008年国际金融危机后陆续采取贸易保护主义措施，严重阻碍了贸易和投资的自由化，致使多边贸易体制的建立与完善步履维艰，以致陷入停滞。美国时任总统特朗普所奉行的"美国优先"政策极具孤立主义色彩。不仅如此，英国脱欧也使欧洲一体化进程步履维艰，难民问题迟迟未果，欧盟成员间分歧很大。德国、法国、意大利等国极右民粹主义势力抬头，参与国际合作的意愿减退。2020年以来，新冠肺炎疫情暴发并在全球扩散，这在一定程度上为经济全球化的发展进一步蒙上阴影，全球化面临新的挑战。

一　新贸易保护主义的兴起及美国的能源政策

（一）新贸易保护主义产生的原因

1. 国际竞争加剧

在全球化时代，市场经济制度逐步演化为世界经济发展的主流

---

[*] 董惠梅，中国社会科学院数量经济与技术经济研究所能源安全与新能源研究室副研究员；田诗雨，中国社会科学院大学硕士研究生，研究方向为对外直接投资。

制度，而竞争作为市场经济最主要的特征之一，逐步演变为主权国家和企业生存与发展的核心动机，成为实现国家利益和企业利益的重要手段。各国政府不仅在国际竞争中保护自身的产业与贸易利益，甚至直接介入本国企业与外国企业之间的竞争。一方面，采用进口关税或出口补贴等保护手段以改善本国企业的收益和市场地位；另一方面，一旦外国企业或进口产品危及本国利益，即使是发达国家的政府也会采取直接干预的手段。特别是在"就业"已经逐渐演变为一种公共品的今天，由进口增加导致的失业问题已经具有了越来越突出的政治意义。当本国产业和劳工群体受到进口冲击时，来自公众的呼声或其他政治压力必然使政府倾向于对这些领域实行保护，以消除竞争带来的威胁。

2. 跨国公司内部贸易的发展

随着跨国公司及其海外经营的发展，国际贸易的流向和贸易方式发生了深刻变化，跨国公司内部贸易在国际贸易中的地位不断提高。跨国公司内部贸易的发展一定程度上改变了国际贸易差额的分布。跨国公司通过内部分工和核算体系，在内部贸易中获得了较为稳定的收益，但把各国账面上贸易差额的此消彼长以及由此引发的贸易摩擦甩给了各国政府。作为承接跨国公司产业转移最集中地区之一的亚洲地区，制成品出口的迅速增长，使其对美国、欧盟保持了较大规模的贸易顺差，而美国和欧盟的跨国公司在亚洲地区投资企业的出口已经成为美国和欧盟贸易逆差的重要组成部分。但发达国家处理贸易逆差的政策并不主要针对这些大跨国公司，而是拿出口国开刀，以解决与这些国家的贸易争端为借口，推行新贸易保护主义。

3. 国际贸易中双边主义与区域主义兴起

20 世纪 90 年代后期以来，双边层面的自由贸易协定（FTA）的签订和实施成为国际贸易发展的新热点。FTA 快速发展的主要原因，一是原有 FTA 在促进贸易增长、消除双边贸易壁垒等方面起到了积极的示范作用；二是地缘政治经济格局的变化导致"双边主义"盛行。FTA 的迅速发展已经形成了连锁反应，一国缔结了 FTA 后会对相关国家构成竞争压力。越来越多的国家和地区也会制定 FTA 战略，参与 FTA 谈判的积极性和主动性明显提高。同时，进入 21 世纪，世界范围内区域一体化进程大大加快。欧盟加快了扩员的步伐；北美自由贸易区增强了成员国之间的联系；APEC 的影响力逐步扩大；东亚地区在加强东盟内部合作的基础上，正积极探索新型东亚区域合作机制。在多数情况下，FTA 及区域一体化组织与 WTO 具有互补、互动的关系，但 FTA 以及区域贸易组织对非成员国的进口构成了障碍，其中，一些双边和区域安排带有明显的排他性保护色彩。

4. 部分发展中国家在国际贸易中的地位与冲击

中国、墨西哥、马来西亚、印度等发展中国家出口规模迅速扩大，并逐步成为世界制成品市场的重要供应者。特别在中低端工业品市场上，这些国家已经形成了一定的出口竞争力，并逐步取代发达国家原有的市场份额。尽管这些发展中国家出口的高速增长并未彻底改变国际贸易增长不平衡的局面，但其出口实力的增强对国际贸易格局产生了不可忽视的影响。这些发展中国家大量的低价工业品进入欧美市场，对其国内相关产业造成了冲击。为缓解由此形成的贸易逆差和各种国内矛盾，发达国家利用其政治经济强权，加大对这些发展中出口国的贸易制裁。同时，由于这些发展中国家的产品结构和市场结构相近，彼此之间的竞争十分激烈。这些发展中国家之间的出口贸易纠纷已成为国际贸易摩擦的重要内容。

除此以外，2020 年新冠肺炎疫情的暴发及全球蔓延，使"逆全球化"趋势进一步加强。这些新矛盾的出现表明全球化时代自由贸易与国家利益的对立与冲突有可能在部分领域激化，这也正是在当今全球贸易自由化的主旋律中，新贸易保护主义仍然演奏着不和谐音符的原因所在。

（二）新贸易保护主义的具体形式

无论是新或老的贸易保护主义，其中心思想是：任何一项经济政策都可能会影响一国的收入分配格局，因而不同社会阶层或利益集团对此会有不同的反应。但两者相比，新贸易保护主义具有强制性强，对贸易各方影响大而直接，约束范围广和表现形式多样等特点。

1. 绿色壁垒

工业化进程的加快，使人类面临大气污染、温室效应、有毒废物排放、物种灭绝、资源枯竭等严重的生态环境方面的问题。一些工业发达国家以此为借口，凭借其经济和技术的垄断地位，制定了一系列苛刻的环保要求和高于发展中国家技术水平的环境质量标准，并以此作为市场准入的条件，对本国市场和工业形成保护，构筑一道绿色屏障，主要形式如下。

（1）绿色标志，又称绿标制度，或环境标志制度，是指国际间有资质的认证机构依据有关标准对商品进行认证并颁发标志和证书的一项制度。绿标图案多为天鹅、常绿树、天使、蒲公英等，富有绿色寓意，欧美等国家多以立法形式对此加以规定。凡没有取得绿标的进口商品将受到数量和价格上的限制，而加贴了绿标的商品则被认为是一种"环境质量信得过"的"绿色产品"。其认证标准是对包括资源利用、生产工艺及处理技术和产品循环利用、使用后处理等全过程的环境行为进行监管。绿标制度涉及节能低耗品，清洁工艺品和低毒品等数千种产品。绿标制度有利于人们环境意识的提高，价值观念的转变和防治污染能力的增强。但由于各国环境标准存有差异，发达国家更是凭借其经济和技术上的优势制定了较高的环境标准，使发展中国家处于十分不利的地位，客观上为发达国家的市场设置了贸易壁垒，违反了公平贸易的基本准则。

（2）绿色包装。各种与环境要求不符的包装能对环境造成严重的污染，许多发达国家纷纷通过立法对本国商品和进口商品的包装卫生和安全提出强制性的要求。概括起来，有以下几方面的内容：①通过改进设计减少包装材料的使用以节约资源；②重复使用包装材料；③使用再生材料制作包装；④使用生物降解包装，使废弃包装在自然环境中快速腐烂。为此，一些发达国家通过产业重组和资源的重新配置形成了新的产业链，满足了包装在环境保护上的要求，促进了经济的发展。而发展中国家在技术水平、价值观念和行政管理等方面与发达国家存在差距，绿色包装成为其进入发达国家市场的绿色屏障。

（3）环境成本。新贸易保护主义者认为任何产品都应将环境和资源费用计入成本，且应按国际环境标准进行计算。如果忽视环境质量或降低环境标准，其出口产品实际上就具有了不公平的比较优势或环境补贴，形成对高环境标准生产产品的不公平竞争。而发展中国家在出口贸易中未计算绿色成本，被认为在进行环境倾销。因而，一些发达国家通过反倾销、反补贴措施来均衡不同环境标准下的成本差异。很明显，这是经过精心设计和构筑的绿色壁垒。

2. 技术壁垒

科学技术与管理水平的提高，使各国的产品技术规范、标准和合格评定程序日益科学与成熟，并推动经济向前发展。但发达的工业化国家依其经济和技术优势而制定的技术规范、标准和合格评定程序，以及由此而衍生的认证标准、评审程序和认证、认可制度等则名目繁多，复杂多变，具有强烈的国家意识的主观性、目的性和苛刻性，对其他国家的产品和服务构成了技术壁垒。

（1）市场准入。市场准入主要体现在制定严格的，乃至苛刻的技术规范、标准和合格评定程序，涉及产品的使用、健康、安全或卫生等方面。自1994年以来，德国及其他发达国家相继采用的印染制品含偶氮染料禁止令就对包括中国在内的许多发展中国家和地区的纺织品、服装等轻工品的出口影响甚大。中国虽已攻克了此技术难关，但付出了高昂的代价。已被有关国际组织和发达工业化国家广泛接受和认可的 HACCP 则明确规定，食品包装须标明食品的营养成分，从而增加了食品制造商的成本，这对缺乏技术分析手段的食品实际上构成了禁止进口令，进而影响相关产品的生产和贸易。至于

《蒙特利尔议定书》中有关保护臭氧层的国际公约则对中国相关产品的出口产生严重的影响。此外，有的国家还有许多涉及安全、健康项目方面的审查，这些审查具有强烈的国家意识的主观性、目的性、差异性和随意性，使进口品因季节需求的变化或失去商机，或无法进口。凡此种种，均对有关国家的出口贸易构成了严重的技术壁垒，进而影响收支平衡，影响经济。

（2）认证、认可制度。认证、认可制度是一种依据技术规范、标准和合格评定程序对有关产品的符合性进行认证或认可的制度。与贸易政策不同，它需要有深厚的专业背景、强有力的技术支撑和广泛的社会基础以及与之相配套的人文思想、法律制度等。认证、认可制度具有广泛的适用性和机会的均等性，具有从更高的战略（非局部的）角度去审视经济的发展的特征，故在推动社会进步、增强社会（含环保）意识、规范行为和实现可持续发展等方面具有积极的作用。但是，此项政策所能带来的益处只能被那些处于同一经济发展水平的国家和地区所享有。未经认证、认可的产品和服务将被排斥在市场之外，形成事实上的市场壁垒，因而，其保护主义色彩更浓、保护程度也更深、对经济的影响也更具决定性，进而使欠发达国家的产品更难进入发达国家的市场。

3. 贸易管理

贸易管理是在新贸易理论基础上提出的一种新的贸易政策理论，是基于不完全竞争市场理论而提出的一种政策分析理论，适用于发达国家对其战略性产业发展的保护。贸易管理通过政府对贸易活动的干预，改变市场结构或环境，提高本国企业的竞争能力。其中最广受关注的贸易管理理论有布兰德和斯潘赛提出的"战略性出口"政策和克鲁格曼提出的"保护性出口促进"战略。政策主张多涉及自愿限制出口、补贴、国家贸易垄断等。而反倾销具有很强的壁垒效应，是新贸易保护主义者极力主张的手段之一。此外，劳工标准、区域性协议、关税升级保护、灰色区域、限制性援助或边境税调整等措施也都有很浓烈的贸易保护主义色彩。

（三）新贸易保护主义的主要特点

新贸易保护主义又被称为"超贸易保护主义"或"新重商主义"，其理论依据、政策手段、目标对象和实施效果都与传统的贸易保护主义有着显著的区别。

1. 利用 WTO 规则，实行贸易保护

总体来看，在 WTO 规则的约束下，大多数国家都在向自由贸易的方向迈进，但由于现行多边贸易体制并非无懈可击，因而保护主义总是千方百计从中寻找"合法"的生存土壤。WTO 允许成员国利用其有关协议保护本国的利益，反击遭到的不公平待遇。这就为各国以"公平贸易"为口实实行贸易保护留下了空间。WTO 规则并不排斥各成员国的经济自主性，并且保留本国经济自主性的要求不仅来自发达国家，还来自发展中国家。因此，采取与 WTO 规则不直接冲突的各种保护措施，已成为经济全球化过程中贸易保护主义的普遍形态。

2. 依据国内法履行国际条约

一般意义上，国际条约高于国内法。但现阶段由于各国对处理国际条约与国内法的关系缺乏统一标准，因而，如何对待已承诺的国际条约及其在国内的适用程度，各国仍存在一定差异。一些国家只执行符合自己国家利益的国际条约，很多时候将国内法凌驾于国际条约之上。例如，根据美国贸易法案中的"301"条款，美国可以对来自国外的"不公平"和"不合理"的贸易活动采取单边贸易制裁。为维护本国的贸易利益，美国多次启动或威胁启动该条款以处理贸易纠纷，公开挑战 WTO 的有关规则，严重损害了 WTO 的权威性，并对其他国家处理国内法与国际条约的关系产生了负面影响。

3. 利用区域贸易组织保护成员国利益

区域一体化组织具有的排他性特征被视为对成员国的一种贸易

保护。通过"内外有别"的政策和集体谈判的方式，区域一体化协定在为成员国创造更有利贸易条件的同时，往往对非成员国构成歧视。区域一体化组织具有的这种排他性特征，实际上起到了对成员国形成贸易保护。

4. 制定实施战略性贸易政策

克鲁格曼等学者提出的战略贸易理论认为，不论在促进本国具有竞争优势的企业开拓国际市场方面，还是在维护本国企业免受国外竞争对手的冲击方面，都需要国家的贸易政策发挥作用。这为国家通过干预贸易，提高和维护本国产业的战略地位提供了强有力的理论支持，并由此形成了战略性贸易政策体系。这一政策体系强调了国际贸易中的国家利益，政府可通过确立战略性产业（主要是高技术产业），并对这些产业实行适当的保护和促进，使其在较短时间内形成国际竞争力。随着国际竞争的加剧，特别是发达国家在高技术领域的较量不断升级，战略性贸易政策被越来越多的发达国家和新兴工业化国家所接受，成为新贸易保护主义的核心政策。

（四）特朗普执政以来美国的能源政策

自 2017 年美国总统特朗普执政以来，其推行的一系列新政对美国以及国际社会都产生了极大的影响。特朗普政府把"美国优先"作为核心执政理念，具有浓厚的"民粹主义"色彩，并在一定程度上助长了"逆全球化"思潮。在国内改革方面，主要通过实行医疗改革、大幅减税、促进就业等手段促进经济增长；在对外政策方面，特朗普新政具有强烈的单边主义色彩，即以美国国家利益作为唯一准则，具体表现为实行贸易保护主义、加大移民改革以及推行保守的能源政策[①]。从理念上看，奥巴马执政时期强调能源的清洁高效，主张大力开发新能源；而特朗普政府在能源问题上奉行保守主义，表现

---

① 张佳丽、宋达：《特朗普新政的特点与前景分析》，《现代交际》2017 年第 11 期，第 195~196 页。

出对化石能源的强烈偏好①。因此，自 2017 年 1 月 20 日正式上任后，特朗普致力于推行"为化石能源松绑"的"美国优先能源计划"，共涉及国内、国际两个层面，并已取得显著进展。

1. 化石能源生产与贸易

美国拥有极为丰富的化石能源，特朗普上任以来大力加强化石能源生产与贸易，以"美国优先能源计划"代替奥巴马政府的《清洁能源安全法案》，具体政策体现在以下几个方面。

第一，解除一系列限制与禁令，进一步放开化石能源生产。2017 年 3 月，特朗普签署行政令《推动能源独立和经济增长》，部署放开对石油、天然气、煤炭等传统化石能源的开采限制。在油气行业，一方面扩大向行业开放的陆地及海上区域，另一方面恢复有争议的石油管道建设。2017 年《减税和就业法案》显示，部分国家野生动物保护区将面向油气行业开放；在 2018 年发布的"2019－2024 年外大陆架油气发展计划"中，向油气行业开放的区域也得到显著扩张。另外，2017 年 1 月 24 日，特朗普签署两份单独的行政命令，以恢复两项耗资数十亿美元且极具争议性的石油管道 Keystone XL 和 Dakota Access 的建设；2019 年 4 月，特朗普相继签署两项行政命令，简化行政审批程序以鼓励能源基础设施建设。在天然气行业，特朗普欲进一步扩大页岩气产业优势，主要措施包括降低天然气的开采排放标准以及鼓励天然气发电等。在煤炭行业，特朗普政府高度重视清洁煤技术，提出重振煤炭行业的构想。2017 年 3 月，特朗普宣布正式废除煤炭禁令，重开联邦土地以用于新的煤炭开采租赁；同时，停止实施前任总统颁布的河流保护法规，以稳定煤炭行业的就业岗位。

第二，推动化石能源出口，抢占全球能源市场。在页岩气革命的推动下，美国的能源出口战略突出表现在天然气领域。2017 年 11 月，美国贸易和发展署提出"美国天然气基础设施出口倡议"，并在

① 王震、赵林、张宇擎：《特朗普时代美国能源政策展望》，《国际石油经济》2017 年第 2 期，第 1～8 页。

全球范围内以开展论坛等形式推动液化天然气进入当地市场。在全球天然气贸易中，美国正试图操控中国、俄罗斯、中亚这一主要贸易圈。首先，通过压制能源大国俄罗斯的经济使其无法左右天然气贸易的态势。其次，利用美国已在极富天然气资源的中亚地区占据的主动权，通过"两步走"战略影响中国天然气进口，进一步掌控对全球天然气的定价权[①]。最后，特朗普政府不断深化与欧盟的能源合作。2018 年 7 月 25 日，美国和欧盟发布联合声明，宣布将促进美国向欧盟大规模出口液化天然气；同年召开的第八届欧美能源理事会会议则主要探讨了双方在能源基础设施建设等领域的战略合作。此外，推动北美能源一体化也是美国国际能源政策的一项重要内容。2018 年 10 月，美国、加拿大、墨西哥三国正式将《北美自由贸易协定》升级为《美加墨协定》，实现了三国在能源领域更大程度的贸易往来和整合。

2. 新能源发展政策

2017 年 6 月，特朗普宣布美国退出《巴黎协定》，在国际社会引起轩然大波，其对气候变化问题的负面态度也表明相关能源政策将迎来重大转折。在大力发展化石能源的同时，特朗普政府对新能源的态度在总体上趋于保守。

首先，对比奥巴马政府对清洁能源的重要战略定位，特朗普正在扭转这一风向。奥巴马任期内推行的《清洁电力计划》在特朗普上台后被果断废除，美国对新能源的扶持政策面临被中止的风险。但是，面对近年来新能源的快速发展以及州级推动政策实施的作用，清洁能源的发展态势仍不可小觑，特朗普对此的态度也逐渐趋于和缓。核能在美国能源组成中占据重要地位，特朗普执政后特别强调了核能复兴计划，却在现实推进中遭到了相关企业和环保团体的空前反对。2018 年 1 月 8 日，美国独立能源机构联邦能源监管委员会

---

① 马杰：《大国博弈下的天然气贸易态势及中国对策分析》，《江西社会科学》2018 年第 11 期，第 62 ~ 67 页。

（FERC）因证据不足驳回了特朗普政府支持燃煤电厂和核电站的提议。1月10日，特朗普又公开表示希望进一步加强美国水电建设，且将重新考虑美国重返《巴黎协定》。由此可见，特朗普执政以来美国新能源政策的不确定性增大。

3. 对外能源制裁

与往届政府相比，特朗普政府在解决外交问题时对制裁手段的依赖尤为明显，在实现了"能源独立"的目标后，美国正试图抢占全球能源霸权。特朗普公开提出"能源主导"计划，本质上是希望将能源实力进一步转化为能源权力，强化能源作为外交政策手段的属性[①]。

2018年5月8日，美国总统特朗普单方面宣布退出伊朗同美国、英国、法国、德国、俄罗斯、中国六方于2015年达成的《伊朗核协议》，重新分阶段和批次恢复对伊朗的制裁政策。美国对伊朗的制裁向来以能源领域为核心，此次重启强化了对伊朗的"次级制裁"，主要针对自伊朗购买石油资源、对伊朗石油资源的投资与开发和向伊朗出口石油化工产品等行为。本轮制裁终极目的在于夺取石油定价权以维护石油美元体系，势必对伊朗经济造成强烈冲击。在2018年7月11日举行的北约峰会上，特朗普强压德国终止与俄罗斯合作建设的"北溪二号"输气管道项目，并将相关资金、材料和技术列入对俄罗斯的制裁范围，旨在利用强权打压欧洲与俄罗斯的能源贸易，从而为本国油气占领欧洲市场制造机会。此外，中美贸易摩擦中的能源砝码也是解决争端的一项重要手段。在美国对中国高科技产品实施制裁的情况下，双方最终能够达成共识的重要因素之一即中国大幅增加对美国天然气进口，此可谓美国能源战略版图中的又一步棋。综上，特朗普政府实行的国际能源政策带有强烈的地缘政治工具属性，其短期效率与破坏力较强，但基于长期来看还存在着较大的风险

---

① 赵行姝：《特朗普政府能源政策评析》，《美国研究》2020年第2期，第44～69页。

和不确定性。

二　新贸易保护背景下中国能源进出口现状

（一）中国石油进口贸易现状

近十年来，中国石油进口量呈逐年上升趋势（见图1）。石油是支撑现代工业和国民经济命脉的重要物质基础，直接影响和制约着一国的经济安全和经济发展速度。一般来说，一个国家的石油消费与经济增速呈正相关关系，而在石油供需不平衡的前提下，石油消费又与石油贸易直接相关[①]。中国的石油资源相对贫乏，石油产量增速也相对较慢，随着经济的复苏和工业的发展，中国自1993年起成为石油净进口国，并于2002年开始进入石油进口贸易的逐步扩增阶段。经历了近三十年的经济高速增长，中国GDP于2010年超过日本，正式成为世界第二大经济体；2015年，中国提出的"一带一路"倡议正式开始实施，为国家发展和国际交流与合作带来新的机遇。分析近

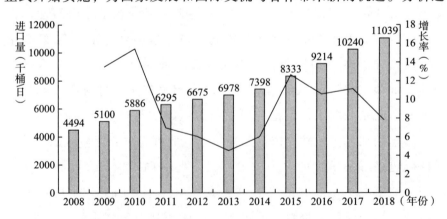

图1　2008～2018年中国石油进口量变化

资料来源：《BP世界能源统计年鉴2018》。

[①]　刘宏杰：《中国能源消费与经济增长之间的关系研究——以石油资源为例》，《华北电力大学学报》（社会科学版）2007年第4期，第17～22页。

十年中国石油进口贸易的扩增情况，可以发现中国石油进口量的增长
率于 2010 年达到巅峰，其后增速明显放缓至 6% 左右；2015 年，中国
石油进口规模扩增趋势再次明显，其后基本稳定在一定增长水平。
2008～2018 年中国 GDP 和进出口总额总体上都呈上升趋势，其中 GDP
增长趋势较为显著（见图 2）。由此可以看出，中国的石油进口量变化
确实可能在一定程度上受到国内经济发展水平的影响。而进一步分析
可以发现，近年来贸易保护主义对中国石油贸易的影响没有直接体现
在进口量的变化，更多作用在中国石油进口的空间格局变化上。

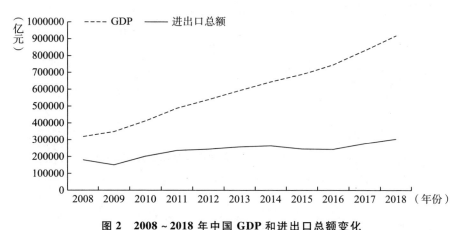

图 2　2008～2018 年中国 GDP 和进出口总额变化

资料来源：国家统计局。

　　纵向来看，中国原油进口的空间格局变化可大致分为三个阶段：
20 世纪 90 年代末期原油进口来源国以东南亚等周边国家和地区为
主；2006 年我国开始加强与 OPEC 国家的合作；近年来由于受到贸
易保护等的影响，中国原油进口来源与早年相比更加多元化，贸易伙
伴由传统的核心产油国拓展至非 OPEC 国家等新兴产油国，俄罗斯、
中东和非洲地区占据着我国原油进口的主要地位，同时来自美洲等
地区的进口份额明显有所增加[①]。据中国海关数据，2018 年中国原油

[①]　程中海、南楠、张亚如：《中国石油进口贸易的时空格局、发展困境与趋势展望》，
《经济地理》2019 年第 2 期，第 1～11 页。

进口量位居全球第一，对外依存度高达 70.9%。从原油进口的空间格局来看，2018 年中国原油进口贸易伙伴多达 42 个，已呈现进口国家多元化的特征，其中来自十大进口来源国的进口量在原油总进口量中占比近 80%（见图 3 和图 4）。从具体国家来看，俄罗斯在

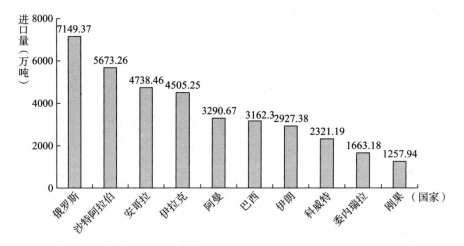

图 3　2018 年中国十大原油进口来源国进口量

资料来源：《BP 世界能源统计年鉴 2018》。

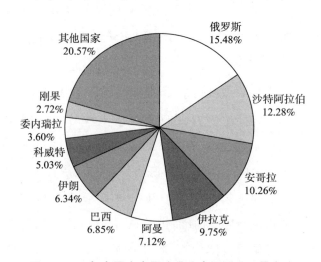

图 4　2018 年中国十大原油进口来源国进口量占比

资料来源：《BP 世界能源统计年鉴 2018》。

中国十大原油进口来源国中居首位，占原油总进口的 15.48%，这也是俄罗斯连续三年成为中国最大的原油供给国；沙特阿拉伯（12.28%）、安哥拉（10.26%）、伊拉克（9.75%）、阿曼（7.12%）等国紧随其后；巴西升至总进口排名中的第六位，原油进口量较 2017 年大幅上涨，表明南美洲地区已逐渐成为中国原油进口的重要来源地之一；另外，伊朗在前十大进口来源国中的排名较之前有所下降，可能和美国恢复对伊朗的经济制裁有一定关系。若以 OPEC 国家和非 OPEC 国家划分，2018 年中国来自 14 个 OPEC 成员国的原油进口量占总进口量的近五成，这一比例较早年已有所下降，因为中国正在加强与非 OPEC 成员国的贸易交流。此外，近年来美国大幅增加对中国的原油出口且势头强劲，除了中美贸易摩擦造成的有限影响外，中美原油贸易未来不容小觑。

（二）中国天然气进口贸易现状

近十年来，中国天然气进口量呈逐年上升趋势，尤其自 2015 年开始大幅上涨（见图 5）。中国对天然气的勘探与开发起步较晚，且天然气资源储量仅居全球的第十四位，自 2006 年正式引入天然气进口以来，中国的天然气进口量与对外依存度不断增加。近年来，受环保政策实施和供给侧结构性改革等多方面因素的影响，中国对天然气的消费需求更加旺盛，天然气进口贸易规模也相应迅速扩张。如图 5 所示，从进口总量来看，自 2008 以来中国天然气的总进口量连年上升，除 2013～2015 年外增长均较为明显。分类别来看，中国天然气进口又分为管道天然气贸易和液化天然气贸易。根据数据，中国管道天然气的进口量在经历了从无到有的快速增长后逐渐进入了相对稳定的增长阶段，在 2018 年又迎来了较为猛劲的增长势头；而对于中国的液化天然气贸易，在经历了 2013～2015 年的短暂波动后，中国液化天然气进口量于 2016 年开始大幅增长，并逐渐在进口天然气总量的占比中占据优势，直接影响天然气总进口量的变化。

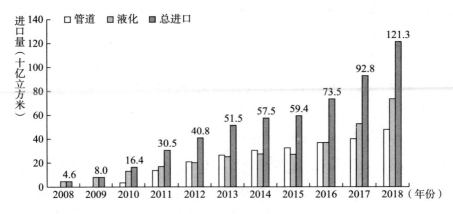

图 5   2008～2018 年中国天然气进口量变化

资料来源：《BP 世界能源统计年鉴 2018》。

据 BP 世界能源统计，2018 年中国天然气总进口量约为 1213 亿立方米，其中管道天然气进口量 479 亿立方米，液化天然气进口量 735 亿立方米，中国已成为世界第一大天然气进口国。从空间格局分布来看，当前中国管道天然气的进口来源较为单一，仅包括土库曼斯坦（69.53%）、乌兹别克斯坦（13.15%）、哈萨克斯坦（11.27%）和缅甸（6.05%）四个进口来源国，且来自中亚地区的进口量在总进口量中占比超 90%（见图 6 和图 7）。但在 2013 年以前，中国的管道天然气进口几乎全部依赖土库曼斯坦，故与早年相比，中国管道天然气进口的高度集中性在一定程度上有所缓和。现今，中亚天然气管道和中缅天然气管道是中国管道天然气进口的重要通道和天然气能源安全的重要保障，也是"一带一路"沿线的重要工程；同时，随着中俄东线天然气管道在 2019 年开始投产通气，中国管道天然气进口安全将得到更多保障。近年来，中国的液化天然气进口量增幅显著，且进口渠道逐渐多样化。2018 年，中国液化天然气进口量在天然气总进口量中的占比已达 60%，进口来源国多达 25 个，主要包括澳大利亚（43.67%）、卡塔尔（17.28%）、马来西亚（10.75%）、印度尼西亚（9.12%）等国家，其中澳大利亚已连续三年成为中国第一大液化天然气进口来源国（见图 8 和图 9）。此外，随着页岩气革命的成功，美国加大对中国的液化天然气出口，虽然受中美贸易摩擦的一定影响，2018 年美国依然排在中国液化天然气进口来源国的第六位（4.08%）。

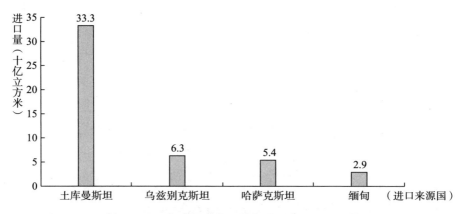

图 6　2018 年中国液化天然气进口来源国进口量

资料来源：《BP 世界能源统计年鉴 2018》。

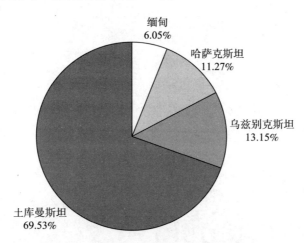

图 7　2018 年中国液化天然气进口来源国进口量占比

资料来源：《BP 世界能源统计年鉴 2018》。

（三）中国煤炭进出口贸易现状

中国煤炭资源丰富，是煤炭生产和消费大国，由于价格和质量等综合因素的影响，中国自 2009 年开始成为煤炭净进口国（见图 10）。

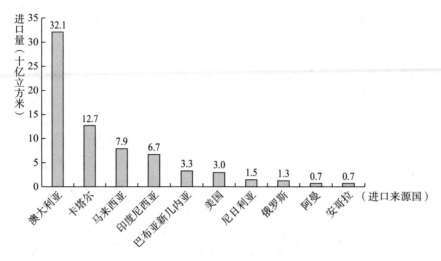

图 8　2018 年中国十大液化天然气进口来源国进口量

资料来源：《BP 世界能源统计年鉴 2018》。

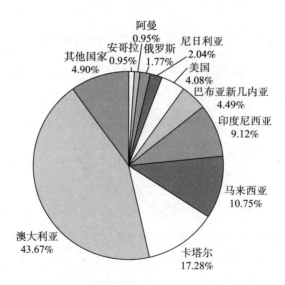

图 9　2018 年中国十大液化天然气进口来源国进口量占比

资料来源：《BP 世界能源统计年鉴 2018》。

数据显示，近十年中国的煤炭进口量总体保持在高水平但表现出阶段性波动的特征：2008~2013 年呈阶梯状上升并于 2013 年达到煤炭进口量的峰值，2013~2015 年大幅下降，2015 年后又开始稳步回升。而中国的煤炭出口贸易自 2009 年起一直维持在低水平，与庞大的进口量形成鲜明对比。当前，中国已成为世界第一大煤炭进口国，在国际煤炭市场上具有举足轻重的地位。2018 年，中国煤炭总进口量为 146.5 百万吨油当量，同比增长 4.6%，主要进口来源国包括澳大利亚、印度尼西亚、蒙古国和俄罗斯等国家。一方面，近年来我国实行供给侧结构性改革并大力发展清洁能源，但对煤炭的需求和消耗量仍然不减；另一方面，煤炭资源在我国的分布格局和消费重心存在巨大偏离，而国际煤炭价格又具有明显的比较优势，因此中国煤炭进口贸易量保持稳步增长。

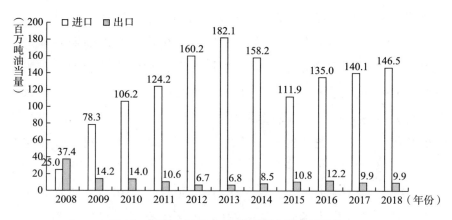

图 10　2008~2018 年中国煤炭进出口量变化

资料来源：《BP 世界能源统计年鉴 2018》。

三　新贸易保护背景下中国能源
企业对外投资现状

据国际能源署（IEA）发布的《世界能源投资报告 2019》，2018 年全球能源投资总额超过 1.8 万亿美元并结束了连续三年的负增长，其中中国的能源投资额高达3810亿美元，居全球首位①。联合国环境规划署（UNEP）发布的《2019全球可再生能源投资趋势报告》显示，近十年中国是全球可再生能源领域的最大投资国，2010~2019年上半年的累计投资额达到7580亿美元②。由此可见，中国的对外直接投资迅猛发展，我国能源企业积极响应"走出去"的号召，广泛参与国际能源投资与合作项目。而近期新贸易保护主义的抬头以及"逆全球化"趋势的愈演愈烈给中国对外投资带来了新的压力与挑战，能源项目作为中国海外直接投资的重点，面临诸多风险和不确定性因素。

（一）中国对外能源投资的整体发展趋势

根据美国能源信息署（EIA）数据，2010~2019年中国对外投资总额达1.736万亿美元，其中对外能源投资额为5981.1亿美元，平均占比34.4%。与欧美等发达国家和地区相比，我国能源企业的对外投资起步较晚，2008年国际金融危机的爆发使全球能源资产大幅下跌，而中国能源企业迎来了开拓海外投资市场尤其是发达国家市场的重大机遇。近十年来，中国对外投资总量总体上呈现先上升后下降的趋势，大体可划分为三个阶段：2010~2013年表现出稳步增长态势；2013~2017年呈阶梯状上升趋势；2017年至今下降较为明显（见图11）。究其原因，与"一带一路"倡议的实施以及近期以特朗普新保护主义为代表的新贸易保护主义盛行等国家战略和国际环境变化有关。具体至能源领域，自2010年起中国对外能源投资规模整体上波动不大，但2017年以来的投资额相对较低；同时，能源类在总投资额中的占比也由早期的超50%下跌至30%左右（见图11）。

---

① 国际能源署：《中国2018年能源投资全球最高》，《中国煤炭》2019年第6期，第30页。
② 天工：《中国近10年可再生能源投资规模全球第一》，《天然气工业》2019年第9期，第139页。

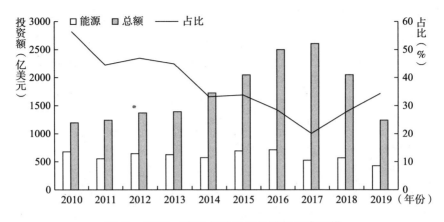

图 11 2010～2019 年中国对外能源投资规模

注：仅统计单笔金额超过 1 亿美元的项目。

资料来源：The American Enterprise Institute and The Heritage Foundation。

（二）中国对外能源投资的行业结构和区域特征

随着中国对外能源投资的不断发展，投资领域也逐步趋向多元化。据统计，近十年中国企业投资额超过 1 亿美元的海外能源项目以化石能源为主体，而在化石能源中又以石油投资为主，这一局面的形成与中国对石油、天然气等化石能源高水平的进口依存度直接相关。如图 12 所示，以 2015 年为界，可以看出前一时期中国的对外能源投资高度集中在石油和天然气等化石能源产业，其他产业占比较小；而在 2015 年后，化石能源份额明显下降，中国在国际能源市场的探索明显更加深入和全面，包括石油、天然气、煤炭、水电及新能源等在内的投资产业结构趋向平衡，尤其在清洁能源和可再生能源领域的投资环比大幅增加。近年来，可再生能源发展在世界各国受到高度重视，无论在政策还是投资环境等方面都得到完善；中国企业在新能源领域已具备全球竞争力，国际可再生能源项目与传统能源项目相比还具有投资风险较小、投资回报率较为稳定的特点。因此，水电、风能、太阳能和核能等可再生能源产业也日渐成为中国企业对外能源投资的重要领域。整体而言，现今中国企业对外能源投资呈现多元化发展的行业结构特点，以油气、煤炭等化石能源为主体的传统能源项目依然具有举足轻重的地位，同时可再生能源项目的海外投资规模处于不断扩张中，这折射了全球能源转型的趋势和中国能源企业强劲的海外市场开拓能力。

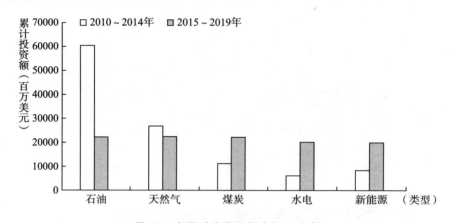

图 12 中国对外能源投资行业分类

注：仅统计单笔金额超过 1 亿美元的项目。

资料来源：The American Enterprise Institute and The Heritage Foundation。

如图 13 所示，从对外能源投资的区域分布来看，中国已在欧洲、美洲、亚洲、非洲、拉丁美洲超 120 个国家开展了能源投资项目。研究发现，中国企业对外能源投资区位选择受东道国的资源禀赋优势和经济发展水平影响，并在一定程度上符合"制度接近论"[①]。据统计，2010~2019 年中国对外能源投资的主要国家和地区分别是：巴西、加拿大、澳大利亚、欧洲地区、中东和北非地区、俄罗斯、美国和中亚地区，累计能源投资额（单笔金额超过 1 亿美元）均超过 100 亿美元。现阶段，除石油投资外，中国对巴西的可再生能源投资同样值得关注，在水电、光伏发电、风电以及生物质发电等领域的合作均取得一定成果。加拿大、澳大利亚和美国等国属于发达国家，在拥有

---

① 翟玉胜、胡慧远：《基于"一带一路"战略的中国能源企业对外投资模式选择》，《统计与决策》2017 年第 12 期，第 63~67 页。

丰富能源资源的同时具有良好的金融和法律环境，新贸易保护主义的抬头虽然会对双边贸易和投资造成一定困扰，但能源领域没有受到明显冲击，中国对各国的能源投资总体上势头良好。而在"一带一路"倡议下，中国与沿线国家和地区在能源领域的合作得到进一步加强。以油气资源丰富的中亚地区为例，中国继续加强对中亚五国的油气产业投资，如中国 – 中亚天然气管道 D 线、哈萨克斯坦奇姆肯特炼油厂改造项目等；同时，中国开始布局对中亚的新能源投资，相关核电、风能与光伏发电项目均已展开。此外，由于近年来中美双边关系的紧张以及俄罗斯和西方国家关系的恶化，中国与俄罗斯的能源合作更加紧密，中石化、中石油、中海油等已全面启动对俄罗斯的大型油气投资项目，国家电网也在积极寻求合作开发北极的核电和风能项目。

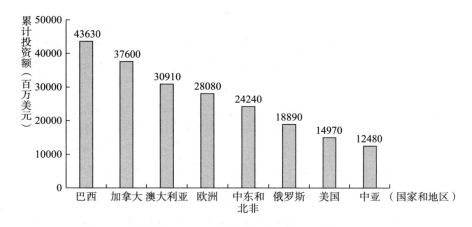

图 13　中国对外能源投资区域分布

注：仅统计 2010～2019 年单笔金额超过 1 亿美元的项目。
资料来源：The American Enterprise Institute and The Heritage Foundation。

（三）中国对外能源投资的主体构成和模式选择

从投资主体的构成来看，国有企业始终是中国对外能源投资的主力军。一方面，综观国内产业结构，国有企业在中国能源行业中占据着垄断地位；另一方面，受行业特征制约，国际能源项目通常对企业的资本、技术以及风险抗压能力等具有较高要求，且项目需要经过国家多个部门的严格审批，因此具有雄厚资本实力的国有企业构成了中国对外能源投资的中流砥柱。从具体能源型企业来看，中石化、中石油和中海油可谓中国能源行业对外投资的三巨头，中国电建、国家电网和三峡集团等公司也始终占据一定的市场份额。据相关统计，仅 2010～2015 年，中石化向全球 30 多个国家投资逾 50 个油气项目，总投资额约 160 亿美元。"一带一路"倡议提出后，中国对沿线国家的能源投资与建设迎来了重大机遇，除传统油气开发项目和能源基建项目外，新能源成为中国能源投资的新风向。金融数据机构路孚特（Refinitiv）的数据显示，自 2013 年以来中国在"一带一路"倡议下实施的清洁能源和可再生能源项目数量达到 102 个，价值总额超千亿美元，中国电建集团及中国华能集团等大型央企在其中扮演了重要角色。而在 2017 年美国总统特朗普访华期间，中石化、中投公司和中国银行同美国阿拉斯加政府和阿拉斯加天然气开发公司（AGDC）共同签订涉及投资高达 430 亿美元的液化天然气项目，创下中石化在海外投资的新高；同期，中国国家能源投资集团同美国西弗吉尼亚州签订涉及页岩气及电力等领域的高额投资协议。总体来看，中国对外能源投资的主体为国有企业尤其是大型央企，具有较强的集中度和垄断性，且短期内不会发生较大变革。海外能源项目还具有高投资、高风险的特征，且具体项目的签署与国内外政策变动有关。

中国企业进行对外能源投资的主要方式包括绿地投资模式和跨国并购模式。整体来看，近十年中国能源企业进行绿地投资的规模较为稳定，而以跨国并购为主的其他投资模式波动性较强，其所占份额已由前期的高额占比逐渐缩减至与绿地投资模式相当的规模（见图14）。具体而言，跨国并购模式主要指并购能源公司资产或收购上市公司股份，这虽然有利于企业规避风险以及快速进入东道国市场，但需要强劲的现金资产及技术保障。例如，2013 年中海油斥资 151 亿美元收购加拿大尼克森石油公司，创下了中国能源企业进行海外收

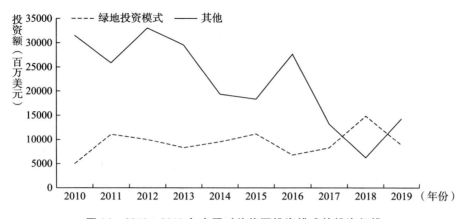

图14 2010～2019年中国对外能源投资模式的投资规模

注：仅统计单笔金额超过1亿美元的项目。

资料来源：The American Enterprise Institute and The Heritage Foundation。

购的新高。绿地投资模式通常指企业在东道国建设油厂、管道、发电站等能源资源项目，在项目建设完成后按约定份额获得投资回报，具有运作周期长的特点以及较大的风险和不确定性。近年来，中国已成为世界上最大的海外绿地投资国，企业在能源领域的绿地投资规模也不断增长，尤其随着新能源产业的迅速发展，中国电力企业的海外绿地投资规模不断扩大[①]。总体而言，现阶段中国在能源领域实施跨国并购的规模与早年相比明显缩减，绿地投资在中国企业对外能源投资的模式选择中发挥越来越重要的作用。另外，中国开始在能源领域积极推广PPP模式，特变电工几内亚水电站项目、云南能投孟加拉国燃煤电站项目等跨国PPP项目也应运而生，未来具有较为广阔的发展空间。

（四）新贸易保护背景下中国对外能源投资面临的主要风险

中国对外能源投资面临的外部风险可分为经济风险和非经济风险，其中经济风险主要指全球经济走势对能源市场的影响以及化石

---

① 李曦晨：《中国对外能源投资的特征与风险》，硕士学位论文，中国社会科学院，2017。

能源的价格风险，非经济风险主要包括政府干涉风险、政府更迭风险、蚕食性风险、政策法律风险、社会环境风险、媒体舆论风险、地缘政治风险和文化差异风险等[①]。

近年来，新贸易保护主义频频抬头，2020 年席卷全球的新冠肺炎疫情，更是在一定程度上加大了我国对外能源投资风险。一方面，能源安全是关系一国国家安全的关键因素，西方强国以及能源大国大多把能源安全置于对外贸易的首位，并以此为由实行投资保护主义，东道国的制约和施压无疑加大了中国能源企业的投资风险。另一方面，新贸易保护主义的盛行加剧了美、欧、俄等多方势力之间的博弈，而能源领域正是这场博弈中的重要战场之一，因此中国对外能源投资面临着更加复杂的地缘政治风险。以英国脱欧为例，此次重大国际事件直接给中国和英国、欧盟的关系带来了极大的不确定性，打破了中国同英国原本稳定向好的能源合作关系，中国在英国核电等清洁能源领域的投资热情明显受到打击[②]。

四　新贸易保护对中国能源相关产业的影响

（一）新贸易保护对我国石油化工产业的影响

中美贸易摩擦涉及中国对从美国进口的部分石油化工产品的征税问题，其总体影响有限。中国的石油化工产品整体上以进口产品为主，其中对美国进口依存度较高的包括石油焦、聚乙烯和液化丙烷等，在 2017 年的进口比例依次为 49%、25.3% 和 14.4%。2018 年中国对美国实施反制措施，其中包括对原产于美国的 108 项能源及化工产品加征关税，涵盖原油、柴油等油品和上下游化工产品，使国内供

---

① 李友田、李润国、翟玉胜：《中国能源型企业海外投资的非经济风险问题研究》，《管理世界》2013 年第 5 期，第 1~11 页。

② 张敏：《英国"脱欧"对中英未来能源合作的潜在影响》，《中国能源》2017 年第 2 期，第 25~28 页。

应短期内偏紧。但由于加税产品多为细分领域，且较易找寻进口替代国，因此未对国内石油化工行业造成明显冲击。此外，通源石油等多家公司发布公告表示中美贸易摩擦对公司在美国投资控股的子公司及下属运营公司的经营没有影响，并且征税政策或将进一步凸显公司的渠道成本优势①。

（二）新贸易保护对我国页岩气产业的影响

特朗普能源新政取消了对天然气和页岩气能源的限制，推动了天然气产业的发展，实现了美国向天然气净出口国的转换。近年来，美国正积极扩展天然气出口市场，其中包括以中国、日本和韩国为主的亚洲市场。自 2016 年起，中国开始规模化从美国进口液化天然气；2017 年 5 月，中美双方达成"中美经济合作百日计划"，其中一项为美国在液化天然气的出口许可上给予中国的待遇将不低于其他非自贸协定贸易伙伴，欢迎中国自美进口液化天然气。随着美国推行一系列鼓励措施，2017 年中国从美国进口的液化天然气总量大幅上涨至 2016 年的 5 倍，占比为全年液化天然气总进口量的 5% 并达到美国液化天然气出口量的 14.6%②。次年 8 月，液化天然气被列入中国公布的征税商品清单，但短期影响较小，2018 年全年中国从美国进口的液化天然气量仍维持在稳定水平。分析中美液化天然气贸易形势可以发现，美国具有丰富的页岩气资源和强烈的出口诉求，而中国对天然气的需求量大且进口液化天然气量持续超过管道天然气，两国液化天然气贸易的互补性很强。目前，中国已成为美国液化天然气出口的全球第三大市场，而中国的液化天然气进口对美国的依赖性还较低，因此扩大对美液化天然气进口以减少中国对美国的贸易顺差也

①　封红丽：《中美贸易摩擦对能源行业影响及对策研究》，《电器工业》2018 年第 7 期，第 24～36 页。

②　于菲：《贸易摩擦背景下进口美国液化天然气风险及对策》，《对外经贸实务》2018 年第 10 期，第 41～44 页。

成为缓和双方贸易摩擦的重要手段之一。从各方面情况来看，中美贸易摩擦对两国液化天然气贸易的负面影响有限，在特朗普能源新政和两国利益诉求的共同作用下，中国从美国进口液化天然气具有较大的发展空间，总体上前景较为乐观，但具体未来走势还要综合考虑美国液化天然气价格竞争力以及双方政策动向。

美国是世界上最早推动页岩气产业发展并取得成功的国家。页岩气是天然气的重要供应来源，特朗普的"能源优先"政策势必会促进美国页岩气产业的再度腾飞，也为中美两国在该领域的深化合作奠定基础。2017年11月，中国银行与美国阿拉斯加州政府、阿拉斯加天然气开发公司、中国石化及中投海外签署了价值430亿美元的《阿拉斯加液化天然气项目联合开发协议》；中国国家能源投资集团与美国西弗吉尼亚州签署了《页岩气全产业链开发示范项目战略合作框架协议》，项目投资金额高达837亿美元。此等协议的签署将有效缓解美国相关企业的资金压力，创造更多的就业机会，提振当地经济①。与美国成熟的产业链相比，中国的页岩气产业还处于起步阶段，资源潜力较大但勘探与开采技术受限。因此，通过加强与美国在页岩气领域的合作，中国企业可以从中学习先进的研发技术和管理经验，摸索出一条具有中国特色的产业发展道路，从而加快推动中国页岩气产业发展，实现双方合作共赢。

（三）新贸易保护对我国煤炭产业的影响

中国是煤炭生产与消费大国，煤炭产业在全球煤炭供需格局中居于主导地位。由于早年大量投资给企业带来的资金压力、国有企业改革中累积的大量债务以及融资渠道过于单一等因素，我国煤炭行业的负债水平远高于其他行业。近年来，国家实施供给侧结构性改革，根据2016年12月发布的《能源发展"十三五"规划》，国内能源消费结构面临重大调整，煤炭消费和生产将受到限制。随着去产能

---

① 魏静、段红梅、闫强、汪莉丽：《能源新政下的美国页岩气产业新动向及中美合作前景》，《中国矿业》2018年第2期，第9~15页。

化促进煤炭产业的结构优化升级，小型煤矿逐渐被淘汰，大型现代化煤矿的垄断地位进一步得以巩固。2017 年以来，虽然我国煤炭企业的效益总体上有所好转，但长期以来沉重的债务负担和高杠杆率问题仍然严重。而在中美贸易摩擦不断升级的背景下，国内经济下行压力增大，人民币面临贬值，企业的财务成本和人力成本上升，无疑使我国煤炭企业的资金运转和经营状况雪上加霜。同时，中国对美国实施的关税反制措施会增加部分购买用于露天煤矿的大型机械设备的成本，也将在一定程度上制约我国智能采掘装备和机器人研发应用等相关高新技术装备的升级[①]，不利于我国煤炭企业的长远发展。

（四）新贸易保护对我国新能源产业的影响

1. 对中国风电装备出口未造成明显冲击

中国风电装备制造业曾在十年前进入发展瓶颈期，此后经过不断去产能化、技术创新和开放合作，逐渐形成国际竞争力。目前，中国已成为全球最大的风电装备制造供应链基地，截至 2017 年底，中国已累计向全球 33 个国家出口风电机组，其中向美国出口的风电机组容量最多，占出口总容量的 17%。同时，中国已连续多年成为世界上遭受"双反"调查最多的国家，包括风电装备在内的新能源制造装备极易受到贸易保护主义的打击[②]。2018 年，中美贸易摩擦加剧，风电机组也被列入拟议清单。由于钢铁、风电零部件原材料等商品价格均有所提高，在中美两国均占据一定市场份额的西门子歌美飒表示，其销售额和盈利皆受影响。对于中国风电企业而言，国内行业巨头金风科技表示，截至 2017 年企业在北美区域的订单仅占其国际业务订单总容量的 4%，因此受中美贸易摩擦的影响非常小。据中

---

① 王震、任志成、赵浩、许鹏飞：《中美贸易摩擦对我国煤炭行业的影响》，《煤炭经济研究》2018 年第 10 期，第 6～10 页。
② 王建林、李姝：《中国新能源装备进出口贸易发展策略》，《东北财经大学学报》2015 年第 5 期，第 79～84 页。

国海关数据，2018 年我国风力发电机组出口量达 27406 台，同比增长 42.5%。由此可见，中美贸易摩擦确实未对中国风电装备出口造成明显冲击，中国风电产业发展势头良好。

2. 中国光伏组件出口美国数量大幅下降

中国光伏制造业产能在全球位居首位，且主要用于出口，近年来，中国的太阳能光伏产品一直是他国贸易保护主义行为的主要打压对象。2017 年 9 月，特朗普政府宣布对太阳能光伏组件以及电池片等进口产品征收为期四年的"201"关税，即以 2018 年为起点征收 30% 关税，此后每年依次递减 5%。然而，由于自 2011 年起美国便已多次对我国实施"双反"调查，中国企业为此积极拓展海外市场，中美光伏产品贸易额不断缩小，美国已不再是中国光伏产品的主要出口国。在美国于 2017 年发起"201"调查，又于 2018 年发起"301"调查后，中国对美国光伏组件出口量骤降 90%，以至几乎跌为零。因此，美国自 2017 年起实施的一系列贸易保护措施造成了中国光伏组件出口美国数量的急降，未来中国光伏企业还应继续提高核心竞争力并开拓海外市场，促进行业的健康可持续发展。

3. 对中国核能产业的影响

特朗普政府认为核能是美国清洁能源的重要组成部分，在特朗普宣布推进"美国能源主导新时代"的六大全新举措中，"恢复、扩大和重振核能部门"居首位。2018 年 10 月，美国能源部发布《美中民用核合作政策框架》，对中美民用核能合作设定了更为严苛的限制条件，具体包括技术转让、设备和零部件三部分。从本质上讲，该政策的实施旨在通过限制专有技术以及关键设备和部件的出口以阻碍中国核能产业的发展。基于现阶段世界核能产业的发展情况，美国核能新政对中国核电技术发展的短期影响有限。目前国内三代核电综合国产化水平已提高到 85% 以上，进口设备对美国的依赖性很低，且中国核电已发布公告表示，相关禁令不会对 AP1000 项目、CAP1400 和华龙一号的建设产生影响。尽管此政策的出台在短期内不会对中国核能产业造成实质性的冲击，但美国对核能领域的强硬态度和决心必须要引起中方的警惕。一方面中国核能产业的发展蒸蒸日上，在国内外市场皆占据一席之地，而美国选择重振核能产业势必会加剧世界核电市场的竞争；另一方面美国对研发技术的限制更着眼于未来，中国只有继续加强创新研发，掌握核心技术，实现装备制造的国产化，才能保证核能产业取得长足发展。

五　中美能源博弈对中国能源安全的影响

能源安全是关系一个国家核心利益和经济社会发展的重大战略问题，其具体概念和内涵也随时代发展和国际格局变化而不断更新和丰富。传统意义上的能源安全主要包括供给安全、通道安全和价格安全，随着国际能源形势的变化，能源产业的投资安全以及能源利用的环境安全也开始成为全球能源治理的重要议题[①]。而作为世界上最大的化石能源消费国和石油进口国，中国能源安全的主要矛盾依然集中在油气供给问题上。特朗普执政后，美国能源新政的实行不仅直接影响中美两国的能源贸易合作，也将在一定程度上对中国的能源安全产生深远影响。

（一）美国能源新政对中国的油气供给安全既是机遇也是挑战

首先，在美国"能源优先计划"和中国能源结构转型的双重背景下，中美积极开展关于原油和天然气的贸易合作对两国来说皆有利好。对中国而言，扩大从美国的原油和液化天然气进口有利于推动化石能源进口的多元化，降低对传统能源依赖性并分散能源进口风险；美国对化石能源的出口将强化全球能源市场供大于求的局面，有望降低中国进口化石能源的成本；中美油气贸易还是降低中美贸易

---

① 马妍：《全球能源治理变局：挑战与改革趋势》，《现代国际关系》2016 年第 11 期，第 55 ~ 62 页。

逆差的有效手段，因此中国加大从美国的油气进口也可谓一种现实选择。其次，如果把视野转向全球能源供给市场，特朗普能源新政对中国的油气供给安全更是一种挑战。美国已实现"能源独立"这一初步目标，继而为实现"能源主导"的终极目标开始干涉国际能源市场，2018 年 11 月特朗普恢复对伊朗的全球能源禁运便充分表明了这一态度。中国海关统计，中国的原油进口超四成来自包括伊朗在内的中东国家，因此在美国以石油为武器频繁干预中东地区地缘政治、企图重塑国际能源版图的背景下，中国的石油安全必然也受到一定威胁。再次，随着液化天然气出口的迅速增加，美国也在采取各种手段试图操控全球天然气市场，如通过加强与欧盟合作以遏制俄罗斯的天然气出口。无论是美国对俄罗斯的压制，还是美国在中南亚天然气市场的已有霸权，都将直接影响中国的天然气进口，显然不利于中国的天然气供给安全[1]。综上所述，美国大力发展化石能源的政策对中国的油气供给安全既是机遇也是挑战，但其"能源主导"目标本质上是对中国乃至世界能源安全的挑衅。

（二）中美关于石油结算体系的博弈对中国的能源价格安全构成一定威胁

从 20 世纪 70 年代起，美国开始与以沙特阿拉伯为首的 OPEC 国家按美元结算石油贸易，正式标志着"石油美元"机制的诞生。"石油美元"体系代表美国在国际原油市场的核心利益，美国可以通过美元的升贬值影响国际原油价格，进而掌控国际原油市场的定价权。近年来，随着中国成为世界第一大原油进口国以及人民币国际化进程的不断推进，中国也开始寻求在国际原油市场上的影响力和话语权，不可避免会引起美国的警惕和担忧。2018 年 3 月，中国首只以人民币计价的原油期货（中质含硫原油）在上海国际能源交易中心

---

① 于宏源：《地缘安全中的体系均衡：新时期中国能源安全的挑战与应对》，《西亚非洲》2019 年第 4 期，第 143~160 页。

挂牌，交易量位列亚洲第一和全球第三①。与此同时，中国开始与俄罗斯、伊朗、沙特阿拉伯、委内瑞拉等主要石油进口来源国展开合作，并积极探讨以人民币定价和结算的可行性，"石油人民币"正逐渐成为可能。然而，美国"能源优先计划"的实行再次提高了美国化石能源在国际能源市场中的份额，短期内"石油美元"体系仍具有绝对地位。对此，一方面，中国需警惕国际油价波动对国内经济的冲击；另一方面，由于中国还将不断推进以人民币计价的能源进口，中美关于石油定价权的博弈将是中国能源价格安全的长期潜在威胁。

（三）中美贸易摩擦对中国在美国能源产业的投资安全产生负面影响

为推动美国能源产业和能源贸易的发展，特朗普上台后大力推进能源基础设施建设。然而仅靠国内团队显然无法满足美国庞大的基建需求，对此美国积极寻求国际合作，其中基建水平享誉世界的中国便是其主要意向伙伴之一。2017 年 11 月特朗普访华，能源开发建设项目便占据了中美合作大单的半壁江山。需要注意的是，油气行业本身属于资本密集型行业，具有投资金额大、回报周期长的特点，相关国际合作项目易受政策导向和国际环境的影响。另外，随着近年来美国的液化天然气项目成为投资热点，不排除未来会出现天然气产量过剩的局面，因此存在着潜在的投资风险。2018 年中美贸易摩擦加剧，油气行业显然也无法独善其身，中美能源贸易和部分合作项目均受到一定冲击。可以说，中美贸易摩擦加剧了两国在能源领域的相互防范和博弈，为中国在美国能源产业的投资安全带来了一定负面影响，不免会削弱中国企业投资美国能源产业的积极性。无论争端持续深化还是妥善解决，短期内中国企业都将对美国的油气投资项目保持一定的谨慎性。

---

① 钟红：《"石油人民币"助力我国石油安全和人民币国际化》，《国际金融》2018 年第 3 期，第 8～12 页。

（四）中国同其他国家的能源安全与合作面临更加复杂的地缘政治风险

除基本政策特点外，美国能源新政还具有突出的地缘政治工具属性。特朗普执政以来接连实行一系列对外能源制裁，对俄罗斯和中东油气市场的干预愈加频繁，这也意味着中国的能源贸易和通道安全面临更加严峻的地缘政治形势。从通道安全来看，国际能源贸易主要涉及陆路和海路两种运输模式，其中管道运输相对稳定，海上运输通道风险较高。目前，中缅油气通道、中哈原油管道、中亚天然气管道和中俄原油通道共同组成了中国的四大油气进口通道，我国与"一带一路"沿线国家的能源合作日益密切。尽管中国的"一带一路"倡议在能源领域取得了显著成果，但仍需提防美国在部分沿线国家的霸权影响和暗中操控。以中亚地区为例，特朗普执政后在中亚地区动作频繁，且有意促进中亚与南亚地区的互联互通，从某些角度看可以说是对中国"一带一路"倡议的一种打压。对于中国海上油气通道而言，同样也面临着某些不确定和不稳定因素。特朗普上台后把"印太战略"置于美国全球战略中的优先地位，不断强化在亚太地区的海上军事存在，并把矛头明确指向了中国，由此也使中国海上石油运输的安全性存在一定隐患①。

六 结论及政策建议

总体来看，新贸易保护对能源产业贸易及投资短期内产生的影响有限。但长期来看，特别是 2020 年新冠肺炎疫情的暴发及蔓延，将导致贸易保护主义进一步加强，从而必定对能源产业链、供应链的稳定性和安全性造成影响。为预防风险叠加效应，应做到以下几个方面。

---

① 郭敏：《特朗普政府的印太战略及中国的应对》，硕士学位论文，河北大学，2019。

第一，进一步增加战略石油储备。我国已经初步建立了战略石油储备体系，然而目前储备的规模还比较小，尚不足一个月的石油消费量，一旦出现油价大幅上涨或者供应中断，我国当前的储备难以平抑国内价格，也难以保障经济社会正常运行。因此，我国应该进一步扩大储备规模，保障能源安全。

第二，加强能源领域技术创新。创新是引领发展的第一动力，坚持能源技术创新是践行"四个革命，一个合作"能源安全新战略的核心基础支撑。新时代，我国能源科技要紧跟国家战略需求，坚持问题导向和目标导向，瞄准重大前沿领域加快布局，并强化体制机制有效配套，推进技术要素市场化配置，从而推动能源科技创新驱动发展的引擎高效运转。

第三，立足国内市场、开拓海外市场。我国石油资源储备不足的基本状况很难改变，石油对外依存度高的基本状况也很难在短期改变。为此，我国应该立足国内市场、开拓海外市场，保障国家的能源安全。一方面，我国要立足国内市场，继续发挥国内油气资源的基础性保障作用，加强国内油气田的勘探开发，加大对老油田的技术改造，增产增效。另一方面，要鼓励支持我国的石油公司参与海外油气田的勘探开发，建立多元化的油气进口渠道、运输渠道和基础设施，最大限度地利用市场的力量来保障国家的能源安全。

第四，完善"一带一路"能源合作中的市场机制。"一带一路"能源合作为中国未来的能源合作指明了方向，体现了平等互利的原则，也体现了人类命运共同体的理念，是新时期的重大创新。截至2018年8月，我国已经与相关国家签署"一带一路"合作协议100多项，取得了重大的进展。然而，这些文件更多的是合作意向，在市场的微观机制方面尚需要加强。能源的跨国合作与开发一般周期很长，投入巨大，企业面临的风险很大。为了推动这些项目落实，需要在政策的扶持和引导下建立市场机制，从而为企业的融资、投资、风险分担、退出提供平台。

图书在版编目（CIP）数据

中国能源转型：走向碳中和／中国社会科学院数量
经济与技术经济研究所"能源转型与能源安全研究"课题
组著. -- 北京：社会科学文献出版社，2021.3（2023.1 重印）
ISBN 978 - 7 - 5201 - 8096 - 2

Ⅰ.①中…　Ⅱ.①中…　Ⅲ.①低碳经济 - 研究　Ⅳ.
①F062.2

中国版本图书馆 CIP 数据核字（2021）第 046704 号

中国能源转型：走向碳中和

著　者／中国社会科学院数量经济与技术经济研究所
　　　　"能源转型与能源安全研究"课题组

出 版 人／王利民
责任编辑／恽　薇　李真巧
责任印制／王京美

出　　版／社会科学文献出版社·经济与管理分社（010）59367226
　　　　　地址：北京市北三环中路甲 29 号院华龙大厦　邮编：100029
　　　　　网址：www.ssap.com.cn
发　　行／社会科学文献出版社（010）59367028
印　　装／唐山玺诚印务有限公司

规　　格／开　本：787mm × 1092mm　1/16
　　　　　印　张：15.75　字　数：216 千字
版　　次／2021 年 3 月第 1 版　2023 年 1 月第 6 次印刷
书　　号／ISBN 978 - 7 - 5201 - 8096 - 2
定　　价／98.00 元

读者服务电话：4008918866